专利法律法规规章汇编

（1984~2011.7）

国家知识产权局条法司 编

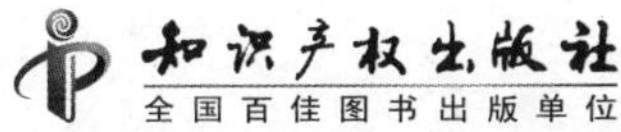

内容提要

本书由国家知识产权局条法司编辑，收录了从1984年3月到2011年7月专利方面的法律、法规、规章和其他规范性文件，几乎涵盖了国家知识产权局及其前身中国专利局所发布的全部法律法规，便于广大发明人、专利申请人以及从事与专利相关工作的人们更好地了解、学习、宣传和实施专利法律法规。

责任编辑：李　琳　　**责任校对**：韩秀天
文字编辑：崔　玲　　**责任出版**：卢运霞
装帧设计：张　扬

图书在版编目(CIP)数据

专利法律法规规章汇编：1984～2011.7/国家知识产权局条法司编．—北京：知识产权出版社，2011.10

ISBN 978－7－5130－0789－4

Ⅰ.①专…　Ⅱ.①国…　Ⅲ.①专利法—汇编—中国—1984～2011　Ⅳ.①D923.429

中国版本图书馆CIP数据核字(2011)第178848号

专利法律法规规章汇编(1984～2011.7)

Zhuanli Falü Fagui Guizhang Huibian

国家知识产权局条法司　编

出版发行：知识产权出版社

社　址：北京市海淀区马甸南村1号		**邮　编**：100088	
网　址：http://www.ipph.cn		**邮　箱**：bjb@cnipr.com	
发行电话：010－82000860转8101/8102		**传　真**：010－82005070/82000893	
责编电话：010－82000887　82000860转8118		**责编邮箱**：lilin@cnipr.com	
印　刷：北京富生印刷厂		**经　销**：新华书店及相关销售网点	
开　本：880mm×1230mm 1/32		**印　张**：15.5	
版　次：2012年2月第1版		**印　次**：2012年2月第1次印刷	
字　数：400千字		**定　价**：40.00元	

ISBN 978－7－5130－0789－4/D・1305(3690)

前　言

自1984年我国《专利法》颁布以来，随着我国经济体制改革、法制建设的不断深入，以及加入世界贸易组织后出现的新形势和知识产权国际保护进程的新发展，全国人大常委会、国务院陆续在1992年、2000年和2008年对《专利法》及其实施细则进行了三次修改。国家知识产权局（原中国专利局）作为国务院主管全国专利工作的部门，先后发布了一系列规章和规范性文件，以配合《专利法》及其实施细则的生效实施，指导和规范专利申请的审查和授权、专利权的实施和保护等各个环节的具体实践。这些法律法规对于健全和完善我国专利制度发挥了重要作用。

与此同时，上述法律规范也需要顺应国际国内形势变化，及时进行修改和系统的梳理，并定期清理那些与现行法律法规不一致，或者因时势变迁而失去了现实规范作用的规章和规范性文件。因此，自1990年开始，根据国务院办公厅和国务院法制办公室对法律、行政法规、规章清理工作的统一部署和要求，国家知识产权局多次对自1984年以来发布的规章及规范性文件进行清理，并向公众公布清理结果。最近的一次清理工作于2010年底完成。

编辑、出版法律法规规章汇编是向社会反映专利法制建设历程和总体情况、进行法制宣传的重要方式之一。自1985年起，原中国专利局就对颁布的专利法律法规规章按年代、分阶段进行编辑、出版。2002年7月出版的《专利法律法规规章汇编》，是第一次完整收集了与国家知识产权局职能相关的所有现行有效的法律、法规、规章及规范性文件，为知识产权研究和实践提供了准确、完整的法律资料。此后，我们在2007年6月又将新颁布和修订的相关法规规章增补到汇编中并重新予以出版。

2007年到2011年这四年间，《专利法》及其实施细则先后完成了新一轮的修改，国家知识产权局随即颁布和修改了一系列与修改后的《专利法》及其实施细则相配套的规章及规范性文件。《专利法律法规规章汇编》也应当进行更新和补充。对于最近几次规章和规范性文件清理工作的结果，更需要在汇编中予以体现。有鉴于此，从2011年上半年开始，我们重新收集整理了与专利相关的法律、法规、司法解释以及国家知识产权局的规章和规范性文件，对汇编内容进行了充实和完善，删除了已经废止或者宣布失效的规章及规范性文件；同时为保证汇编的精炼、实用，我们删除了部分虽然没有明令废止，但由于时势变迁，或者已经失去了现实规范作用，或者仅仅是公示公告相关事项，或者属于行业标准而不是对当事人权利义务规定的部门规章和规范性文件，并在未收录的局令、公告名录中予以说明。

本书内容翔实完整，是一部实用性极强的法律工具书。希望能作为专利工作者的重要参考书目，继续发挥为知识产权法律研究和实践提供准确、完整法律资料的作用；同时帮助社会公众清楚、全面了解与专利有关的法律法规规章的信息，促进专利行政部门依法行政。

需要特别说明的是，国家知识产权局以规章或者规范性文件形式颁布的法律文件一般都没有标题，为了便于读者查找，我们在目录中根据该文件的内容概括了相应的标题信息。另外，为方便读者使用，本书在目录编排时，对国家知识产权局（中国专利局）令及公告分别用小5号书宋字及小5号仿宋字标出了其公布的具体日期及对应的内容。

国家知识产权局条法司
2011年12月

目　录

法律法规

国家知识产权局令

国家知识产权局公告

其他规范性文件

司法解释

附　　录

法律法规

中华人民共和国专利法

（1984 年 3 月 12 日第六届全国人民代表大会常务委员会第四次会议通过　根据 1992 年 9 月 4 日第七届全国人民代表大会常务委员会第二十七次会议《关于修改〈中华人民共和国专利法〉的决定》第一次修正　根据 2000 年 8 月 25 日第九届全国人民代表大会常务委员会第十七次会议《关于修改〈中华人民共和国专利法〉的决定》第二次修正　根据 2008 年 12 月 27 日第十一届全国人民代表大会常务委员会第六次会议《关于修改〈中华人民共和国专利法〉的决定》第三次修正）

第一章　总　　则

第一条　为了保护专利权人的合法权益，鼓励发明创造，推动发明创造的应用，提高创新能力，促进科学技术进步和经济社会发展，制定本法。

第二条　本法所称的发明创造是指发明、实用新型和外观设计。

发明，是指对产品、方法或者其改进所提出的新的技术方案。

实用新型，是指对产品的形状、构造或者其结合所提出的适于实用的新的技术方案。

外观设计，是指对产品的形状、图案或者其结合以及色彩与形状、图案的结合所作出的富有美感并适于工业应用的新设计。

第三条　国务院专利行政部门负责管理全国的专利工作；统一受理和审查专利申请，依法授予专利权。

省、自治区、直辖市人民政府管理专利工作的部门负责本行政区域内的专利管理工作。

第四条 申请专利的发明创造涉及国家安全或者重大利益需要保密的，按照国家有关规定办理。

第五条 对违反法律、社会公德或者妨害公共利益的发明创造，不授予专利权。

对违反法律、行政法规的规定获取或者利用遗传资源，并依赖该遗传资源完成的发明创造，不授予专利权。

第六条 执行本单位的任务或者主要是利用本单位的物质技术条件所完成的发明创造为职务发明创造。职务发明创造申请专利的权利属于该单位；申请被批准后，该单位为专利权人。

非职务发明创造，申请专利的权利属于发明人或者设计人；申请被批准后，该发明人或者设计人为专利权人。

利用本单位的物质技术条件所完成的发明创造，单位与发明人或者设计人订有合同，对申请专利的权利和专利权的归属作出约定的，从其约定。

第七条 对发明人或者设计人的非职务发明创造专利申请，任何单位或者个人不得压制。

第八条 两个以上单位或者个人合作完成的发明创造、一个单位或者个人接受其他单位或者个人委托所完成的发明创造，除另有协议的以外，申请专利的权利属于完成或者共同完成的单位或者个人；申请被批准后，申请的单位或者个人为专利权人。

第九条 同样的发明创造只能授予一项专利权。但是，同一申请人同日对同样的发明创造既申请实用新型专利又申请发明专利，先获得的实用新型专利权尚未终止，且申请人声明放弃该实用新型专利权的，可以授予发明专利权。

两个以上的申请人分别就同样的发明创造申请专利的，专利权授予最先申请的人。

第十条 专利申请权和专利权可以转让。

中国单位或者个人向外国人、外国企业或者外国其他组织转让专利申请权或者专利权的，应当依照有关法律、行政法规的规定办理手续。

转让专利申请权或者专利权的，当事人应当订立书面合同，并向国务院专利行政部门登记，由国务院专利行政部门予以公告。专利申请权或者专利权的转让自登记之日起生效。

第十一条 发明和实用新型专利权被授予后，除本法另有规定的以外，任何单位或者个人未经专利权人许可，都不得实施其专利，即不得为生产经营目的制造、使用、许诺销售、销售、进口其专利产品，或者使用其专利方法以及使用、许诺销售、销售、进口依照该专利方法直接获得的产品。

外观设计专利权被授予后，任何单位或者个人未经专利权人许可，都不得实施其专利，即不得为生产经营目的制造、许诺销售、销售、进口其外观设计专利产品。

第十二条 任何单位或者个人实施他人专利的，应当与专利权人订立实施许可合同，向专利权人支付专利使用费。被许可人无权允许合同规定以外的任何单位或者个人实施该专利。

第十三条 发明专利申请公布后，申请人可以要求实施其发明的单位或者个人支付适当的费用。

第十四条 国有企业事业单位的发明专利，对国家利益或者公共利益具有重大意义的，国务院有关主管部门和省、自治区、直辖市人民政府报经国务院批准，可以决定在批准的范围内推广应用，允许指定的单位实施，由实施单位按照国家规定向专利权人支付使用费。

第十五条 专利申请权或者专利权的共有人对权利的行使有约定的，从其约定。没有约定的，共有人可以单独实施或者以普通许可方式许可他人实施该专利；许可他人实施该专利的，收取的使用费应当在共有人之间分配。

除前款规定的情形外，行使共有的专利申请权或者专利权应当取得全体共有人的同意。

第十六条 被授予专利权的单位应当对职务发明创造的发明人或者设计人给予奖励；发明创造专利实施后，根据其推广应用的范围和取得的经济效益，对发明人或者设计人给予合理的报酬。

第十七条 发明人或者设计人有权在专利文件中写明自己是发明人或者设计人。

专利权人有权在其专利产品或者该产品的包装上标明专利标识。

第十八条 在中国没有经常居所或者营业所的外国人、外国企业或者外国其他组织在中国申请专利的，依照其所属国同中国签订的协议或者共同参加的国际条约，或者依照互惠原则，根据本法办理。

第十九条 在中国没有经常居所或者营业所的外国人、外国企业或者外国其他组织在中国申请专利和办理其他专利事务的，应当委托依法设立的专利代理机构办理。

中国单位或者个人在国内申请专利和办理其他专利事务的，可以委托依法设立的专利代理机构办理。

专利代理机构应当遵守法律、行政法规，按照被代理人的委托办理专利申请或者其他专利事务；对被代理人发明创造的内容，除专利申请已经公布或者公告的以外，负有保密责任。专利代理机构的具体管理办法由国务院规定。

第二十条 任何单位或者个人将在中国完成的发明或者实用新型向外国申请专利的，应当事先报经国务院专利行政部门进行保密审查。保密审查的程序、期限等按照国务院的规定执行。

中国单位或者个人可以根据中华人民共和国参加的有关国际条约提出专利国际申请。申请人提出专利国际申请的，应当遵守前款规定。

国务院专利行政部门依照中华人民共和国参加的有关国际条约、本法和国务院有关规定处理专利国际申请。

对违反本条第一款规定向外国申请专利的发明或者实用新型，在中国申请专利的，不授予专利权。

第二十一条 国务院专利行政部门及其专利复审委员会应当按照客观、公正、准确、及时的要求，依法处理有关专利的申请和请求。

国务院专利行政部门应当完整、准确、及时发布专利信息，定期出版专利公报。

在专利申请公布或者公告前，国务院专利行政部门的工作人员及有关人员对其内容负有保密责任。

第二章 授予专利权的条件

第二十二条 授予专利权的发明和实用新型，应当具备新颖性、创造性和实用性。

新颖性，是指该发明或者实用新型不属于现有技术；也没有任何单位或者个人就同样的发明或者实用新型在申请日以前向国务院专利行政部门提出过申请，并记载在申请日以后公布的专利申请文件或者公告的专利文件中。

创造性，是指与现有技术相比，该发明具有突出的实质性特点和显著的进步，该实用新型具有实质性特点和进步。

实用性，是指该发明或者实用新型能够制造或者使用，并且能够产生积极效果。

本法所称现有技术，是指申请日以前在国内外为公众所知的技术。

第二十三条 授予专利权的外观设计，应当不属于现有设计；

也没有任何单位或者个人就同样的外观设计在申请日以前向国务院专利行政部门提出过申请，并记载在申请日以后公告的专利文件中。

授予专利权的外观设计与现有设计或者现有设计特征的组合相比，应当具有明显区别。

授予专利权的外观设计不得与他人在申请日以前已经取得的合法权利相冲突。

本法所称现有设计，是指申请日以前在国内外为公众所知的设计。

第二十四条 申请专利的发明创造在申请日以前六个月内，有下列情形之一的，不丧失新颖性：

（一）在中国政府主办或者承认的国际展览会上首次展出的；

（二）在规定的学术会议或者技术会议上首次发表的；

（三）他人未经申请人同意而泄露其内容的。

第二十五条 对下列各项，不授予专利权：

（一）科学发现；

（二）智力活动的规则和方法；

（三）疾病的诊断和治疗方法；

（四）动物和植物品种；

（五）用原子核变换方法获得的物质；

（六）对平面印刷品的图案、色彩或者二者的结合作出的主要起标识作用的设计。

对前款第（四）项所列产品的生产方法，可以依照本法规定授予专利权。

第三章 专利的申请

第二十六条 申请发明或者实用新型专利的，应当提交请求书、说明书及其摘要和权利要求书等文件。

请求书应当写明发明或者实用新型的名称，发明人的姓名，申请人姓名或者名称、地址，以及其他事项。

说明书应当对发明或者实用新型作出清楚、完整的说明，以所属技术领域的技术人员能够实现为准；必要的时候，应当有附图。摘要应当简要说明发明或者实用新型的技术要点。

权利要求书应当以说明书为依据，清楚、简要地限定要求专利保护的范围。

依赖遗传资源完成的发明创造，申请人应当在专利申请文件中说明该遗传资源的直接来源和原始来源；申请人无法说明原始来源的，应当陈述理由。

第二十七条 申请外观设计专利的，应当提交请求书、该外观设计的图片或者照片以及对该外观设计的简要说明等文件。

申请人提交的有关图片或者照片应当清楚地显示要求专利保护的产品的外观设计。

第二十八条 国务院专利行政部门收到专利申请文件之日为申请日。如果申请文件是邮寄的，以寄出的邮戳日为申请日。

第二十九条 申请人自发明或者实用新型在外国第一次提出专利申请之日起十二个月内，或者自外观设计在外国第一次提出专利申请之日起六个月内，又在中国就相同主题提出专利申请的，依照该外国同中国签订的协议或者共同参加的国际条约，或者依照相互承认优先权的原则，可以享有优先权。

申请人自发明或者实用新型在中国第一次提出专利申请之日起十二个月内，又向国务院专利行政部门就相同主题提出专利申请的，可以享有优先权。

第三十条 申请人要求优先权的，应当在申请的时候提出书面声明，并且在三个月内提交第一次提出的专利申请文件的副本；未提出书面声明或者逾期未提交专利申请文件副本的，视为未要求优先权。

第三十一条 一件发明或者实用新型专利申请应当限于一项发明或者实用新型。属于一个总的发明构思的两项以上的发明或者实用新型，可以作为一件申请提出。

一件外观设计专利申请应当限于一项外观设计。同一产品两项以上的相似外观设计，或者用于同一类别并且成套出售或者使用的产品的两项以上外观设计，可以作为一件申请提出。

第三十二条 申请人可以在被授予专利权之前随时撤回其专利申请。

第三十三条 申请人可以对其专利申请文件进行修改，但是，对发明和实用新型专利申请文件的修改不得超出原说明书和权利要求书记载的范围，对外观设计专利申请文件的修改不得超出原图片或者照片表示的范围。

第四章 专利申请的审查和批准

第三十四条 国务院专利行政部门收到发明专利申请后，经初步审查认为符合本法要求的，自申请日起满十八个月，即行公布。国务院专利行政部门可以根据申请人的请求早日公布其申请。

第三十五条 发明专利申请自申请日起三年内，国务院专利行政部门可以根据申请人随时提出的请求，对其申请进行实质审查；申请人无正当理由逾期不请求实质审查的，该申请即被视为撤回。

国务院专利行政部门认为必要的时候，可以自行对发明专利申请进行实质审查。

第三十六条 发明专利的申请人请求实质审查的时候，应当提交在申请日前与其发明有关的参考资料。

发明专利已经在外国提出过申请的，国务院专利行政部门可以要求申请人在指定期限内提交该国为审查其申请进行检索的资料或者审查结果的资料；无正当理由逾期不提交的，该申请即被视为撤回。

第三十七条 国务院专利行政部门对发明专利申请进行实质审查后，认为不符合本法规定的，应当通知申请人，要求其在指定的期限内陈述意见，或者对其申请进行修改；无正当理由逾期不答复的，该申请即被视为撤回。

第三十八条 发明专利申请经申请人陈述意见或者进行修改后，国务院专利行政部门仍然认为不符合本法规定的，应当予以驳回。

第三十九条 发明专利申请经实质审查没有发现驳回理由的，由国务院专利行政部门作出授予发明专利权的决定，发给发明专利证书，同时予以登记和公告。发明专利权自公告之日起生效。

第四十条 实用新型和外观设计专利申请经初步审查没有发现驳回理由的，由国务院专利行政部门作出授予实用新型专利权或者外观设计专利权的决定，发给相应的专利证书，同时予以登记和公告。实用新型专利权和外观设计专利权自公告之日起生效。

第四十一条 国务院专利行政部门设立专利复审委员会。专利申请人对国务院专利行政部门驳回申请的决定不服的，可以自收到通知之日起三个月内，向专利复审委员会请求复审。专利复审委员会复审后，作出决定，并通知专利申请人。

专利申请人对专利复审委员会的复审决定不服的，可以自收到通知之日起三个月内向人民法院起诉。

第五章　专利权的期限、终止和无效

第四十二条 发明专利权的期限为二十年，实用新型专利权和外观设计专利权的期限为十年，均自申请日起计算。

第四十三条 专利权人应当自被授予专利权的当年开始缴纳

年费。

第四十四条 有下列情形之一的，专利权在期限届满前终止：

（一）没有按照规定缴纳年费的；

（二）专利权人以书面声明放弃其专利权的。

专利权在期限届满前终止的，由国务院专利行政部门登记和公告。

第四十五条 自国务院专利行政部门公告授予专利权之日起，任何单位或者个人认为该专利权的授予不符合本法有关规定的，可以请求专利复审委员会宣告该专利权无效。

第四十六条 专利复审委员会对宣告专利权无效的请求应当及时审查和作出决定，并通知请求人和专利权人。宣告专利权无效的决定，由国务院专利行政部门登记和公告。

对专利复审委员会宣告专利权无效或者维持专利权的决定不服的，可以自收到通知之日起三个月内向人民法院起诉。人民法院应当通知无效宣告请求程序的对方当事人作为第三人参加诉讼。

第四十七条 宣告无效的专利权视为自始即不存在。

宣告专利权无效的决定，对在宣告专利权无效前人民法院作出并已执行的专利侵权的判决、调解书，已经履行或者强制执行的专利侵权纠纷处理决定，以及已经履行的专利实施许可合同和专利权转让合同，不具有追溯力。但是因专利权人的恶意给他人造成的损失，应当给予赔偿。

依照前款规定不返还专利侵权赔偿金、专利使用费、专利权转让费，明显违反公平原则的，应当全部或者部分返还。

第六章 专利实施的强制许可

第四十八条 有下列情形之一的，国务院专利行政部门根据具备实施条件的单位或者个人的申请，可以给予实施发明专利或者实用新型专利的强制许可：

（一）专利权人自专利权被授予之日起满三年，且自提出专利申请之日起满四年，无正当理由未实施或者未充分实施其专利的；

（二）专利权人行使专利权的行为被依法认定为垄断行为，为消除或者减少该行为对竞争产生的不利影响的。

第四十九条 在国家出现紧急状态或者非常情况时，或者为了公共利益的目的，国务院专利行政部门可以给予实施发明专利或者实用新型专利的强制许可。

第五十条 为了公共健康目的，对取得专利权的药品，国务院专利行政部门可以给予制造并将其出口到符合中华人民共和国参加的有关国际条约规定的国家或者地区的强制许可。

第五十一条 一项取得专利权的发明或者实用新型比前已经取得专利权的发明或者实用新型具有显著经济意义的重大技术进步，其实施又有赖于前一发明或者实用新型的实施的，国务院专利行政部门根据后一专利权人的申请，可以给予实施前一发明或者实用新型的强制许可。

在依照前款规定给予实施强制许可的情形下，国务院专利行政部门根据前一专利权人的申请，也可以给予实施后一发明或者实用新型的强制许可。

第五十二条 强制许可涉及的发明创造为半导体技术的，其实施限于公共利益的目的和本法第四十八条第（二）项规定的情形。

第五十三条 除依照本法第四十八条第（二）项、第五十条规定给予的强制许可外，强制许可的实施应当主要为了供应国内市场。

第五十四条 依照本法第四十八条第（一）项、第五十一条规定申请强制许可的单位或者个人应当提供证据，证明其以合理的条件请求专利权人许可其实施专利，但未能在合理的时间内获得许可。

第五十五条　国务院专利行政部门作出的给予实施强制许可的决定，应当及时通知专利权人，并予以登记和公告。

给予实施强制许可的决定，应当根据强制许可的理由规定实施的范围和时间。强制许可的理由消除并不再发生时，国务院专利行政部门应当根据专利权人的请求，经审查后作出终止实施强制许可的决定。

第五十六条　取得实施强制许可的单位或者个人不享有独占的实施权，并且无权允许他人实施。

第五十七条　取得实施强制许可的单位或者个人应当付给专利权人合理的使用费，或者依照中华人民共和国参加的有关国际条约的规定处理使用费问题。付给使用费的，其数额由双方协商；双方不能达成协议的，由国务院专利行政部门裁决。

第五十八条　专利权人对国务院专利行政部门关于实施强制许可的决定不服的，专利权人和取得实施强制许可的单位或者个人对国务院专利行政部门关于实施强制许可的使用费的裁决不服的，可以自收到通知之日起三个月内向人民法院起诉。

第七章　专利权的保护

第五十九条　发明或者实用新型专利权的保护范围以其权利要求的内容为准，说明书及附图可以用于解释权利要求的内容。

外观设计专利权的保护范围以表示在图片或者照片中的该产品的外观设计为准，简要说明可以用于解释图片或者照片所表示的该产品的外观设计。

第六十条　未经专利权人许可，实施其专利，即侵犯其专利权，引起纠纷的，由当事人协商解决；不愿协商或者协商不成的，专利权人或者利害关系人可以向人民法院起诉，也可以请求管理专利工作的部门处理。管理专利工作的部门处理时，认定侵权行为成立的，可以责令侵权人立即停止侵权行为，当事人不服的，可以自收到处理通知之日起十五日内依照《中华人民共和国行政诉讼法》向人民法院起诉；侵权人期满不起诉又不停止侵权行为的，管理专利工作的部门可以申请人民法院强制执行。进行处理的管理专利工作的部门应当事人的请求，可以就侵犯专利权的赔偿数额进行调解；调解不成的，当事人可以依照《中华人民共和国民事诉讼法》向人民法院起诉。

第六十一条　专利侵权纠纷涉及新产品制造方法的发明专利的，制造同样产品的单位或者个人应当提供其产品制造方法不同于专利方法的证明。

专利侵权纠纷涉及实用新型专利或者外观设计专利的，人民法院或者管理专利工作的部门可以要求专利权人或者利害关系人出具由国务院专利行政部门对相关实用新型或者外观设计进行检索、分析和评价后作出的专利权评价报告，作为审理、处理专利侵权纠纷的证据。

第六十二条　在专利侵权纠纷中，被控侵权人有证据证明其实施的技术或者设计属于现有技术或者现有设计的，不构成侵犯专利权。

第六十三条　假冒专利的，除依法承担民事责任外，由管理专利工作的部门责令改正并予公告，没收违法所得，可以并处违法所得四倍以下的罚款；没有违法所得的，可以处二十万元以下的罚款；构成犯罪的，依法追究刑事责任。

第六十四条　管理专利工作的部门根据已经取得的证据，对涉嫌假冒专利行为进行查处时，可以询问有关当事人，调查与涉嫌违法行为有关的情况；对当事人涉嫌违法行为的场所实施现场检查；查阅、复制与涉嫌违法行为有关的合同、发票、账簿以及其他有关资料；检查与涉嫌违法行为有关的产品，对有证据证明是假冒专利的产品，可以查封或者扣押。

管理专利工作的部门依法行使前款规定的职权时，当事人应当予以协助、配合，不得拒绝、阻挠。

第六十五条 侵犯专利权的赔偿数额按照权利人因被侵权所受到的实际损失确定；实际损失难以确定的，可以按照侵权人因侵权所获得的利益确定。权利人的损失或者侵权人获得的利益难以确定的，参照该专利许可使用费的倍数合理确定。赔偿数额还应当包括权利人为制止侵权行为所支付的合理开支。

权利人的损失、侵权人获得的利益和专利许可使用费均难以确定的，人民法院可以根据专利权的类型、侵权行为的性质和情节等因素，确定给予一万元以上一百万元以下的赔偿。

第六十六条 专利权人或者利害关系人有证据证明他人正在实施或者即将实施侵犯专利权的行为，如不及时制止将会使其合法权益受到难以弥补的损害的，可以在起诉前向人民法院申请采取责令停止有关行为的措施。

申请人提出申请时，应当提供担保；不提供担保的，驳回申请。

人民法院应当自接受申请之时起四十八小时内作出裁定；有特殊情况需要延长的，可以延长四十八小时。裁定责令停止有关行为的，应当立即执行。当事人对裁定不服的，可以申请复议一次；复议期间不停止裁定的执行。

申请人自人民法院采取责令停止有关行为的措施之日起十五日内不起诉的，人民法院应当解除该措施。

申请有错误的，申请人应当赔偿被申请人因停止有关行为所遭受的损失。

第六十七条 为了制止专利侵权行为，在证据可能灭失或者以后难以取得的情况下，专利权人或者利害关系人可以在起诉前向人民法院申请保全证据。

人民法院采取保全措施，可以责令申请人提供担保；申请人不提供担保的，驳回申请。

人民法院应当自接受申请之时起四十八小时内作出裁定；裁定采取保全措施的，应当立即执行。

申请人自人民法院采取保全措施之日起十五日内不起诉的，人民法院应当解除该措施。

第六十八条 侵犯专利权的诉讼时效为二年，自专利权人或者利害关系人得知或者应当得知侵权行为之日起计算。

发明专利申请公布后至专利权授予前使用该发明未支付适当使用费的，专利权人要求支付使用费的诉讼时效为二年，自专利权人得知或者应当得知他人使用其发明之日起计算，但是，专利权人于专利权授予之日前即已得知或者应当得知的，自专利权授予之日起计算。

第六十九条 有下列情形之一的，不视为侵犯专利权：

（一）专利产品或者依照专利方法直接获得的产品，由专利权人或者经其许可的单位、个人售出后，使用、许诺销售、销售、进口该产品的；

（二）在专利申请日前已经制造相同产品、使用相同方法或者已经作好制造、使用的必要准备，并且仅在原有范围内继续制造、使用的；

（三）临时通过中国领陆、领水、领空的外国运输工具，依照其所属国同中国签订的协议或者共同参加的国际条约，或者依照互惠原则，为运输工具自身需要而在其装置和设备中使用有关专利的；

（四）专为科学研究和实验而使用有关专利的；

（五）为提供行政审批所需要的信息，制造、使用、进口专利药品或者专利医疗器械的，以及专门为其制造、进口专利药品或者专利医疗器械的。

第七十条 为生产经营目的使用、许诺销售或者销售不知道是未经专利权人许可而制造并售出的专利侵权产品，能证明该产品合法来源的，不承担赔偿责任。

第七十一条 违反本法第二十条规定向外国申请专利，泄露国家秘密的，由所在单位或者上级主管机关给予行政处分；构成犯罪的，依法追究刑事责任。

第七十二条 侵夺发明人或者设计人的非职务发明创造专利申请权和本法规定的其他权益的，由所在单位或者上级主管机关给予行政处分。

第七十三条 管理专利工作的部门不得参与向社会推荐专利产品等经营活动。

管理专利工作的部门违反前款规定的，由其上级机关或者监察机关责令改正，消除影响，有违法收入的予以没收；情节严重的，对直接负责的主管人员和其他直接责任人员依法给予行政处分。

第七十四条 从事专利管理工作的国家机关工作人员以及其他有关国家机关工作人员玩忽职守、滥用职权、徇私舞弊，构成犯罪的，依法追究刑事责任；尚不构成犯罪的，依法给予行政处分。

第八章 附 则

第七十五条 向国务院专利行政部门申请专利和办理其他手续，应当按照规定缴纳费用。

第七十六条 本法自 1985 年 4 月 1 日起施行。

中华人民共和国专利法实施细则

（2001年6月15日中华人民共和国国务院令第306号公布　根据2002年12月28日《国务院关于修改〈中华人民共和国专利法实施细则〉的决定》第一次修订　根据2010年1月9日《国务院关于修改〈中华人民共和国专利法实施细则〉的决定》第二次修订）

第一章　总　　则

第一条　根据《中华人民共和国专利法》（以下简称专利法），制定本细则。

第二条　专利法和本细则规定的各种手续，应当以书面形式或者国务院专利行政部门规定的其他形式办理。

第三条　依照专利法和本细则规定提交的各种文件应当使用中文；国家有统一规定的科技术语的，应当采用规范词；外国人名、地名和科技术语没有统一中文译文的，应当注明原文。

依照专利法和本细则规定提交的各种证件和证明文件是外文的，国务院专利行政部门认为必要时，可以要求当事人在指定期限内附送中文译文；期满未附送的，视为未提交该证件和证明文件。

第四条　向国务院专利行政部门邮寄的各种文件，以寄出的邮戳日为递交日；邮戳日不清晰的，除当事人能够提出证明外，以国务院专利行政部门收到日为递交日。

国务院专利行政部门的各种文件，可以通过邮寄、直接送交或者其他方式送达当事人。当事人委托专利代理机构的，文件送交专利代理机构；未委托专利代理机构的，文件送交请求书中指明的联系人。

国务院专利行政部门邮寄的各种文件，自文件发出之日起满15日，推定为当事人收到文件之日。

根据国务院专利行政部门规定应当直接送交的文件，以交付日为送达日。

文件送交地址不清，无法邮寄的，可以通过公告的方式送达当事人。自公告之日起满1个月，该文件视为已经送达。

第五条 专利法和本细则规定的各种期限的第一日不计算在期限内。期限以年或者月计算的，以其最后一月的相应日为期限届满日；该月无相应日的，以该月最后一日为期限届满日；期限届满日是法定休假日的，以休假日后的第一个工作日为期限届满日。

第六条 当事人因不可抗拒的事由而延误专利法或者本细则规定的期限或者国务院专利行政部门指定的期限，导致其权利丧失的，自障碍消除之日起2个月内，最迟自期限届满之日起2年内，可以向国务院专利行政部门请求恢复权利。

除前款规定的情形外，当事人因其他正当理由延误专利法或者本细则规定的期限或者国务院专利行政部门指定的期限，导致其权利丧失的，可以自收到国务院专利行政部门的通知之日起2个月内向国务院专利行政部门请求恢复权利。

当事人依照本条第一款或者第二款的规定请求恢复权利的，应当提交恢复权利请求书，说明理由，必要时附具有关证明文件，并办理权利丧失前应当办理的相应手续；依照本条第二款的规定请求恢复权利的，还应当缴纳恢复权利请求费。

当事人请求延长国务院专利行政部门指定的期限的，应当在期限届满前，向国务院专利行政部门说明理由并办理有关手续。

本条第一款和第二款的规定不适用专利法第二十四条、第二十九条、第四十二条、第六十八条规定的期限。

第七条 专利申请涉及国防利益需要保密的，由国防专利机构受理并进行审查；国务院专利行政部门受理的专利申请涉及国防利益需要保密的，应当及时移交国防专利机构进行审查。经国防专利机构审查没有发现驳回理由的，由国务院专利行政部门作出授予国防专利权的决定。

国务院专利行政部门认为其受理的发明或者实用新型专利申请涉及国防利益以外的国家安全或者重大利益需要保密的，应当及时作出按照保密专利申请处理的决定，并通知申请人。保密专利申请的审查、复审以及保密专利权无效宣告的特殊程序，由国务院专利行政部门规定。

第八条 专利法第二十条所称在中国完成的发明或者实用新型，是指技术方案的实质性内容在中国境内完成的发明或者实用新型。

任何单位或者个人将在中国完成的发明或者实用新型向外国申请专利的，应当按照下列方式之一请求国务院专利行政部门进行保密审查：

（一）直接向外国申请专利或者向有关国外机构提交专利国际申请的，应当事先向国务院专利行政部门提出请求，并详细说明其技术方案；

（二）向国务院专利行政部门申请专利后拟向外国申请专利或者向有关国外机构提交专利国际申请的，应当在向外国申请专利或者向有关国外机构提交专利国际申请前向国务院专利行政部门提出请求。

向国务院专利行政部门提交专利国际申请的，视为同时提出了保密审查请求。

第九条 国务院专利行政部门收到依照本细则第八条规定递交的请求后，经过审查认为该发明或者实用新型可能涉及国家安全或者重大利益需要保密的，应当及时向申请人发出保密审查通知；申请人未在其请求递交日起4个月内收到保密审查通知的，可以就该发明或者实用新型向外国申请专利或者向有关国外机构提交专利国际申请。

国务院专利行政部门依照前款规定通知进行保密审查的，应当及时作出是否需要保密的决定，并通知申请人。申请人未在其请求递交日起6个月内收到需要保密的决定的，可以就该发明或者实用新型向外国申请专利或者向有关国外机构提交专利国际申请。

第十条 专利法第五条所称违反法律的发明创造，不包括仅其实施为法律所禁止的发明创造。

第十一条 除专利法第二十八条和第四十二条规定的情形外，专利法所称申请日，有优先权的，指优先权日。

本细则所称申请日，除另有规定的外，是指专利法第二十八条规定的申请日。

第十二条 专利法第六条所称执行本单位的任务所完成的职务发明创造，是指：

（一）在本职工作中作出的发明创造；

（二）履行本单位交付的本职工作之外的任务所作出的发明创造；

（三）退休、调离原单位后或者劳动、人事关系终止后1年内作出的，与其在原单位承担的本职工作或者原单位分配的任务有关的发明创造。

专利法第六条所称本单位，包括临时工作单位；专利法第六条所称本单位的物质技术条件，是指本单位的资金、设备、零部件、原材料或者不对外公开的技术资料等。

第十三条 专利法所称发明人或者设计人，是指对发明创造的实质性特点作出创造性贡献的人。在完成发明创造过程中，只负责组织工作的人、为物质技术条件的利用提供方便的人或者从事其他辅助工作的人，不是发明人或者设计人。

第十四条 除依照专利法第十条规定转让专利权外，专利权因其他事由发生转移的，当事人应当凭有关证明文件或者法律文书向国务院专利行政部门办理专利权转移手续。

专利权人与他人订立的专利实施许可合同，应当自合同生效之日起3个月内向国务院专利行政部门备案。

以专利权出质的，由出质人和质权人共同向国务院专利行政部门办理出质登记。

第二章 专利的申请

第十五条 以书面形式申请专利的，应当向国务院专利行政部门提交申请文件一式两份。

以国务院专利行政部门规定的其他形式申请专利的，应当符合规定的要求。

申请人委托专利代理机构向国务院专利行政部门申请专利和办理其他专利事务的，应当同时提交委托书，写明委托权限。

申请人有2人以上且未委托专利代理机构的，除请求书中另有声明的外，以请求书中指明的第一申请人为代表人。

第十六条 发明、实用新型或者外观设计专利申请的请求书应当写明下列事项：

（一）发明、实用新型或者外观设计的名称；

（二）申请人是中国单位或者个人的，其名称或者姓名、地址、邮政编码、组织机构代码或者居民身份证件号码；申请人是外国人、外国企业或者外国其他组织的，其姓名或者名称、国籍或者注册的国家或者地区；

（三）发明人或者设计人的姓名；

（四）申请人委托专利代理机构的，受托机构的名称、机构代码以及该机构指定的专利代理人的姓名、执业证号码、联系电话；

（五）要求优先权的，申请人第一次提出专利申请（以下简称在先申请）的申请日、申请号以及原受理机构的名称；

（六）申请人或者专利代理机构的签字或者盖章；

（七）申请文件清单；

（八）附加文件清单；

（九）其他需要写明的有关事项。

第十七条 发明或者实用新型专利申请的说明书应当写明发明或者实用新型的名称，该名称应当与请求书中的名称一致。说明书应当包括下列内容：

（一）技术领域：写明要求保护的技术方案所属的技术领域；

（二）背景技术：写明对发明或者实用新型的理解、检索、审查有用的背景技术；有可能的，并引证反映这些背景技术的文件；

（三）发明内容：写明发明或者实用新型所要解决的技术问题以及解决其技术问题采用的技术方案，并对照现有技术写明发明或者实用新型的有益效果；

（四）附图说明：说明书有附图的，对各幅附图作简略说明；

（五）具体实施方式：详细写明申请人认为实现发明或者实用新型的优选方式；必要时，举例说明；有附图的，对照附图。

发明或者实用新型专利申请人应当按照前款规定的方式和顺序撰写说明书，并在说明书每一部分前面写明标题，除非其发明或者实用新型的性质用其他方式或者顺序撰写能节约说明书的篇幅并使他人能够准确理解其发明或者实用新型。

发明或者实用新型说明书应当用词规范、语句清楚，并不得使用“如权利要求……所述的……”一类的引用语，也不得使用商业性宣传用语。

发明专利申请包含一个或者多个核苷酸或者氨基酸序列的，说明书应当包括符合国务院专利行政部门规定的序列表。申请人应当将该序列表作为说明书的一个单独部分提交，并按照国务院专利行政部门的规定提交该序列表的计算机可读形式的副本。

实用新型专利申请说明书应当有表示要求保护的产品的形状、构造或者其结合的附图。

第十八条 发明或者实用新型的几幅附图应当按照“图1，图2，……”顺序编号排列。

发明或者实用新型说明书文字部分中未提及的附图标记不得在附图中出现，附图中未出现的附图标记不得在说明书文字部分中提及。申请文件中表示同一组成部分的附图标记应当一致。

附图中除必需的词语外，不应当含有其他注释。

第十九条 权利要求书应当记载发明或者实用新型的技术特征。

权利要求书有几项权利要求的，应当用阿拉伯数字顺序编号。

权利要求书中使用的科技术语应当与说明书中使用的科技术语一致，可以有化学式或者数学式，但是不得有插图。除绝对必要的外，不得使用“如说明书……部分所述”或者“如图……所示”的用语。

权利要求中的技术特征可以引用说明书附图中相应的标记，该标记应当放在相应的技术特征后并置于括号内，便于理解权利要求。附图标记不得解释为对权利要求的限制。

第二十条 权利要求书应当有独立权利要求，也可以有从属权利要求。

独立权利要求应当从整体上反映发明或者实用新型的技术方案，记载解决技术问题的必要技术特征。

从属权利要求应当用附加的技术特征，对引用的权利要求作进一步限定。

第二十一条 发明或者实用新型的独立权利要求应当包括前序部分和特征部分，按照下列规定撰写：

（一）前序部分：写明要求保护的发明或者实用新型技术方案

的主题名称和发明或者实用新型主题与最接近的现有技术共有的必要技术特征；

（二）特征部分：使用“其特征是……”或者类似的用语，写明发明或者实用新型区别于最接近的现有技术的技术特征。这些特征和前序部分写明的特征合在一起，限定发明或者实用新型要求保护的范围。

发明或者实用新型的性质不适于用前款方式表达的，独立权利要求可以用其他方式撰写。

一项发明或者实用新型应当只有一个独立权利要求，并写在同一发明或者实用新型的从属权利要求之前。

第二十二条 发明或者实用新型的从属权利要求应当包括引用部分和限定部分，按照下列规定撰写：

（一）引用部分：写明引用的权利要求的编号及其主题名称；

（二）限定部分：写明发明或者实用新型附加的技术特征。

从属权利要求只能引用在前的权利要求。引用两项以上权利要求的多项从属权利要求，只能以择一方式引用在前的权利要求，并不得作为另一项多项从属权利要求的基础。

第二十三条 说明书摘要应当写明发明或者实用新型专利申请所公开内容的概要，即写明发明或者实用新型的名称和所属技术领域，并清楚地反映所要解决的技术问题、解决该问题的技术方案的要点以及主要用途。

说明书摘要可以包含最能说明发明的化学式；有附图的专利申请，还应当提供一幅最能说明该发明或者实用新型技术特征的附图。附图的大小及清晰度应当保证在该图缩小到 4 厘米×6 厘米时，仍能清晰地分辨出图中的各个细节。摘要文字部分不得超过 300 个字。摘要中不得使用商业性宣传用语。

第二十四条 申请专利的发明涉及新的生物材料，该生物材料公众不能得到，并且对该生物材料的说明不足以使所属领域的技术人员实施其发明的，除应当符合专利法和本细则的有关规定外，申请人还应当办理下列手续：

（一）在申请日前或者最迟在申请日（有优先权的，指优先权日），将该生物材料的样品提交国务院专利行政部门认可的保藏单位保藏，并在申请时或者最迟自申请日起4个月内提交保藏单位出具的保藏证明和存活证明；期满未提交证明的，该样品视为未提交保藏；

（二）在申请文件中，提供有关该生物材料特征的资料；

（三）涉及生物材料样品保藏的专利申请应当在请求书和说明书中写明该生物材料的分类命名（注明拉丁文名称）、保藏该生物材料样品的单位名称、地址、保藏日期和保藏编号；申请时未写明的，应当自申请日起4个月内补正；期满未补正的，视为未提交保藏。

第二十五条　发明专利申请人依照本细则第二十四条的规定保藏生物材料样品的，在发明专利申请公布后，任何单位或者个人需要将该专利申请所涉及的生物材料作为实验目的使用的，应当向国务院专利行政部门提出请求，并写明下列事项：

（一）请求人的姓名或者名称和地址；

（二）不向其他任何人提供该生物材料的保证；

（三）在授予专利权前，只作为实验目的使用的保证。

第二十六条　专利法所称遗传资源，是指取自人体、动物、植物或者微生物等含有遗传功能单位并具有实际或者潜在价值的材料；专利法所称依赖遗传资源完成的发明创造，是指利用了遗传资源的遗传功能完成的发明创造。

就依赖遗传资源完成的发明创造申请专利的，申请人应当在请求书中予以说明，并填写国务院专利行政部门制定的表格。

第二十七条　申请人请求保护色彩的，应当提交彩色图片或者照片。

申请人应当就每件外观设计产品所需要保护的内容提交有关图片或者照片。

第二十八条 外观设计的简要说明应当写明外观设计产品的名称、用途，外观设计的设计要点，并指定一幅最能表明设计要点的图片或者照片。省略视图或者请求保护色彩的，应当在简要说明中写明。

对同一产品的多项相似外观设计提出一件外观设计专利申请的，应当在简要说明中指定其中一项作为基本设计。

简要说明不得使用商业性宣传用语，也不能用来说明产品的性能。

第二十九条 国务院专利行政部门认为必要时，可以要求外观设计专利申请人提交使用外观设计的产品样品或者模型。样品或者模型的体积不得超过 30 厘米×30 厘米×30 厘米，重量不得超过 15 公斤。易腐、易损或者危险品不得作为样品或者模型提交。

第三十条 专利法第二十四条第（一）项所称中国政府承认的国际展览会，是指国际展览会公约规定的在国际展览局注册或者由其认可的国际展览会。

专利法第二十四条第（二）项所称学术会议或者技术会议，是指国务院有关主管部门或者全国性学术团体组织召开的学术会议或者技术会议。

申请专利的发明创造有专利法第二十四条第（一）项或者第（二）项所列情形的，申请人应当在提出专利申请时声明，并自申请日起 2 个月内提交有关国际展览会或者学术会议、技术会议的组织单位出具的有关发明创造已经展出或者发表，以及展出或者发表日期的证明文件。

申请专利的发明创造有专利法第二十四条第（三）项所列情形的，国务院专利行政部门认为必要时，可以要求申请人在指定期限内提交证明文件。

申请人未依照本条第三款的规定提出声明和提交证明文件的，或者未依照本条第四款的规定在指定期限内提交证明文件的，其申请不适用专利法第二十四条的规定。

第三十一条 申请人依照专利法第三十条的规定要求外国优先权的，申请人提交的在先申请文件副本应当经原受理机构证明。依照国务院专利行政部门与该受理机构签订的协议，国务院专利行政部门通过电子交换等途径获得在先申请文件副本的，视为申请人提交了经该受理机构证明的在先申请文件副本。要求本国优先权，申请人在请求书中写明在先申请的申请日和申请号的，视为提交了在先申请文件副本。

要求优先权，但请求书中漏写或者错写在先申请的申请日、申请号和原受理机构名称中的一项或者两项内容的，国务院专利行政部门应当通知申请人在指定期限内补正；期满未补正的，视为未要求优先权。

要求优先权的申请人的姓名或者名称与在先申请文件副本中记载的申请人姓名或者名称不一致的，应当提交优先权转让证明材料，未提交该证明材料的，视为未要求优先权。

外观设计专利申请的申请人要求外国优先权，其在先申请未包括对外观设计的简要说明，申请人按照本细则第二十八条规定提交的简要说明未超出在先申请文件的图片或者照片表示的范围的，不影响其享有优先权。

第三十二条 申请人在一件专利申请中，可以要求一项或者多项优先权；要求多项优先权的，该申请的优先权期限从最早的优先权日起计算。

申请人要求本国优先权，在先申请是发明专利申请的，可以就相同主题提出发明或者实用新型专利申请；在先申请是实用新型专利申请的，可以就相同主题提出实用新型或者发明专利申请。但是，提出后一申请时，在先申请的主题有下列情形之一的，不得作为要求本国优先权的基础：

（一）已经要求外国优先权或者本国优先权的；

（二）已经被授予专利权的；

（三）属于按照规定提出的分案申请的。

申请人要求本国优先权的，其在先申请自后一申请提出之日起即视为撤回。

第三十三条 在中国没有经常居所或者营业所的申请人，申请专利或者要求外国优先权的，国务院专利行政部门认为必要时，可以要求其提供下列文件：

（一）申请人是个人的，其国籍证明；

（二）申请人是企业或者其他组织的，其注册的国家或者地区的证明文件；

（三）申请人的所属国，承认中国单位和个人可以按照该国国民的同等条件，在该国享有专利权、优先权和其他与专利有关的权利的证明文件。

第三十四条 依照专利法第三十一条第一款规定，可以作为一件专利申请提出的属于一个总的发明构思的两项以上的发明或者实用新型，应当在技术上相互关联，包含一个或者多个相同或者相应的特定技术特征，其中特定技术特征是指每一项发明或者实用新型作为整体，对现有技术作出贡献的技术特征。

第三十五条 依照专利法第三十一条第二款规定，将同一产品的多项相似外观设计作为一件申请提出的，对该产品的其他设计应当与简要说明中指定的基本设计相似。一件外观设计专利申请中的相似外观设计不得超过10项。

专利法第三十一条第二款所称同一类别并且成套出售或者使用的产品的两项以上外观设计，是指各产品属于分类表中同一大类，习惯上同时出售或者同时使用，而且各产品的外观设计具有相同的设计构思。

将两项以上外观设计作为一件申请提出的，应当将各项外观设计的顺序编号标注在每件外观设计产品各幅图片或者照片的名称之前。

第三十六条 申请人撤回专利申请的，应当向国务院专利行政部门提出声明，写明发明创造的名称、申请号和申请日。

撤回专利申请的声明在国务院专利行政部门作好公布专利申请文件的印刷准备工作后提出的，申请文件仍予公布；但是，撤回专利申请的声明应当在以后出版的专利公报上予以公告。

第三章 专利申请的审查和批准

第三十七条 在初步审查、实质审查、复审和无效宣告程序中，实施审查和审理的人员有下列情形之一的，应当自行回避，当事人或者其他利害关系人可以要求其回避：

（一）是当事人或者其代理人的近亲属的；

（二）与专利申请或者专利权有利害关系的；

（三）与当事人或者其代理人有其他关系，可能影响公正审查和审理的；

（四）专利复审委员会成员曾参与原申请的审查的。

第三十八条 国务院专利行政部门收到发明或者实用新型专利申请的请求书、说明书（实用新型必须包括附图）和权利要求书，或者外观设计专利申请的请求书、外观设计的图片或者照片和简要说明后，应当明确申请日、给予申请号，并通知申请人。

第三十九条 专利申请文件有下列情形之一的，国务院专利行政部门不予受理，并通知申请人：

（一）发明或者实用新型专利申请缺少请求书、说明书（实用新型无附图）或者权利要求书的，或者外观设计专利申请缺少请求书、图片或者照片、简要说明的；

（二）未使用中文的；

（三）不符合本细则第一百二十一条第一款规定的；

（四）请求书中缺少申请人姓名或者名称，或者缺少地址的；

（五）明显不符合专利法第十八条或者第十九条第一款的规定的；

（六）专利申请类别（发明、实用新型或者外观设计）不明确或者难以确定的。

第四十条 说明书中写有对附图的说明但无附图或者缺少部分附图的，申请人应当在国务院专利行政部门指定的期限内补交附图或者声明取消对附图的说明。申请人补交附图的，以向国务院专利行政部门提交或者邮寄附图之日为申请日；取消对附图的说明的，保留原申请日。

第四十一条 两个以上的申请人同日（指申请日；有优先权的，指优先权日）分别就同样的发明创造申请专利的，应当在收到国务院专利行政部门的通知后自行协商确定申请人。

同一申请人在同日（指申请日）对同样的发明创造既申请实用新型专利又申请发明专利的，应当在申请时分别说明对同样的发明创造已申请了另一专利；未作说明的，依照专利法第九条第一款关于同样的发明创造只能授予一项专利权的规定处理。

国务院专利行政部门公告授予实用新型专利权，应当公告申请人已依照本条第二款的规定同时申请了发明专利的说明。

发明专利申请经审查没有发现驳回理由，国务院专利行政部门应当通知申请人在规定期限内声明放弃实用新型专利权。申请人声明放弃的，国务院专利行政部门应当作出授予发明专利权的决定，并在公告授予发明专利权时一并公告申请人放弃实用新型专利权声明。申请人不同意放弃的，国务院专利行政部门应当驳回该发明专利申请；申请人期满未答复的，视为撤回该发明专利申请。

实用新型专利权自公告授予发明专利权之日起终止。

第四十二条 一件专利申请包括两项以上发明、实用新型或者外观设计的，申请人可以在本细则第五十四条第一款规定的期限届满前，向国务院专利行政部门提出分案申请；但是，专利申请已经被驳回、撤回或者视为撤回的，不能提出分案申请。

国务院专利行政部门认为一件专利申请不符合专利法第三十一条和本细则第三十四条或者第三十五条的规定的，应当通知申请人在指定期限内对其申请进行修改；申请人期满未答复的，该申请视为撤回。

分案的申请不得改变原申请的类别。

第四十三条 依照本细则第四十二条规定提出的分案申请，可以保留原申请日，享有优先权的，可以保留优先权日，但是不得超出原申请记载的范围。

分案申请应当依照专利法及本细则的规定办理有关手续。

分案申请的请求书中应当写明原申请的申请号和申请日。提交分案申请时，申请人应当提交原申请文件副本；原申请享有优先权的，并应当提交原申请的优先权文件副本。

第四十四条 专利法第三十四条和第四十条所称初步审查，是指审查专利申请是否具备专利法第二十六条或者第二十七条规定的文件和其他必要的文件，这些文件是否符合规定的格式，并审查下列各项：

（一）发明专利申请是否明显属于专利法第五条、第二十五条规定的情形，是否不符合专利法第十八条、第十九条第一款、第二十条第一款或者本细则第十六条、第二十六条第二款的规定，是否明显不符合专利法第二条第二款、第二十六条第五款、第三十一条第一款、第三十三条或者本细则第十七条至第二十一条的规定；

（二）实用新型专利申请是否明显属于专利法第五条、第二十五条规定的情形，是否不符合专利法第十八条、第十九条第一款、第二十条第一款或者本细则第十六条至第十九条、第二十一条至第二十三条的规定，是否明显不符合专利法第二条第三款、第二十二条第二款、第四款、第二十六条第三款、第四款、第三十一条第一款、第三十三条或者本细则第二十条、第四十三条第一款的规定，是否依照专利法第九条规定不能取得专利权；

（三）外观设计专利申请是否明显属于专利法第五条、第二十五条第一款第（六）项规定的情形，是否不符合专利法第十八条、第十九条第一款或者本细则第十六条、第二十七条、第二十八条的规定，是否明显不符合专利法第二条第四款、第二十三条第一款、第二十七条第二款、第三十一条第二款、第三十三条或者本细则第四十三条第一款的规定，是否依照专利法第九条规定不能取得专利权；

（四）申请文件是否符合本细则第二条、第三条第一款的规定。

国务院专利行政部门应当将审查意见通知申请人，要求其在指定期限内陈述意见或者补正；申请人期满未答复的，其申请视为撤回。申请人陈述意见或者补正后，国务院专利行政部门仍然认为不符合前款所列各项规定的，应当予以驳回。

第四十五条　除专利申请文件外，申请人向国务院专利行政部门提交的与专利申请有关的其他文件有下列情形之一的，视为未提交：

（一）未使用规定的格式或者填写不符合规定的；

（二）未按照规定提交证明材料的。

国务院专利行政部门应当将视为未提交的审查意见通知申请人。

第四十六条　申请人请求早日公布其发明专利申请的，应当向国务院专利行政部门声明。国务院专利行政部门对该申请进行初步审查后，除予以驳回的外，应当立即将申请予以公布。

第四十七条　申请人写明使用外观设计的产品及其所属类别的，应当使用国务院专利行政部门公布的外观设计产品分类表。未写明使用外观设计的产品所属类别或者所写的类别不确切的，国务院专利行政部门可以予以补充或者修改。

第四十八条 自发明专利申请公布之日起至公告授予专利权之日止，任何人均可以对不符合专利法规定的专利申请向国务院专利行政部门提出意见，并说明理由。

第四十九条 发明专利申请人因有正当理由无法提交专利法第三十六条规定的检索资料或者审查结果资料的，应当向国务院专利行政部门声明，并在得到有关资料后补交。

第五十条 国务院专利行政部门依照专利法第三十五条第二款的规定对专利申请自行进行审查时，应当通知申请人。

第五十一条 发明专利申请人在提出实质审查请求时以及在收到国务院专利行政部门发出的发明专利申请进入实质审查阶段通知书之日起的3个月内，可以对发明专利申请主动提出修改。

实用新型或者外观设计专利申请人自申请日起2个月内，可以对实用新型或者外观设计专利申请主动提出修改。

申请人在收到国务院专利行政部门发出的审查意见通知书后对专利申请文件进行修改的，应当针对通知书指出的缺陷进行修改。

国务院专利行政部门可以自行修改专利申请文件中文字和符号的明显错误。国务院专利行政部门自行修改的，应当通知申请人。

第五十二条 发明或者实用新型专利申请的说明书或者权利要求书的修改部分，除个别文字修改或者增删外，应当按照规定格式提交替换页。外观设计专利申请的图片或者照片的修改，应当按照规定提交替换页。

第五十三条 依照专利法第三十八条的规定，发明专利申请经实质审查应当予以驳回的情形是指：

（一）申请属于专利法第五条、第二十五条规定的情形，或者依照专利法第九条规定不能取得专利权的；

（二）申请不符合专利法第二条第二款、第二十条第一款、第二十二条、第二十六条第三款、第四款、第五款、第三十一条第一款或者本细则第二十条第二款规定的；

（三）申请的修改不符合专利法第三十三条规定，或者分案的申请不符合本细则第四十三条第一款的规定的。

第五十四条 国务院专利行政部门发出授予专利权的通知后，申请人应当自收到通知之日起 2 个月内办理登记手续。申请人按期办理登记手续的，国务院专利行政部门应当授予专利权，颁发专利证书，并予以公告。

期满未办理登记手续的，视为放弃取得专利权的权利。

第五十五条 保密专利申请经审查没有发现驳回理由的，国务院专利行政部门应当作出授予保密专利权的决定，颁发保密专利证书，登记保密专利权的有关事项。

第五十六条 授予实用新型或者外观设计专利权的决定公告后，专利法第六十条规定的专利权人或者利害关系人可以请求国务院专利行政部门作出专利权评价报告。

请求作出专利权评价报告的，应当提交专利权评价报告请求书，写明专利号。每项请求应当限于一项专利权。

专利权评价报告请求书不符合规定的，国务院专利行政部门应当通知请求人在指定期限内补正；请求人期满未补正的，视为未提出请求。

第五十七条 国务院专利行政部门应当自收到专利权评价报告请求书后 2 个月内作出专利权评价报告。对同一项实用新型或者外观设计专利权，有多个请求人请求作出专利权评价报告的，国务院专利行政部门仅作出一份专利权评价报告。任何单位或者个人可以查阅或者复制该专利权评价报告。

第五十八条 国务院专利行政部门对专利公告、专利单行本中出现的错误，一经发现，应当及时更正，并对所作更正予以公告。

第四章　专利申请的复审与专利权的无效宣告

第五十九条　专利复审委员会由国务院专利行政部门指定的技术专家和法律专家组成，主任委员由国务院专利行政部门负责人兼任。

第六十条　依照专利法第四十一条的规定向专利复审委员会请求复审的，应当提交复审请求书，说明理由，必要时还应当附具有关证据。

复审请求不符合专利法第十九条第一款或者第四十一条第一款规定的，专利复审委员会不予受理，书面通知复审请求人并说明理由。

复审请求书不符合规定格式的，复审请求人应当在专利复审委员会指定的期限内补正；期满未补正的，该复审请求视为未提出。

第六十一条　请求人在提出复审请求或者在对专利复审委员会的复审通知书作出答复时，可以修改专利申请文件；但是，修改应当仅限于消除驳回决定或者复审通知书指出的缺陷。

修改的专利申请文件应当提交一式两份。

第六十二条　专利复审委员会应当将受理的复审请求书转交国务院专利行政部门原审查部门进行审查。原审查部门根据复审请求人的请求，同意撤销原决定的，专利复审委员会应当据此作出复审决定，并通知复审请求人。

第六十三条　专利复审委员会进行复审后，认为复审请求不符合专利法和本细则有关规定的，应当通知复审请求人，要求其在指定期限内陈述意见。期满未答复的，该复审请求视为撤回；经陈述意见或者进行修改后，专利复审委员会认为仍不符合专利法和本细则有关规定的，应当作出维持原驳回决定的复审决定。

专利复审委员会进行复审后，认为原驳回决定不符合专利法和本细则有关规定的，或者认为经过修改的专利申请文件消除了原驳回决定指出的缺陷的，应当撤销原驳回决定，由原审查部门继续进行审查程序。

第六十四条 复审请求人在专利复审委员会作出决定前，可以撤回其复审请求。

复审请求人在专利复审委员会作出决定前撤回其复审请求的，复审程序终止。

第六十五条 依照专利法第四十五条的规定，请求宣告专利权无效或者部分无效的，应当向专利复审委员会提交专利权无效宣告请求书和必要的证据一式两份。无效宣告请求书应当结合提交的所有证据，具体说明无效宣告请求的理由，并指明每项理由所依据的证据。

前款所称无效宣告请求的理由，是指被授予专利的发明创造不符合专利法第二条、第二十条第一款、第二十二条、第二十三条、第二十六条第三款、第四款、第二十七条第二款、第三十三条或者本细则第二十条第二款、第四十三条第一款的规定，或者属于专利法第五条、第二十五条的规定，或者依照专利法第九条规定不能取得专利权。

第六十六条 专利权无效宣告请求不符合专利法第十九条第一款或者本细则第六十五条规定的，专利复审委员会不予受理。

在专利复审委员会就无效宣告请求作出决定之后，又以同样的理由和证据请求无效宣告的，专利复审委员会不予受理。

以不符合专利法第二十三条第三款的规定为理由请求宣告外观设计专利权无效，但是未提交证明权利冲突的证据的，专利复审委员会不予受理。

专利权无效宣告请求书不符合规定格式的，无效宣告请求人应当在专利复审委员会指定的期限内补正；期满未补正的，该无效宣告请求视为未提出。

第六十七条 在专利复审委员会受理无效宣告请求后，请求人可以在提出无效宣告请求之日起 1 个月内增加理由或者补充证据。逾期增加理由或者补充证据的，专利复审委员会可以不予考虑。

第六十八条 专利复审委员会应当将专利权无效宣告请求书和有关文件的副本送交专利权人，要求其在指定的期限内陈述意见。

专利权人和无效宣告请求人应当在指定期限内答复专利复审委员会发出的转送文件通知书或者无效宣告请求审查通知书；期满未答复的，不影响专利复审委员会审理。

第六十九条 在无效宣告请求的审查过程中，发明或者实用新型专利的专利权人可以修改其权利要求书，但是不得扩大原专利的保护范围。

发明或者实用新型专利的专利权人不得修改专利说明书和附图，外观设计专利的专利权人不得修改图片、照片和简要说明。

第七十条 专利复审委员会根据当事人的请求或者案情需要，可以决定对无效宣告请求进行口头审理。

专利复审委员会决定对无效宣告请求进行口头审理的，应当向当事人发出口头审理通知书，告知举行口头审理的日期和地点。当事人应当在通知书指定的期限内作出答复。

无效宣告请求人对专利复审委员会发出的口头审理通知书在指定的期限内未作答复，并且不参加口头审理的，其无效宣告请求视为撤回；专利权人不参加口头审理的，可以缺席审理。

第七十一条 在无效宣告请求审查程序中，专利复审委员会指定的期限不得延长。

第七十二条 专利复审委员会对无效宣告的请求作出决定前，无效宣告请求人可以撤回其请求。

专利复审委员会作出决定之前，无效宣告请求人撤回其请求或者其无效宣告请求被视为撤回的，无效宣告请求审查程序终止。但是，专利复审委员会认为根据已进行的审查工作能够作出宣告专利权无效或者部分无效的决定的，不终止审查程序。

第五章　专利实施的强制许可

第七十三条　专利法第四十八条第（一）项所称未充分实施其专利，是指专利权人及其被许可人实施其专利的方式或者规模不能满足国内对专利产品或者专利方法的需求。

专利法第五十条所称取得专利权的药品，是指解决公共健康问题所需的医药领域中的任何专利产品或者依照专利方法直接获得的产品，包括取得专利权的制造该产品所需的活性成分以及使用该产品所需的诊断用品。

第七十四条　请求给予强制许可的，应当向国务院专利行政部门提交强制许可请求书，说明理由并附具有关证明文件。

国务院专利行政部门应当将强制许可请求书的副本送交专利权人，专利权人应当在国务院专利行政部门指定的期限内陈述意见；期满未答复的，不影响国务院专利行政部门作出决定。

国务院专利行政部门在作出驳回强制许可请求的决定或者给予强制许可的决定前，应当通知请求人和专利权人拟作出的决定及其理由。

国务院专利行政部门依照专利法第五十条的规定作出给予强制许可的决定，应当同时符合中国缔结或者参加的有关国际条约关于为了解决公共健康问题而给予强制许可的规定，但中国作出保留的除外。

第七十五条　依照专利法第五十七条的规定，请求国务院专利行政部门裁决使用费数额的，当事人应当提出裁决请求书，并附具双方不能达成协议的证明文件。国务院专利行政部门应当自收到请求书之日起 3 个月内作出裁决，并通知当事人。

第六章　对职务发明创造的发明人或者设计人的奖励和报酬

第七十六条　被授予专利权的单位可以与发明人、设计人约定或者在其依法制定的规章制度中规定专利法第十六条规定的奖励、报酬的方式和数额。

企业、事业单位给予发明人或者设计人的奖励、报酬，按照国家有关财务、会计制度的规定进行处理。

第七十七条　被授予专利权的单位未与发明人、设计人约定也未在其依法制定的规章制度中规定专利法第十六条规定的奖励的方式和数额的，应当自专利权公告之日起3个月内发给发明人或者设计人奖金。一项发明专利的奖金最低不少于3000元；一项实用新型专利或者外观设计专利的奖金最低不少于1000元。

由于发明人或者设计人的建议被其所属单位采纳而完成的发明创造，被授予专利权的单位应当从优发给奖金。

第七十八条　被授予专利权的单位未与发明人、设计人约定也未在其依法制定的规章制度中规定专利法第十六条规定的报酬的方式和数额的，在专利权有效期限内，实施发明创造专利后，每年应当从实施该项发明或者实用新型专利的营业利润中提取不低于2%或者从实施该项外观设计专利的营业利润中提取不低于0.2%，作为报酬给予发明人或者设计人，或者参照上述比例，给予发明人或者设计人一次性报酬；被授予专利权的单位许可其他单位或者个人实施其专利的，应当从收取的使用费中提取不低于10%，作为报酬给予发明人或者设计人。

第七章　专利权的保护

第七十九条　专利法和本细则所称管理专利工作的部门，是指由省、自治区、直辖市人民政府以及专利管理工作量大又有实际处理能力的设区的市人民政府设立的管理专利工作的部门。

第八十条　国务院专利行政部门应当对管理专利工作的部门处理专利侵权纠纷、查处假冒专利行为、调解专利纠纷进行业务指导。

第八十一条　当事人请求处理专利侵权纠纷或者调解专利纠纷的，由被请求人所在地或者侵权行为地的管理专利工作的部门管辖。

两个以上管理专利工作的部门都有管辖权的专利纠纷，当事人可以向其中一个管理专利工作的部门提出请求；当事人向两个以上有管辖权的管理专利工作的部门提出请求的，由最先受理的管理专利工作的部门管辖。

管理专利工作的部门对管辖权发生争议的，由其共同的上级人民政府管理专利工作的部门指定管辖；无共同上级人民政府管理专利工作的部门的，由国务院专利行政部门指定管辖。

第八十二条　在处理专利侵权纠纷过程中，被请求人提出无效宣告请求并被专利复审委员会受理的，可以请求管理专利工作的部门中止处理。

管理专利工作的部门认为被请求人提出的中止理由明显不能成立的，可以不中止处理。

第八十三条　专利权人依照专利法第十七条的规定，在其专利产品或者该产品的包装上标明专利标识的，应当按照国务院专利行政部门规定的方式予以标明。

专利标识不符合前款规定的，由管理专利工作的部门责令改正。

第八十四条 下列行为属于专利法第六十三条规定的假冒专利的行为：

（一）在未被授予专利权的产品或者其包装上标注专利标识，专利权被宣告无效后或者终止后继续在产品或者其包装上标注专利标识，或者未经许可在产品或者产品包装上标注他人的专利号；

（二）销售第（一）项所述产品；

（三）在产品说明书等材料中将未被授予专利权的技术或者设计称为专利技术或者专利设计，将专利申请称为专利，或者未经许可使用他人的专利号，使公众将所涉及的技术或者设计误认为是专利技术或者专利设计；

（四）伪造或者变造专利证书、专利文件或者专利申请文件；

（五）其他使公众混淆，将未被授予专利权的技术或者设计误认为是专利技术或者专利设计的行为。

专利权终止前依法在专利产品、依照专利方法直接获得的产品或者其包装上标注专利标识，在专利权终止后许诺销售、销售该产品的，不属于假冒专利行为。

销售不知道是假冒专利的产品，并且能够证明该产品合法来源的，由管理专利工作的部门责令停止销售，但免除罚款的处罚。

第八十五条 除专利法第六十条规定的外，管理专利工作的部门应当事人请求，可以对下列专利纠纷进行调解：

（一）专利申请权和专利权归属纠纷；

（二）发明人、设计人资格纠纷；

（三）职务发明创造的发明人、设计人的奖励和报酬纠纷；

（四）在发明专利申请公布后专利权授予前使用发明而未支付适当费用的纠纷；

（五）其他专利纠纷。

对于前款第（四）项所列的纠纷，当事人请求管理专利工作的部门调解的，应当在专利权被授予之后提出。

第八十六条 当事人因专利申请权或者专利权的归属发生纠纷，已请求管理专利工作的部门调解或者向人民法院起诉的，可以请求国务院专利行政部门中止有关程序。

依照前款规定请求中止有关程序的，应当向国务院专利行政部门提交请求书，并附具管理专利工作的部门或者人民法院的写明申请号或者专利号的有关受理文件副本。

管理专利工作的部门作出的调解书或者人民法院作出的判决生效后，当事人应当向国务院专利行政部门办理恢复有关程序的手续。自请求中止之日起1年内，有关专利申请权或者专利权归属的纠纷未能结案，需要继续中止有关程序的，请求人应当在该期限内请求延长中止。期满未请求延长的，国务院专利行政部门自行恢复有关程序。

第八十七条 人民法院在审理民事案件中裁定对专利申请权或者专利权采取保全措施的，国务院专利行政部门应当在收到写明申请号或者专利号的裁定书和协助执行通知书之日中止被保全的专利申请权或者专利权的有关程序。保全期限届满，人民法院没有裁定继续采取保全措施的，国务院专利行政部门自行恢复有关程序。

第八十八条 国务院专利行政部门根据本细则第八十六条和第八十七条规定中止有关程序，是指暂停专利申请的初步审查、实质审查、复审程序，授予专利权程序和专利权无效宣告程序；暂停办理放弃、变更、转移专利权或者专利申请权手续，专利权质押手续以及专利权期限届满前的终止手续等。

第八章 专利登记和专利公报

第八十九条 国务院专利行政部门设置专利登记簿，登记下列与专利申请和专利权有关的事项：

（一）专利权的授予；
（二）专利申请权、专利权的转移；
（三）专利权的质押、保全及其解除；
（四）专利实施许可合同的备案；
（五）专利权的无效宣告；
（六）专利权的终止；
（七）专利权的恢复；
（八）专利实施的强制许可；
（九）专利权人的姓名或者名称、国籍和地址的变更。

第九十条 国务院专利行政部门定期出版专利公报，公布或者公告下列内容：

（一）发明专利申请的著录事项和说明书摘要；
（二）发明专利申请的实质审查请求和国务院专利行政部门对发明专利申请自行进行实质审查的决定；
（三）发明专利申请公布后的驳回、撤回、视为撤回、视为放弃、恢复和转移；
（四）专利权的授予以及专利权的著录事项；
（五）发明或者实用新型专利的说明书摘要，外观设计专利的一幅图片或者照片；
（六）国防专利、保密专利的解密；
（七）专利权的无效宣告；
（八）专利权的终止、恢复；
（九）专利权的转移；
（十）专利实施许可合同的备案；
（十一）专利权的质押、保全及其解除；
（十二）专利实施的强制许可的给予；
（十三）专利权人的姓名或者名称、地址的变更；
（十四）文件的公告送达；

（十五）国务院专利行政部门作出的更正；

（十六）其他有关事项。

第九十一条　国务院专利行政部门应当提供专利公报、发明专利申请单行本以及发明专利、实用新型专利、外观设计专利单行本，供公众免费查阅。

第九十二条　国务院专利行政部门负责按照互惠原则与其他国家、地区的专利机关或者区域性专利组织交换专利文献。

第九章　费　　用

第九十三条　向国务院专利行政部门申请专利和办理其他手续时，应当缴纳下列费用：

（一）申请费、申请附加费、公布印刷费、优先权要求费；

（二）发明专利申请实质审查费、复审费；

（三）专利登记费、公告印刷费、年费；

（四）恢复权利请求费、延长期限请求费；

（五）著录事项变更费、专利权评价报告请求费、无效宣告请求费。

前款所列各种费用的缴纳标准，由国务院价格管理部门、财政部门会同国务院专利行政部门规定。

第九十四条　专利法和本细则规定的各种费用，可以直接向国务院专利行政部门缴纳，也可以通过邮局或者银行汇付，或者以国务院专利行政部门规定的其他方式缴纳。

通过邮局或者银行汇付的，应当在送交国务院专利行政部门的汇单上写明正确的申请号或者专利号以及缴纳的费用名称。不符合本款规定的，视为未办理缴费手续。

直接向国务院专利行政部门缴纳费用的，以缴纳当日为缴费日；以邮局汇付方式缴纳费用的，以邮局汇出的邮戳日为缴费日；

以银行汇付方式缴纳费用的，以银行实际汇出日为缴费日。

多缴、重缴、错缴专利费用的，当事人可以自缴费日起3年内，向国务院专利行政部门提出退款请求，国务院专利行政部门应当予以退还。

第九十五条 申请人应当自申请日起2个月内或者在收到受理通知书之日起15日内缴纳申请费、公布印刷费和必要的申请附加费；期满未缴纳或者未缴足的，其申请视为撤回。

申请人要求优先权的，应当在缴纳申请费的同时缴纳优先权要求费；期满未缴纳或者未缴足的，视为未要求优先权。

第九十六条 当事人请求实质审查或者复审的，应当在专利法及本细则规定的相关期限内缴纳费用；期满未缴纳或者未缴足的，视为未提出请求。

第九十七条 申请人办理登记手续时，应当缴纳专利登记费、公告印刷费和授予专利权当年的年费；期满未缴纳或者未缴足的，视为未办理登记手续。

第九十八条 授予专利权当年以后的年费应当在上一年度期满前缴纳。专利权人未缴纳或者未缴足的，国务院专利行政部门应当通知专利权人自应当缴纳年费期满之日起6个月内补缴，同时缴纳滞纳金；滞纳金的金额按照每超过规定的缴费时间1个月，加收当年全额年费的5％计算；期满未缴纳的，专利权自应当缴纳年费期满之日起终止。

第九十九条 恢复权利请求费应当在本细则规定的相关期限内缴纳；期满未缴纳或者未缴足的，视为未提出请求。

延长期限请求费应当在相应期限届满之日前缴纳；期满未缴纳或者未缴足的，视为未提出请求。

著录事项变更费、专利权评价报告请求费、无效宣告请求费应当自提出请求之日起1个月内缴纳；期满未缴纳或者未缴足的，视为未提出请求。

第一百条　申请人或者专利权人缴纳本细则规定的各种费用有困难的，可以按照规定向国务院专利行政部门提出减缴或者缓缴的请求。减缴或者缓缴的办法由国务院财政部门会同国务院价格管理部门、国务院专利行政部门规定。

第十章　关于国际申请的特别规定

第一百零一条　国务院专利行政部门根据专利法第二十条规定，受理按照专利合作条约提出的专利国际申请。

按照专利合作条约提出并指定中国的专利国际申请（以下简称国际申请）进入国务院专利行政部门处理阶段（以下称进入中国国家阶段）的条件和程序适用本章的规定；本章没有规定的，适用专利法及本细则其他各章的有关规定。

第一百零二条　按照专利合作条约已确定国际申请日并指定中国的国际申请，视为向国务院专利行政部门提出的专利申请，该国际申请日视为专利法第二十八条所称的申请日。

第一百零三条　国际申请的申请人应当在专利合作条约第二条所称的优先权日（本章简称优先权日）起30个月内，向国务院专利行政部门办理进入中国国家阶段的手续；申请人未在该期限内办理该手续的，在缴纳宽限费后，可以在自优先权日起32个月内办理进入中国国家阶段的手续。

第一百零四条　申请人依照本细则第一百零三条的规定办理进入中国国家阶段的手续的，应当符合下列要求：

（一）以中文提交进入中国国家阶段的书面声明，写明国际申请号和要求获得的专利权类型；

（二）缴纳本细则第九十三条第一款规定的申请费、公布印刷费，必要时缴纳本细则第一百零三条规定的宽限费；

（三）国际申请以外文提出的，提交原始国际申请的说明书和权利要求书的中文译文；

（四）在进入中国国家阶段的书面声明中写明发明创造的名称，申请人姓名或者名称、地址和发明人的姓名，上述内容应当与世界知识产权组织国际局（以下简称国际局）的记录一致；国际申请中未写明发明人的，在上述声明中写明发明人的姓名；

（五）国际申请以外文提出的，提交摘要的中文译文，有附图和摘要附图的，提交附图副本和摘要附图副本，附图中有文字的，将其替换为对应的中文文字；国际申请以中文提出的，提交国际公布文件中的摘要和摘要附图副本；

（六）在国际阶段向国际局已办理申请人变更手续的，提供变更后的申请人享有申请权的证明材料；

（七）必要时缴纳本细则第九十三条第一款规定的申请附加费。

符合本条第一款第（一）项至第（三）项要求的，国务院专利行政部门应当给予申请号，明确国际申请进入中国国家阶段的日期（以下简称进入日），并通知申请人其国际申请已进入中国国家阶段。

国际申请已进入中国国家阶段，但不符合本条第一款第（四）项至第（七）项要求的，国务院专利行政部门应当通知申请人在指定期限内补正；期满未补正的，其申请视为撤回。

第一百零五条 国际申请有下列情形之一的，其在中国的效力终止：

（一）在国际阶段，国际申请被撤回或者被视为撤回，或者国际申请对中国的指定被撤回的；

（二）申请人未在优先权日起32个月内按照本细则第一百零三条规定办理进入中国国家阶段手续的；

（三）申请人办理进入中国国家阶段的手续，但自优先权日起32个月期限届满仍不符合本细则第一百零四条第（一）项至第（三）项要求的。

依照前款第（一）项的规定，国际申请在中国的效力终止的，不适用本细则第六条的规定；依照前款第（二）项、第（三）项的规定，国际申请在中国的效力终止的，不适用本细则第六条第二款的规定。

第一百零六条 国际申请在国际阶段作过修改，申请人要求以经修改的申请文件为基础进行审查的，应当自进入日起 2 个月内提交修改部分的中文译文。在该期间内未提交中文译文的，对申请人在国际阶段提出的修改，国务院专利行政部门不予考虑。

第一百零七条 国际申请涉及的发明创造有专利法第二十四条第（一）项或者第（二）项所列情形之一，在提出国际申请时作过声明的，申请人应当在进入中国国家阶段的书面声明中予以说明，并自进入日起 2 个月内提交本细则第三十条第三款规定的有关证明文件；未予说明或者期满未提交证明文件的，其申请不适用专利法第二十四条的规定。

第一百零八条 申请人按照专利合作条约的规定，对生物材料样品的保藏已作出说明的，视为已经满足了本细则第二十四条第（三）项的要求。申请人应当在进入中国国家阶段声明中指明记载生物材料样品保藏事项的文件以及在该文件中的具体记载位置。

申请人在原始提交的国际申请的说明书中已记载生物材料样品保藏事项，但是没有在进入中国国家阶段声明中指明的，应当自进入日起 4 个月内补正。期满未补正的，该生物材料视为未提交保藏。

申请人自进入日起 4 个月内向国务院专利行政部门提交生物材料样品保藏证明和存活证明的，视为在本细则第二十四条第（一）项规定的期限内提交。

第一百零九条 国际申请涉及的发明创造依赖遗传资源完成的，申请人应当在国际申请进入中国国家阶段的书面声明中予以说明，并填写国务院专利行政部门制定的表格。

第一百一十条 申请人在国际阶段已要求一项或者多项优先权，在进入中国国家阶段时该优先权要求继续有效的，视为已经依照专利法第三十条的规定提出了书面声明。

申请人应当自进入日起2个月内缴纳优先权要求费；期满未缴纳或者未缴足的，视为未要求该优先权。

申请人在国际阶段已依照专利合作条约的规定，提交过在先申请文件副本的，办理进入中国国家阶段手续时不需要向国务院专利行政部门提交在先申请文件副本。申请人在国际阶段未提交在先申请文件副本的，国务院专利行政部门认为必要时，可以通知申请人在指定期限内补交；申请人期满未补交的，其优先权要求视为未提出。

第一百一十一条 在优先权日起30个月期满前要求国务院专利行政部门提前处理和审查国际申请的，申请人除应当办理进入中国国家阶段手续外，还应当依照专利合作条约第二十三条第二款规定提出请求。国际局尚未向国务院专利行政部门传送国际申请的，申请人应当提交经确认的国际申请副本。

第一百一十二条 要求获得实用新型专利权的国际申请，申请人可以自进入日起2个月内对专利申请文件主动提出修改。

要求获得发明专利权的国际申请，适用本细则第五十一条第一款的规定。

第一百一十三条 申请人发现提交的说明书、权利要求书或者附图中的文字的中文译文存在错误的，可以在下列规定期限内依照原始国际申请文本提出改正：

（一）在国务院专利行政部门作好公布发明专利申请或者公告实用新型专利权的准备工作之前；

（二）在收到国务院专利行政部门发出的发明专利申请进入实质审查阶段通知书之日起3个月内。

申请人改正译文错误的，应当提出书面请求并缴纳规定的译文改正费。

申请人按照国务院专利行政部门的通知书的要求改正译文的，应当在指定期限内办理本条第二款规定的手续；期满未办理规定手续的，该申请视为撤回。

第一百一十四条 对要求获得发明专利权的国际申请，国务院专利行政部门经初步审查认为符合专利法和本细则有关规定的，应当在专利公报上予以公布；国际申请以中文以外的文字提出的，应当公布申请文件的中文译文。

要求获得发明专利权的国际申请，由国际局以中文进行国际公布的，自国际公布日起适用专利法第十三条的规定；由国际局以中文以外的文字进行国际公布的，自国务院专利行政部门公布之日起适用专利法第十三条的规定。

对国际申请，专利法第二十一条和第二十二条中所称的公布是指本条第一款所规定的公布。

第一百一十五条 国际申请包含两项以上发明或者实用新型的，申请人可以自进入日起，依照本细则第四十二条第一款的规定提出分案申请。

在国际阶段，国际检索单位或者国际初步审查单位认为国际申请不符合专利合作条约规定的单一性要求时，申请人未按照规定缴纳附加费，导致国际申请某些部分未经国际检索或者未经国际初步审查，在进入中国国家阶段时，申请人要求将所述部分作为审查基础，国务院专利行政部门认为国际检索单位或者国际初步审查单位对发明单一性的判断正确的，应当通知申请人在指定期限内缴纳单一性恢复费。期满未缴纳或者未足额缴纳的，国际申请中未经检索或者未经国际初步审查的部分视为撤回。

第一百一十六条 国际申请在国际阶段被有关国际单位拒绝给予国际申请日或者宣布视为撤回的，申请人在收到通知之日起 2 个月内，可以请求国际局将国际申请档案中任何文件的副本转交国务院专利行政部门，并在该期限内向国务院专利行政部门办理本细则第一百零三条规定的手续，国务院专利行政部门应当在接到国际局传送的文件后，对国际单位作出的决定是否正确进行复查。

第一百一十七条 基于国际申请授予的专利权，由于译文错误，致使依照专利法第五十九条规定确定的保护范围超出国际申请的原文所表达的范围的，以依据原文限制后的保护范围为准；致使保护范围小于国际申请的原文所表达的范围的，以授权时的保护范围为准。

第十一章 附 则

第一百一十八条 经国务院专利行政部门同意，任何人均可以查阅或者复制已经公布或者公告的专利申请的案卷和专利登记簿，并可以请求国务院专利行政部门出具专利登记簿副本。

已视为撤回、驳回和主动撤回的专利申请的案卷，自该专利申请失效之日起满 2 年后不予保存。

已放弃、宣告全部无效和终止的专利权的案卷，自该专利权失效之日起满 3 年后不予保存。

第一百一十九条 向国务院专利行政部门提交申请文件或者办理各种手续，应当由申请人、专利权人、其他利害关系人或者其代表人签字或者盖章；委托专利代理机构的，由专利代理机构盖章。

请求变更发明人姓名、专利申请人和专利权人的姓名或者名称、国籍和地址、专利代理机构的名称、地址和代理人姓名的，应当向国务院专利行政部门办理著录事项变更手续，并附具变更理由的证明材料。

第一百二十条 向国务院专利行政部门邮寄有关申请或者专利权的文件，应当使用挂号信函，不得使用包裹。

除首次提交专利申请文件外，向国务院专利行政部门提交各种文件、办理各种手续的，应当标明申请号或者专利号、发明创造名称和申请人或者专利权人姓名或者名称。

一件信函中应当只包含同一申请的文件。

第一百二十一条 各类申请文件应当打字或者印刷，字迹呈黑色，整齐清晰，并不得涂改。附图应当用制图工具和黑色墨水绘制，线条应当均匀清晰，并不得涂改。

请求书、说明书、权利要求书、附图和摘要应当分别用阿拉伯数字顺序编号。

申请文件的文字部分应当横向书写。纸张限于单面使用。

第一百二十二条 国务院专利行政部门根据专利法和本细则制定专利审查指南。

第一百二十三条 本细则自 2001 年 7 月 1 日起施行。1992 年 12 月 12 日国务院批准修订、1992 年 12 月 21 日中国专利局发布的《中华人民共和国专利法实施细则》同时废止。

国防专利条例

（2004年9月17日中华人民共和国国务院、中华人民共和国中央军事委员会令第418号公布）

第一章 总 则

第一条 为了保护有关国防的发明专利权，确保国家秘密，便利发明创造的推广应用，促进国防科学技术的发展，适应国防现代化建设的需要，根据《中华人民共和国专利法》，制定本条例。

第二条 国防专利是指涉及国防利益以及对国防建设具有潜在作用需要保密的发明专利。

第三条 国家国防专利机构（以下简称国防专利机构）负责受理和审查国防专利申请。经国防专利机构审查认为符合本条例规定的，由国务院专利行政部门授予国防专利权。

国务院国防科学技术工业主管部门和中国人民解放军总装备部（以下简称总装备部）分别负责地方系统和军队系统的国防专利管理工作。

第四条 涉及国防利益或者对国防建设具有潜在作用被确定为绝密级国家秘密的发明不得申请国防专利。

国防专利申请以及国防专利的保密工作，在解密前依照《中华人民共和国保守国家秘密法》和国家有关规定进行管理。

第五条 国防专利权的保护期限为20年，自申请日起计算。

第六条 国防专利在保护期内，因情况变化需要变更密级、解密或者国防专利权终止后需要延长保密期限的，国防专利机构可以作出变更密级、解密或者延长保密期限的决定；但是对在申请国防专利前已被确定为国家秘密的，应当征得原确定密级和保密期限的机关、单位或者其上级机关的同意。

被授予国防专利权的单位或者个人（以下统称国防专利权人）可以向国防专利机构提出变更密级、解密或者延长保密期限的书面申请；属于国有企业事业单位或者军队单位的，应当附送原确定密级和保密期限的机关、单位或者其上级机关的意见。

国防专利机构应当将变更密级、解密或者延长保密期限的决定，在该机构出版的《国防专利内部通报》上刊登，并通知国防专利权人，同时将解密的国防专利报送国务院专利行政部门转为普通专利。国务院专利行政部门应当及时将解密的国防专利向社会公告。

第七条 国防专利申请权和国防专利权经批准可以向国内的中国单位和个人转让。

转让国防专利申请权或者国防专利权，应当确保国家秘密不被泄露，保证国防和军队建设不受影响，并向国防专利机构提出书面申请，由国防专利机构进行初步审查后依照本条例第三条第二款规定的职责分工，及时报送国务院国防科学技术工业主管部门、总装备部审批。

国务院国防科学技术工业主管部门、总装备部应当自国防专利机构受理申请之日起 30 日内作出批准或者不批准的决定；作出不批准决定的，应当书面通知申请人并说明理由。

经批准转让国防专利申请权或者国防专利权的，当事人应当订立书面合同，并向国防专利机构登记，由国防专利机构在《国防专利内部通报》上刊登。国防专利申请权或者国防专利权的转让自登记之日起生效。

第八条 禁止向国外的单位和个人以及在国内的外国人和外国机构转让国防专利申请权和国防专利权。

第九条 需要委托专利代理机构申请国防专利和办理其他国防专利事务的，应当委托国防专利机构指定的专利代理机构办理。专利代理机构及其工作人员对在办理国防专利申请和其他国防专利事务过程中知悉的国家秘密，负有保密义务。

第二章 国防专利的申请、审查和授权

第十条 申请国防专利的，应当向国防专利机构提交请求书、说明书及其摘要和权利要求书等文件。

国防专利申请人应当按照国防专利机构规定的要求和统一格式撰写申请文件，并亲自送交或者经过机要通信以及其他保密方式传交国防专利机构，不得按普通函件邮寄。

国防专利机构收到国防专利申请文件之日为申请日；申请文件通过机要通信邮寄的，以寄出的邮戳日为申请日。

第十一条 国防专利机构定期派人到国务院专利行政部门查看普通专利申请，发现其中有涉及国防利益或者对国防建设具有潜在作用需要保密的，经国务院专利行政部门同意后转为国防专利申请，并通知申请人。

普通专利申请转为国防专利申请后，国防专利机构依照本条例的有关规定对该国防专利申请进行审查。

第十二条 授予国防专利权的发明，应当具备新颖性、创造性和实用性。

新颖性，是指在申请日之前没有同样的发明在国外出版物上公开发表过、在国内出版物上发表过、在国内使用过或者以其他方式为公众所知，也没有同样的发明由他人提出过申请并在申请日以后获得国防专利权。

创造性，是指同申请日之前已有的技术相比，该发明有突出的实质性特点和显著的进步。

实用性，是指该发明能够制造或者使用，并且能够产生积极效果。

第十三条 申请国防专利的发明在申请日之前 6 个月内，有下列情形之一的，不丧失新颖性：

（一）在国务院有关主管部门、中国人民解放军有关主管部门举办的内部展览会上首次展出的；

（二）在国务院有关主管部门、中国人民解放军有关主管部门召开的内部学术会议或者技术会议上首次发表的；

（三）他人未经国防专利申请人同意而泄露其内容的。

有前款所列情形的，国防专利申请人应当在申请时声明，并自申请日起 2 个月内提供有关证明文件。

第十四条 国防专利机构对国防专利申请进行审查后，认为不符合本条例规定的，应当通知国防专利申请人在指定的期限内陈述意见或者对其国防专利申请进行修改、补正；无正当理由逾期不答复的，该国防专利申请即被视为撤回。

国防专利申请人在自申请日起 6 个月内或者在对第一次审查意见通知书进行答复时，可以对其国防专利申请主动提出修改。

申请人对其国防专利申请文件进行修改不得超出原说明书和权利要求书记载的范围。

第十五条 国防专利申请人陈述意见或者对国防专利申请进行修改、补正后，国防专利机构认为仍然不符合本条例规定的，应当予以驳回。

第十六条 国防专利机构设立国防专利复审委员会，负责国防专利的复审和无效宣告工作。

国防专利复审委员会由技术专家和法律专家组成，其主任委员由国防专利机构负责人兼任。

第十七条 国防专利申请人对国防专利机构驳回申请的决定不服的，可以自收到通知之日起3个月内，向国防专利复审委员会请求复审。国防专利复审委员会复审并作出决定后，通知国防专利申请人。

第十八条 国防专利申请经审查认为没有驳回理由或者驳回后经过复审认为不应当驳回的，由国务院专利行政部门作出授予国防专利权的决定，并委托国防专利机构颁发国防专利证书，同时在国务院专利行政部门出版的专利公报上公告该国防专利的申请日、授权日和专利号。国防专利机构应当将该国防专利的有关事项予以登记，并在《国防专利内部通报》上刊登。

第十九条 任何单位或者个人认为国防专利权的授予不符合本条例规定的，可以向国防专利复审委员会提出宣告该国防专利权无效的请求。

第二十条 国防专利复审委员会对宣告国防专利权无效的请求进行审查并作出决定后，通知请求人和国防专利权人。宣告国防专利权无效的决定，国防专利机构应当予以登记并在《国防专利内部通报》上刊登，国务院专利行政部门应当在专利公报上公布。

第三章 国防专利的实施

第二十一条 国防专利机构应当自授予国防专利权之日起3个月内，将该国防专利有关文件副本送交国务院有关主管部门或者中国人民解放军有关主管部门。收到文件副本的部门，应当在4个月内就该国防专利的实施提出书面意见，并通知国防专利机构。

第二十二条 国务院有关主管部门、中国人民解放军有关主管部门，可以允许其指定的单位实施本系统或者本部门内的国防专利；需要指定实施本系统或者本部门以外的国防专利的，应当向国防专利机构提出书面申请，由国防专利机构依照本条例第三条第二款规定的职责分工报国务院国防科学技术工业主管部门、总装备部批准后实施。

国防专利机构对国防专利的指定实施予以登记，并在《国防专利内部通报》上刊登。

第二十三条 实施他人国防专利的单位应当与国防专利权人订立书面实施合同，依照本条例第二十五条的规定向国防专利权人支付费用，并报国防专利机构备案。实施单位不得允许合同规定以外的单位实施该国防专利。

第二十四条 国防专利权人许可国外的单位或者个人实施其国防专利的，应当确保国家秘密不被泄露，保证国防和军队建设不受影响，并向国防专利机构提出书面申请，由国防专利机构进行初步审查后依照本条例第三条第二款规定的职责分工，及时报送国务院国防科学技术工业主管部门、总装备部审批。

国务院国防科学技术工业主管部门、总装备部应当自国防专利机构受理申请之日起30日内作出批准或者不批准的决定；作出不批准决定的，应当书面通知申请人并说明理由。

第二十五条 实施他人国防专利的，应当向国防专利权人支付国防专利使用费。实施使用国家直接投入的国防科研经费或者其他国防经费进行科研活动所产生的国防专利，符合产生该国防专利的经费使用目的的，可以只支付必要的国防专利实施费；但是，科研合同另有约定或者科研任务书另有规定的除外。

前款所称国防专利实施费，是指国防专利实施中发生的为提供技术资料、培训人员以及进一步开发技术等所需的费用。

第二十六条 国防专利指定实施的实施费或者使用费的数额，由国防专利权人与实施单位协商确定；不能达成协议的，由国防专利机构裁决。

第二十七条 国家对国防专利权人给予补偿。国防专利机构在颁发国防专利证书后，向国防专利权人支付国防专利补偿费，具体数额由国防专利机构确定。属于职务发明的，国防专利权人应当将不少于50%的补偿费发给发明人。

第四章　国防专利的管理和保护

第二十八条　国防专利机构出版的《国防专利内部通报》属于国家秘密文件，其知悉范围由国防专利机构确定。

《国防专利内部通报》刊登下列内容：

（一）国防专利申请中记载的著录事项；

（二）国防专利的权利要求书；

（三）发明说明书的摘要；

（四）国防专利权的授予；

（五）国防专利权的终止；

（六）国防专利权的无效宣告；

（七）国防专利申请权、国防专利权的转移；

（八）国防专利的指定实施；

（九）国防专利实施许可合同的备案；

（十）国防专利的变更密级、解密；

（十一）国防专利保密期限的延长；

（十二）国防专利权人的姓名或者名称、地址的变更；

（十三）其他有关事项。

第二十九条　国防专利权被授予后，有下列情形之一的，经国防专利机构同意，可以查阅国防专利说明书：

（一）提出宣告国防专利权无效请求的；

（二）需要实施国防专利的；

（三）发生国防专利纠纷的；

（四）因国防科研需要的。

查阅者对其在查阅过程中知悉的国家秘密负有保密义务。

第三十条 国务院有关主管部门、中国人民解放军有关主管部门和各省、自治区、直辖市的国防科学技术工业管理部门应当指定一个机构管理国防专利工作，并通知国防专利机构。该管理国防专利工作的机构在业务上受国防专利机构指导。

承担国防科研、生产任务以及参与军事订货的军队单位、国务院履行出资人职责的企业和国务院直属事业单位，应当指定相应的机构管理本单位的国防专利工作。

第三十一条 国防专利机构应当事人请求，可以对下列国防专利纠纷进行调解：

（一）国防专利申请权和国防专利权归属纠纷；

（二）国防专利发明人资格纠纷；

（三）职务发明的发明人的奖励和报酬纠纷；

（四）国防专利使用费和实施费纠纷。

第三十二条 除《中华人民共和国专利法》和本条例另有规定的以外，未经国防专利权人许可实施其国防专利，即侵犯其国防专利权，引起纠纷的，由当事人协商解决；不愿协商或者协商不成的，国防专利权人或者利害关系人可以向人民法院起诉，也可以请求国防专利机构处理。

第三十三条 违反本条例规定，泄露国家秘密的，依照《中华人民共和国保守国家秘密法》和国家有关规定处理。

第五章　附　　则

第三十四条 向国防专利机构申请国防专利和办理其他手续，应当按照规定缴纳费用。

第三十五条 《中华人民共和国专利法》和《中华人民共和国专利法实施细则》的有关规定适用于国防专利，但本条例有专门规定的依照本条例的规定执行。

第三十六条 本条例自2004年11月1日起施行。1990年7月30日国务院、中央军事委员会批准的《国防专利条例》同时废止。

专利代理条例

（1991年3月4日中华人民共和国国务院令第76号公布）

第一章 总 则

第一条 为了保障专利代理机构以及委托人的合法权益，维护专利代理工作的正常的秩序，制定本条例。

第二条 本条例所称专利代理是指专利代理机构以委托人的名义，在代理权限范围内，办理专利申请或者办理其他专利事务。

第二章 专利代理机构

第三条 本条例所称专利代理机构是指接受委托人的委托，在委托权限范围内，办理专利申请或者办理其他专利事务的服务机构。

专利代理机构包括：

（一）办理涉外专利事务的专利代理机构；

（二）办理国内专利事务的专利代理机构；

（三）办理国内专利事务的律师事务所。

第四条 专利代理机构的成立，必须符合下列条件：

（一）有自己的名称、章程、固定办公场所；

（二）有必要的资金和工作设施；

（三）财务独立，能够独立承担民事责任；

（四）有三名以上具有专利代理人资格的专职人员和符合中国专利局规定的比例的具有专利代理人资格的兼职人员。

律师事务所开办专利代理业务的，必须有前款第四项规定的专职人员。

第五条 向专利管理机关申请成立专利代理机构，应当提交下列文件：

（一）成立专利代理机构的申请书，并写明专利代理机构的名称、办公场所、负责人姓名；

（二）专利代理机构章程；

（三）专利代理人姓名及其资格证书；

（四）专利代理机构资金和设施情况的书面证明。

第六条 申请成立办理国内专利事务的专利代理机构，或者律师事务所申请开办专利代理业务的，应当经过其主管机关同意后，报请省、自治区、直辖市专利管理机关审查；没有主管机关的，可以直接报请省、自治区、直辖市专利管理机关审查。审查同意的，由审查机关报中国专利局审批。

申请成立办理涉外专利事务的专利代理机构，应当依照《中华人民共和国专利法》的有关规定办理。办理涉外专利事务的专利代理机构，经中国专利局批准的，可以办理国内专利事务。

第七条 专利代理机构自批准之日起成立，依法开展专利代理业务，享有民事权利，承担民事责任。

第八条 专利代理机构承办下列事务：

（一）提供专利事务方面的咨询；

（二）代写专利申请文件，办理专利申请；请求实质审查或者复审的有关事务；

（三）提出异议，请求宣告专利权无效的有关事务；

（四）办理专利申请权、专利权的转让以及专利许可的有关事务；

（五）接受聘请，指派专利代理人担任专利顾问；

（六）办理其他有关事务。

第九条 专利代理机构接受委托，承办业务，应当有委托人具名的书面委托书，写明委托事项和委托权限。

专利代理机构可以根据需要，指派委托人指定的专利代理人承办代理业务。

专利代理机构接受委托，承办业务，可以按照国家有关规定收取费用。

第十条 专利代理机构接受委托后，不得就同一内容的专利事务接受有利害关系的其他委托人的委托。

第十一条 专利代理机构应当聘任有《专利代理人资格证书》的人员为专利代理人。对聘任的专利代理人应当办理聘任手续，由专利代理机构发给《专利代理人工作证》，并向中国专利局备案。

初次从事专利代理工作的人员，实习满一年后，专利代理机构方可发给《专利代理人工作证》。

专利代理机构对解除聘任关系的专利代理人，应当及时收回其《专利代理人工作证》，并报中国专利局备案。

第十二条 专利代理机构变更机构名称、地址和负责人的，应当报中国专利局予以变更登记，经批准登记后，变更方可生效。

专利代理机构停业，应当在妥善处理各种尚未办结的事项后，向原审查机关申报，并由该机关报中国专利局办理有关手续。

第十三条 已批准的专利代理机构，因情况变化不再符合本条例第四条规定的条件，并在一年内仍不能具备这些条件的，原审查的专利管理机关应当建议中国专利局撤销该专利代理机构。

第三章 专利代理人

第十四条 本条例所称专利代理人是指获得《专利代理人资格

证书》，持有《专利代理人工作证》的人员。

第十五条 拥护中华人民共和国宪法，并具备下列条件的中国公民，可以申请专利代理人资格：

（一）十八周岁以上，具有完全的民事行为能力；

（二）高等院校理工科专业毕业（或者具有同等学历），并掌握一门外语；

（三）熟悉专利法和有关的法律知识；

（四）从事过两年以上的科学技术工作或者法律工作。

第十六条 申请专利代理人资格的人员，经本人申请，专利代理人考核委员会考核合格的，由中国专利局发给《专利代理人资格证书》。

专利代理人考核委员会由中国专利局、国务院有关部门以及专利代理人的组织的有关人员组成。

第十七条 专利代理人必须承办专利代理机构委派的专利代理工作，不得自行接受委托。

第十八条 专利代理人不得同时在两个以上专利代理机构从事专利代理业务。

专利代理人调离专利代理机构前，必须妥善处理尚未办结的专利代理案件。

第十九条 获得《专利代理人资格证书》，五年内未从事专利代理业务或者专利行政管理工作的，其《专利代理人资格证书》自动失效。

第二十条 专利代理人在从事专利代理业务期间和脱离专利代理业务后一年内，不得申请专利。

第二十一条 专利代理人依法从事专利代理业务，受国家法律的保护，不受任何单位和个人的干涉。

第二十二条 国家机关工作人员，不得到专利代理机构兼职，从事专利代理工作。

第二十三条 专利代理人对其在代理业务活动中了解的发明创造的内容，除专利申请已经公布或者公告的以外，负有保守秘密的责任。

第四章 罚 则

第二十四条 专利代理机构有下列情形之一的，其上级主管部门或者省、自治区、直辖市专利管理机关，可以给予警告处罚；情节严重的，由中国专利局给予撤销机构处罚：

（一）申请审批时隐瞒真实情况，弄虚作假的；

（二）擅自改变主要登记事项的；

（三）未经审查批准，或者超越批准专利代理业务范围，擅自接受委托，承办专利代理业务的；

（四）从事其他非法业务活动的。

第二十五条 专利代理人有下列行为之一，情节轻微的，由其所在的专利代理机构给予批评教育。情节严重的，可以由其所在的专利代理机构解除聘任关系，并收回其《专利代理人工作证》；由省、自治区、直辖市专利管理机关给予警告或者由中国专利局给予吊销《专利代理人资格证书》处罚：

（一）不履行职责或者不称职以致损害委托人利益的；

（二）泄露或者剽窃委托人的发明创造内容的；

（三）超越代理权限，损害委托人利益的；

（四）私自接受委托，承办专利代理业务，收取费用的。

前款行为，给委托人造成经济损失的，专利代理机构承担经济赔偿责任后，可以按一定比例向该专利代理人追偿。

第二十六条 被处罚的专利代理机构对中国专利局撤销其机构，被处罚的专利代理人对吊销其《专利代理人资格证书》的处罚决定不服的，可以向中国专利局申请复议，不服复议决定的，可以在收到复议决定书十五日内，向人民法院起诉。

第五章　附　　则

第二十七条　本条例由中国专利局负责解释。

第二十八条　本条例自一九九一年四月一日起施行。一九八五年九月四日国务院批准，同年九月十二日中国专利局发布的《专利代理暂行规定》同时废止。

集成电路布图设计保护条例

（2001年4月2日中华人民共和国国务院令第300号公布）

第一章 总 则

第一条 为了保护集成电路布图设计专有权，鼓励集成电路技术的创新，促进科学技术的发展，制定本条例。

第二条 本条例下列用语的含义：

（一）集成电路，是指半导体集成电路，即以半导体材料为基片，将至少有一个是有源元件的两个以上元件和部分或者全部互连线路集成在基片之中或者基片之上，以执行某种电子功能的中间产品或者最终产品；

（二）集成电路布图设计（以下简称布图设计），是指集成电路中至少有一个是有源元件的两个以上元件和部分或者全部互连线路的三维配置，或者为制造集成电路而准备的上述三维配置；

（三）布图设计权利人，是指依照本条例的规定，对布图设计享有专有权的自然人、法人或者其他组织；

（四）复制，是指重复制作布图设计或者含有该布图设计的集成电路的行为；

（五）商业利用，是指为商业目的进口、销售或者以其他方式提供受保护的布图设计、含有该布图设计的集成电路或者含有该集成电路的物品的行为。

第三条 中国自然人、法人或者其他组织创作的布图设计，依照本条例享有布图设计专有权。

外国人创作的布图设计首先在中国境内投入商业利用的，依照本条例享有布图设计专有权。

外国人创作的布图设计，其创作者所属国同中国签订有关布图设计保护协议或者与中国共同参加有关布图设计保护国际条约的，依照本条例享有布图设计专有权。

第四条 受保护的布图设计应当具有独创性，即该布图设计是创作者自己的智力劳动成果，并且在其创作时该布图设计在布图设计创作者和集成电路制造者中不是公认的常规设计。

受保护的由常规设计组成的布图设计，其组合作为整体应当符合前款规定的条件。

第五条 本条例对布图设计的保护，不延及思想、处理过程、操作方法或者数学概念等。

第六条 国务院知识产权行政部门依照本条例的规定，负责布图设计专有权的有关管理工作。

第二章　布图设计专有权

第七条 布图设计权利人享有下列专有权：

（一）对受保护的布图设计的全部或者其中任何具有独创性的部分进行复制；

（二）将受保护的布图设计、含有该布图设计的集成电路或者含有该集成电路的物品投入商业利用。

第八条 布图设计专有权经国务院知识产权行政部门登记产生。

未经登记的布图设计不受本条例保护。

第九条 布图设计专有权属于布图设计创作者，本条例另有规定的除外。

由法人或者其他组织主持，依据法人或者其他组织的意志而创作，并由法人或者其他组织承担责任的布图设计，该法人或者其他组织是创作者。

由自然人创作的布图设计，该自然人是创作者。

第十条 两个以上自然人、法人或者其他组织合作创作的布图设计，其专有权的归属由合作者约定；未作约定或者约定不明的，其专有权由合作者共同享有。

第十一条 受委托创作的布图设计，其专有权的归属由委托人和受托人双方约定；未作约定或者约定不明的，其专有权由受托人享有。

第十二条 布图设计专有权的保护期为10年，自布图设计登记申请之日或者在世界任何地方首次投入商业利用之日起计算，以较前日期为准。但是，无论是否登记或者投入商业利用，布图设计自创作完成之日起15年后，不再受本条例保护。

第十三条 布图设计专有权属于自然人的，该自然人死亡后，其专有权在本条例规定的保护期内依照继承法的规定转移。

布图设计专有权属于法人或者其他组织的，法人或者其他组织变更、终止后，其专有权在本条例规定的保护期内由承继其权利、义务的法人或者其他组织享有；没有承继其权利、义务的法人或者其他组织的，该布图设计进入公有领域。

第三章 布图设计的登记

第十四条 国务院知识产权行政部门负责布图设计登记工作，受理布图设计登记申请。

第十五条 申请登记的布图设计涉及国家安全或者重大利益，需要保密的，按照国家有关规定办理。

第十六条 申请布图设计登记，应当提交：

（一）布图设计登记申请表；

（二）布图设计的复制件或者图样；

（三）布图设计已投入商业利用的，提交含有该布图设计的集成电路样品；

（四）国务院知识产权行政部门规定的其他材料。

第十七条 布图设计自其在世界任何地方首次商业利用之日起2年内，未向国务院知识产权行政部门提出登记申请的，国务院知识产权行政部门不再予以登记。

第十八条 布图设计登记申请经初步审查，未发现驳回理由的，由国务院知识产权行政部门予以登记，发给登记证明文件，并予以公告。

第十九条 布图设计登记申请人对国务院知识产权行政部门驳回其登记申请的决定不服的，可以自收到通知之日起3个月内，向国务院知识产权行政部门请求复审。国务院知识产权行政部门复审后，作出决定，并通知布图设计登记申请人。布图设计登记申请人对国务院知识产权行政部门的复审决定仍不服的，可以自收到通知之日起3个月内向人民法院起诉。

第二十条 布图设计获准登记后，国务院知识产权行政部门发现该登记不符合本条例规定的，应当予以撤销，通知布图设计权利人，并予以公告。布图设计权利人对国务院知识产权行政部门撤销布图设计登记的决定不服的，可以自收到通知之日起3个月内向人民法院起诉。

第二十一条 在布图设计登记公告前，国务院知识产权行政部门的工作人员对其内容负有保密义务。

第四章 布图设计专有权的行使

第二十二条 布图设计权利人可以将其专有权转让或者许可他

人使用其布图设计。

转让布图设计专有权的，当事人应当订立书面合同，并向国务院知识产权行政部门登记，由国务院知识产权行政部门予以公告。布图设计专有权的转让自登记之日起生效。

许可他人使用其布图设计的，当事人应当订立书面合同。

第二十三条 下列行为可以不经布图设计权利人许可，不向其支付报酬：

（一）为个人目的或者单纯为评价、分析、研究、教学等目的而复制受保护的布图设计的；

（二）在依据前项评价、分析受保护的布图设计的基础上，创作出具有独创性的布图设计的；

（三）对自己独立创作的与他人相同的布图设计进行复制或者将其投入商业利用的。

第二十四条 受保护的布图设计、含有该布图设计的集成电路或者含有该集成电路的物品，由布图设计权利人或者经其许可投放市场后，他人再次商业利用的，可以不经布图设计权利人许可，并不向其支付报酬。

第二十五条 在国家出现紧急状态或者非常情况时，或者为了公共利益的目的，或者经人民法院、不正当竞争行为监督检查部门依法认定布图设计权利人有不正当竞争行为而需要给予补救时，国务院知识产权行政部门可以给予使用其布图设计的非自愿许可。

第二十六条 国务院知识产权行政部门作出给予使用布图设计非自愿许可的决定，应当及时通知布图设计权利人。

给予使用布图设计非自愿许可的决定，应当根据非自愿许可的理由，规定使用的范围和时间，其范围应当限于为公共目的非商业性使用，或者限于经人民法院、不正当竞争行为监督检查部门依法认定布图设计权利人有不正当竞争行为而需要给予的补救。

非自愿许可的理由消除并不再发生时，国务院知识产权行政部门应当根据布图设计权利人的请求，经审查后作出终止使用布图设计非自愿许可的决定。

第二十七条 取得使用布图设计非自愿许可的自然人、法人或者其他组织不享有独占的使用权，并且无权允许他人使用。

第二十八条 取得使用布图设计非自愿许可的自然人、法人或者其他组织应当向布图设计权利人支付合理的报酬，其数额由双方协商；双方不能达成协议的，由国务院知识产权行政部门裁决。

第二十九条 布图设计权利人对国务院知识产权行政部门关于使用布图设计非自愿许可的决定不服的，布图设计权利人和取得非自愿许可的自然人、法人或者其他组织对国务院知识产权行政部门关于使用布图设计非自愿许可的报酬的裁决不服的，可以自收到通知之日起3个月内向人民法院起诉。

第五章 法律责任

第三十条 除本条例另有规定的外，未经布图设计权利人许可，有下列行为之一的，行为人必须立即停止侵权行为，并承担赔偿责任：

（一）复制受保护的布图设计的全部或者其中任何具有独创性的部分的；

（二）为商业目的进口、销售或者以其他方式提供受保护的布图设计、含有该布图设计的集成电路或者含有该集成电路的物品的。

侵犯布图设计专有权的赔偿数额，为侵权人所获得的利益或者被侵权人所受到的损失，包括被侵权人为制止侵权行为所支付的合理开支。

第三十一条 未经布图设计权利人许可，使用其布图设计，即侵犯其布图设计专有权，引起纠纷的，由当事人协商解决；不愿协商或者协商不成的，布图设计权利人或者利害关系人可以向人民法院起诉，也可以请求国务院知识产权行政部门处理。国务院知识产权行政部门处理时，认定侵权行为成立的，可以责令侵权人立即停止侵权行为，没收、销毁侵权产品或者物品。当事人不服的，可以自收到处理通知之日起15日内依照《中华人民共和国行政诉讼法》向人民法院起诉；侵权人期满不起诉又不停止侵权行为的，国务院知识产权行政部门可以请求人民法院强制执行。应当事人的请求，国务院知识产权行政部门可以就侵犯布图设计专有权的赔偿数额进行调解；调解不成的，当事人可以依照《中华人民共和国民事诉讼法》向人民法院起诉。

第三十二条 布图设计权利人或者利害关系人有证据证明他人正在实施或者即将实施侵犯其专有权的行为，如不及时制止将会使其合法权益受到难以弥补的损害的，可以在起诉前依法向人民法院申请采取责令停止有关行为和财产保全的措施。

第三十三条 在获得含有受保护的布图设计的集成电路或者含有该集成电路的物品时，不知道也没有合理理由应当知道其中含有非法复制的布图设计，而将其投入商业利用的，不视为侵权。

前款行为人得到其中含有非法复制的布图设计的明确通知后，可以继续将现有的存货或者此前的订货投入商业利用，但应当向布图设计权利人支付合理的报酬。

第三十四条 国务院知识产权行政部门的工作人员在布图设计管理工作中玩忽职守、滥用职权、徇私舞弊，构成犯罪的，依法追究刑事责任；尚不构成犯罪的，依法给予行政处分。

第六章　附　　则

第三十五条 申请布图设计登记和办理其他手续，应当按照规定缴纳费用。缴费标准由国务院物价主管部门、国务院知识产权行政部门制定，并由国务院知识产权行政部门公告。

第三十六条 本条例自 2001 年 10 月 1 日起施行。

国家知识产权局令

中华人民共和国专利局令

（第一号）

根据《国务院关于贯彻实施〈中华人民共和国行政诉讼法〉的通知》（国发［1990］2号），我局对一九八四年至一九九〇年七月间制定发布的五十七件有关专利工作的规章及规范性文件（不含批复、函复、内部授权、审查及复审决定）进行了清理。其中继续有效的四十八件，部分变更的三件，撤销及废止的六件。现予公布。

局长　高卢麟

一九九〇年九月十九日

一、现行有效的规章、规范性文件

01	中华人民共和国专利局公告	第二号	1984.8.30
02	中华人民共和国专利局公告	第三号	1985.1.19
03	中华人民共和国专利局公告	第四号	1985.1.19
04	中华人民共和国专利局公告	第五号	1985.2.27
05	中华人民共和国专利局公告	第七号	1985.3.2
06	中华人民共和国专利局公告	第八号	1985.3.12
07	中华人民共和国专利局公告	第九号	1985.9.10
08	中华人民共和国专利局公告	第十号	1985.9.12
09	中华人民共和国专利局公告	第十一号	1986.2.5
10	中华人民共和国专利局公告	第十二号	1986.3.10
11	中华人民共和国专利局公告	第十四号	1986.5.6
12	中华人民共和国专利局公告	第十六号	1987.3.1
13	中华人民共和国专利局公告	第十七号	1987.5.1
14	中华人民共和国专利局公告	第十八号	1987.10.28
15	中华人民共和国专利局公告	第十九号	1988.2.25
16	中华人民共和国专利局公告	第二十号	1988.2.25
17	中华人民共和国专利局公告	第二十一号	1988.11.20
18	中华人民共和国专利局公告	第二十二号	1988.11.10
19	中华人民共和国专利局公告	第二十三号	1989.4.15
20	中华人民共和国专利局公告	第二十四号	1989.7.27
21	中华人民共和国专利局公告	第二十六号	1989.11.20
22	中华人民共和国专利局公告	第二十七号	1989.12.11
23	中华人民共和国专利局公告	第二十八号	1990.1.16
24	中华人民共和国专利局公告	第二十九号	1990.1.31
25	关于在全国设置专利工作机构的通知 国专发计字(1984)第130号		1984.8

26　关于《个人申请专利费用减缓办法》的通知
国专发法字(1985)第22号　　1985.2.4
27　关于个人申请专利费用减缓比例掌握在不超过50％的通知
国专发综字(1987)第33号　　1987.2.25
28　关于专利代理机构备案的通知
国专发法字(1985)第182号　　1985.4.19
29　关于用于专利程序的微生物菌(毒)种、培养物入境检疫暂行规定(与卫生部、农牧渔业部联合发布)
国专发法字(1985)第148号　　1985.9.10
30　颁发《关于我国学者在国外完成的发明创造申请专利的规定》的通知(与外交部、国家科委联合发布)
国专发法字(1986)第13号　　1986.2.1
31　关于实施《专利许可合同备案》的通知
国专发法字(1986)第68号　　1986.3.28
32　关于缴纳第一次年费的补充办法(局文件)　1986.7.31
33　关于《专利代理暂行规定》若干问题的解释
国专发法字(1986)第129号　　1986.6.14
34　关于加强企业专利工作的规定(与国家经委、国家科委、财政部联合发布)
国专发综字(1986)第257号　　1986.12.16
35　关于专利管理机构中的专业人员如何靠用专业技术职务的通知
国专发人字(1987)第74号　　1987.5.8
36　关于实行《自然科学研究人员职务试行条例》的实施细则的补充通知
国专发人字(1987)第86号　　1987.5.28
37　关于涉外代理工作中几个问题的说明
国专发综字(1987)第197号　　1987.11.16

38　关于专利代理机构收取专利代理费的通知(与国家物价局联合发布)
国专发法字(1987)第220号　　1987.12.12

39　关于受理台胞专利申请的意见
国专发法字(1987)第215号　　1987.12.18

40　关于中国专利局向申请人出具优先权证明的办法
国专发法字(1988)第24号　　1988.3.1

41　关于暂停批准企、事业单位成立新的专利代理机构的通知
国专发法字(1988)第34号　　1988.2.26

42　关于受理台胞专利申请的补充规定
国专发法字(1989)第98号　　1989.4.19

43　专利管理机关处理专利纠纷办法
国专发法字(1989)第226号　　1989.12.4

44　关于职务发明创造专利的发明人、设计人奖酬提取办法的规定
国专发法字(1989)第237号　　1989.12.10

45　关于加强专利管理工作的通知(与国家科委联合发布)
国专发管字(1990)第23号　　1990.2.12

46　企业专利工作办法(试行)(与国家计委、国家科委、国务院体改委、国务院生产委联合发布)
国专发办字(1990)第78号　　1990.3.22

47　关于处理有关微生物菌种保藏问题的通知
国专发办字(1990)第117号　　1990.6.6

48　关于处理有关微生物菌种保藏问题的通知的执行办法
国专发法字(1990)第138号　　1990.7.14

二、部分变更的规章、规范性文件

01　中华人民共和国专利局公告　第六号　　1985.3.1

02　中华人民共和国专利局公告　第十三号　1986.4.1

03　关于发送《国家经委、中国专利局关于处理外国人申请专利优先权和建立第二个涉外专利代理机构的请示》的通知
国专发计字(1984)第 152 号　1984.8.21

三、撤销及废止的规章、规范性文件

01　中华人民共和国专利局公告　第一号　1984.8.23

02　中华人民共和国专利局公告　第十五号　1986.7.10

03　中华人民共和国专利局公告　第二十五号　1989.9.15

04　关于《中国单位或个人向外国申请专利的办法》的通知
国专发法字(1985)第 135 号　1985.7.20

05　关于培训企业专利工作者的通知
国专发法字(1987)第 49 号　1987.3.19

06　专利管理机关调处专利纠纷暂行办法
国专发法字(1986)第 92 号　1986.4.22

中华人民共和国专利局令

（第五号）

1993 年 10 月 1 日，我国政府向世界知识产权组织递交了专利合作条约加入书。该加入书将于 1994 年 1 月 1 日起生效，届时，我国将成为专利合作条约的缔约国。为此，特制订《关于中国实施〈专利合作条约〉的规定》，现予以发布，自 1994 年 1 月 1 日起施行。

局长　高卢麟

一九九三年十一月二十三日

关于中国实施《专利合作条约》的规定

第一章　总　　则

第一条　为实施《专利合作条约》，特制定本规定。

第二条　在本规定中：

（一）“条约”是指《专利合作条约》；

（二）“条约实施细则”是指上述条约的实施细则；

（三）“条约行政规程”是指上述条约的行政规程；

（四）“国际局”是指世界知识产权组织的国际局；

（五）“国际申请”是指按照上述条约规定提出的发明或者实用新型专利申请；

（六）“专利局”是指中华人民共和国专利局；

（七）“专利法”是指中华人民共和国专利法；

（八）“实施细则”是指中华人民共和国专利法实施细则；

（九）为计算期限的目的，“优先权日”是指：国际申请要求优先权的，指在先申请的申请日；国际申请要求多项优先权的，指最早的在先申请的申请日；国际申请未要求优先权的，指该国际申请的国际申请日。

第三条　向专利局提出或者指定或者选定中国的国际申请适用条约、条约实施细则、条约行政规程和本规定的规定。除非条约、条约实施细则、条约行政规程或者本规定另有规定，在专利局作为指定局或者选定局的程序开始后，国际申请适用专利法和实施细则的规定。

第二章　国际申请程序

第四条　专利局作为国际申请的受理局，负责受理中国国民，或者在中国有经常居所或者营业所的外国人、外国企业或者外国其他组织提出的国际申请，并按照条约、条约实施细则和条约行政规程的规定对该国际申请进行检查和处理。

根据中国与其他的条约缔约国签订的双边协定，专利局也可以受理该缔约国的国民或者居民提出的国际申请。

第五条　申请人应当使用中文或者英文向专利局提出国际申请，该申请应当包括请求书、说明书、一项或者几项权利要求、一幅或者几幅附图（需要时）和摘要各一份。

第六条　专利局收到符合条约第十一条第一款规定的国际申请之日为国际申请日。专利法第二十八条第二句不适用于国际申请日的确定。

国际申请不符合条约第十一条第一款规定的，专利局应当通知申请人在专利局依照条约实施细则第二十条第六款指定的期限内进行改正。申请人按照要求进行改正的，以专利局收到改正之日为国际申请日；申请人期满未答复的，或者改正后，专利局认为仍然不符合条约第十一条第一款规定的，专利局应当迅速通知申请人，其申请将不作为国际申请处理。

国际申请中写有对附图的说明但申请中又未包括该附图的，专利局应当通知申请人在不完整的文件提交之日起三十天内补交附图。申请人在规定期限内补交附图的，以专利局收到该附图之日为国际申请日；否则，对附图的说明被认为不存在。

第七条　申请人向专利局提出国际申请的，可以按照条约第八条规定要求在《保护工业产权巴黎公约》的缔约国提出的或者对该缔约国有效的一项或者几项在先申请的优先权。要求该优先权的，其手续适用条约实施细则第四条第十款和第十七条第一款的规定。

第八条 专利局发现国际申请存在条约第十四条第一款（i）项所述缺陷的，应当通知申请人按照条约实施细则第二十六条的规定进行改正；未改正的，该国际申请被认为撤回，并由专利局予以宣布。

第三章 国际检索程序

第九条 专利局作为国际申请的主管国际检索单位，应当按照条约、条约实施细则、条约行政规程以及专利局与国际局依照条约第十六条第三款签订的协议的规定对该申请进行国际检索。

如果专利局认为：

（i）国际申请涉及的情况或者主题按照条约实施细则第十三条之三第一款（c）或者第三十九条的规定无须专利局检索而且专利局决定对该申请不作检索，或者

（ii）说明书、权利要求书或者附图不符合条约实施细则规定的要求，以至不能进行有意义的检索。

专利局应当作出相应的宣布，并通知申请人和国际局将不作出国际检索报告。如果（i）或者（ii）所述的情形仅存在于某些权利要求，国际检索报告中应当对这些权利要求加以说明，而对其他权利要求则应当作出检索报告。

如果专利局认为国际申请不符合条约实施细则第十三条规定的发明单一性的要求，它应当要求申请人按照条约实施细则第四十条的规定缴纳附加费。专利局应当对国际申请的权利要求中首先提到的发明（“主要发明”）部分作出国际检索报告，并在要求的附加费已在条约实施细则第四十条第三款规定的期限内付清后，对国际申请中已经缴纳该项费用的发明部分作出国际检索报告。

第十条 专利局应当在自收到检索本之日起三个月内或者自优

先权日起九个月内，以后到期的为准，作出国际检索报告或者宣布不进行国际检索。

第十一条 申请人根据条约实施细则第四十六条的规定，有一次机会按照条约第十九条向国际局对国际申请的权利要求提出修改。修改应当在自专利局向国际局和申请人送交国际检索报告之日起二个月内或者自优先权日起十六个月内提出，以后到期的为准。但国际局在适用的期限届满后收到按照条约第十九条规定所作的修改的，如果该修改在国际公布的技术准备工作完成之前到达国际局，应当认为国际局已在上述期限的最后一日收到该修改。这种修改不得超出国际申请提出时对发明公开的范围。

第四章 国际初步审查程序

第十二条 已经向专利局提出了国际申请的申请人以及属于专利局与国际局为国际初步审查目的签订的协议中所规定的范围内的人，可以请求专利局对该申请进行国际初步审查。

国际初步审查的要求应当以书面形式提交，使用提出国际申请时所用的语言，并应当符合条约实施细则第五十三条的规定。

国际初步审查要求书中应当至少指明一个预定使用该国际初步审查结果，并受条约第二章约束的缔约国作为选定国，该选定应当仅选已经在国际申请中指定的国家。

第十三条 专利局作为国际申请的主管国际初步审查单位，应当按照条约、条约实施细则、条约行政规程以及专利局与国际局根据条约第三十二条签订的协议的规定对国际申请进行国际初步审查。

如果专利局认为：

(i) 国际申请涉及的情况或者主题按照条约实施细则第六十六条第二款（a）（vi）或者（a）（vii）或者第六十七条的规定，无须

专利局进行国际初步审查，并且专利局决定对该申请不作审查，或者

(ii) 说明书、权利要求书或者附图不清楚，或者权利要求书在说明书中没有适当的依据，因而不能对请求保护的发明的新颖性、创造性（非显而易见性）或者工业上的实用性，形成有意义的意见。

专利局应当不就条约第三十三条第一款规定的各项问题进行审查，并应当将这种意见和理由通知申请人。如果认为 (i) 或者 (ii) 所述的任何一种情况只存在于某些权利要求中，或者只与某些权利要求有关，上句规定只适用于这些权利要求。

专利局发现国际申请存在条约实施细则第六十六条第二款 (a) 项所列情形的，专利局应当书面通知申请人并要求申请人提出书面答复。申请人答复时可以提出修改，或者，申请人不同意专利局意见的，可以提出答辩，或者两者兼用。这种修改不得超出国际申请提出时对发明公开的范围。

专利局认为国际申请不符合条约实施细则第十三条关于发明单一性的规定的，专利局应当根据条约第三十四条第三款和条约实施细则第六十八条的规定进行处理。申请人可以自己选择对权利要求书加以限制，或者缴纳附加费；申请人未在指定期限内进行选择的，或者，申请人虽然对权利要求作了限制，但是仍然不足以符合发明单一性要求的，或者申请人缴纳附加费不足的，专利局仅就国际申请中看来是主要发明的部分或者已经交纳附加费的发明部分作出国际初步审查报告。

第十四条 申请人可以在提出国际初步审查要求书时，或者在国际初步审查报告作出之前，按照条约实施细则第六十六条的规定，向专利局提出条约第三十四条规定的对权利要求书、说明书和附图的修改。这种修改不得超出国际申请提出时对发明公开的范围。

第十五条 专利局作出国际初步审查报告的期限应当为：

(i) 如果国际初步审查要求书是在优先权日起十九个月届满之前收到的，自优先权日起二十八个月；

(ii) 如果国际初步审查要求书是在优先权日起十九个月届满之后收到的，自国际初步审查开始起九个月。

第五章 指定和选定程序

第十六条 指定中国的国际申请，自按照条约第十一条第一款确定的国际申请日起与同一日向专利局提出的中国国家申请具有同等效力。

第十七条 指定中国的国际申请的申请人，如果要求专利局授予实用新型专利的，应当在其国际申请请求书中作出说明。

第十八条 指定中国并要求获得发明专利保护的国际申请，由国际局按照条约第二十一条规定以中文进行国际公布的，自国际公布日起，申请人享有专利法第十三条规定的权利；由国际局以中文以外的文字进行国际公布的，自专利局收到申请人提交的该国际申请中文译文并在中国专利公报上公布该译文之日起，申请人享有专利法第十三条规定的权利。

第十九条 除本规定第二十条的规定外，指定中国的国际申请以中文以外的文字提交的，申请人应当在自优先权日起二十个月届满前向专利局提交国际申请的中文译文；期满未提交中文译文的，该申请在中国的效力终止。

第二十条 在自优先权日起第十九个月届满前已经选定中国的国际申请，如果是以中文以外的文字提交的，申请人应当在自优先权日起三十个月届满前向专利局提交国际申请的中文译文；期满未提交中文译文的，该申请在中国的效力终止。

第二十一条 申请人按照本规定第十九条或者第二十条规定提

交的国际申请的译文应当包括请求书、说明书、权利要求书、附图中的文字（附具附图副本）和摘要各一式两份，如果权利要求书已经按照条约第十九条规定进行了修改，该译文还应当包括修改后的权利要求和条约第十九条所述的声明；如果申请文件已经按照条约第三十四条规定进行了修改，该译文还应当包括国际初步审查报告附件中的任何修改。

如果申请人提交了前款所述的译文，但对于修改部分未同时提交原始提出的和修改后的译文的，专利局应当通知申请人在根据情况是适当的并在通知中规定的期限内提交缺少的译文。如果申请人未按通知规定提交缺少的原始申请的译文，该国际申请被认为撤回；如果申请人未按通知规定提交缺少的修改后的译文，该修改不予以考虑。

如果申请人仅提交了一份译文，专利局应当通知申请人在根据情况是适当的并在通知中规定的期限内提交另一份译文。申请人未遵守通知规定的，该申请被认为撤回。

如果申请人未提交按条约第十九条所述的声明的译文，该声明不予以考虑。

第二十二条 国际申请指定中国的，申请人可以在履行本规定第十九条规定的行为之日起一个月内向专利局提出对权利要求书、说明书和附图的修改；但是，如果在本规定第十九条规定的期限届满时，条约实施细则第四十七条第一款规定的送达尚未进行，申请人可以在自该期限届满之日起四个月内向专利局提出上述修改。这种修改不得超出国际申请提出时对发明公开的范围。

第二十三条 国际申请在自优先权日起十九个月届满前选定中国的，申请人可以在履行本规定第二十条规定的行为之日起一个月内向专利局提出对权利要求书、说明书和附图的修改；但是，如果在本规定第二十条规定的期限届满时，国际初步审查报告的送交尚未进行，申请人可以在自该期限届满之日起四个月内向专利局提出上述修改。这种修改不得超出国际申请提出时对发明公开的范围。

第二十四条 指定中国或者选定中国的国际申请由于不符合发明单一性的规定，其某些部分未经国际检索或者国际初步审查的，申请人应当在专利局指定的期限内缴纳条约第十七条第三款（b）或者条约第三十四条第三款（b）中所述的特别的费用。期满未缴纳或者未缴足的，该申请中的发明的未经检索或者国际初步审查部分被认为撤回。

第二十五条 按照专利法和实施细则的规定，指定中国或者选定中国的国际申请应当向专利局提交条约第二十七条第二款和第六款规定的证明文件的，应当在本规定第十九条或者第二十条规定的期限届满前提交；期满未提交的，专利局应当通知申请人在通知规定的期限内补交。

第二十六条 指定中国并要求一个或者几个按照专利法规定提出的在先申请的优先权的国际申请适用实施细则第三十三条的规定。

第六章 费 用

第二十七条 在国际申请的国际程序中，申请人应当按照条约实施细则的规定缴纳下列费用：

（一）传送费；

（二）国际费，包括基本费和指定费；

（三）检索费和附加检索费；

（四）手续费；

（五）初步审查费和附加初步审查费；

（六）确认费；

（七）滞纳金；

（八）条约实施细则规定的其他费用。

前款所列各种费用的数额，缴费的币种和缴费方式由专利局另行公布。

第二十八条 申请人应当在自专利局收到国际申请之日起一个月内缴纳传送费、基本费和检索费；期满未缴纳或者未缴足的，专利局应当通知申请人在自通知之日起一个月内缴纳未缴的费用和滞纳金；期满未缴纳的，该申请被认为撤回。

申请人应当在自优先权日起一年内，或者在专利局收到国际申请之日起一个月内，以后到期的为准，缴纳指定费；期满未缴纳或者未缴足的，专利局应当通知申请人在自通知之日起一个月内缴纳未缴的费用和滞纳金；期满未缴纳的，与该费用有关的指定，或者如果未缴纳任何指定费的，该项指定或者该国际申请被认为撤回。

在按照条约实施细则第四条第九款（c）确认一项指定时，申请人应当在自优先权日起十五个月内缴纳指定费和确认费。

申请人在向专利局提交国际初步审查要求书时应当缴纳手续费和初步审查费；未按规定缴纳或者缴足的，专利局应当通知申请人在通知之日起一个月内缴纳；期满未缴纳的，该要求书被认为未提交。

国际申请不符合发明单一性的规定的，申请人应当在专利局按照条约实施细则第四十条第三款或者第六十八条第二款指定的期限内缴纳附加检索费和附加初步审查费。

第二十九条 国际申请指定中国或者选定中国的，申请人应当在本规定第十九条或者第二十条规定的期限内缴纳申请费；期满未缴纳或者未缴足的，该申请在中国的效力终止。

国际申请指定中国或者选定中国并要求优先权的，申请人应当在本规定第十九条或者第二十条规定的期限内缴纳优先权要求费；期满未缴纳或者未缴足的，专利局应当通知申请人在自通知规定的期限内缴纳，期满仍未缴纳的，该优先权被认为未要求。

第三十条 国际申请指定中国或者选定中国并要求获得发明专

利保护的，申请人应当在自国际申请日起第二十五个月届满前缴纳第三年度申请维持费。

如果上述缴费期限届满之日早于本规定第二十条规定的期限届满之日，申请人应当在本规定第二十条规定的期限届满前缴纳第三年度申请维持费；期满未缴纳或者未缴足的，专利局应当通知申请人自应当缴纳该申请维持费期限届满之日起六个月内补缴，同时缴纳金额为申请维持费的25％滞纳金。

第三十一条 指定中国或者选定中国的国际申请，在履行本规定第十九条或者第二十条规定的行为和缴纳本规定第二十九条第一款规定的申请费之后，除本规定第二十九条和第三十条另有规定外，申请人应当按照专利法和实施细则的规定缴纳费用。

第七章 其他条款

第三十二条 向专利局提出国际申请，在专利局作为国际检索单位或者国际初步审查单位，或者作为指定局或者选定局的程序中，以及处理与国际申请有关的其他事务的，申请人应当委托专利局指定的专利代理机构办理。

第三十三条 中国单位和个人提出国际申请的，应当经国务院有关主管部门同意。

中国单位和个人提出国际申请的，可以首先向专利局提出国内申请，并在自申请日起十二个月内提出国际申请指定或者选定条约其他缔约国，或者直接向专利局提出国际申请指定或者选定中国和条约其他缔约国。

第三十四条 如果受理局拒绝给予国际申请日，或者宣布国际申请已被认为撤回，或者如果国际局已经按条约第十二条第三款作出认定，申请人在履行本规定第十九条或者第二十条规定的行为和缴纳本规定第二十九条第一款规定的申请费之后，根据条约第二十五条第二款（a），可以要求专利局根据条约和条约实施细则决定该拒绝，宣布或者认定是否合理。如果专利局认为拒绝或者宣布是由受理局的错误或者疏忽所造成，或者认定是由国际局的错误或者疏忽所造成，就本规定而言，该国际申请应当和未发生这种错误或者疏忽一样被对待。

第三十五条 指定中国或者选定中国的国际申请因未履行本规定第十九条或者第二十条规定的行为和缴纳本规定第二十九条第一款规定的申请费其效力在中国被终止的，申请人可以在本规定第十九条或者第二十条规定的期限届满之日起二个月内请求恢复其权利。申请人请求恢复权利的，应当缴纳恢复费并同时履行上述各条款中规定的行为。

除本规定另有规定的以外，指定中国或者选定中国的国际申请在履行本规定第十九条或者第二十条规定的行为和缴纳本规定第二十九条第一款规定的申请费之后由于不可抗拒的事由或者由于正当理由未能遵守专利法或者实施细则规定的期限或者专利局指定的期限，造成其权利丧失的，适用实施细则第七条的规定。

第三十六条[1] 指定中国或者选定中国的国际申请涉及新的微生物、微生物学方法或者其产品，而且使用的微生物是公众不能得到的，申请人最迟应当在国际申请日向专利局指定的保藏单位，或者，向依照《国际承认用于专利程序的微生物保藏布达佩斯条约》取得了“国际保藏单位”资格的保藏单位，提交微生物菌种保藏。在后一种情况下，申请人应当在本规定第十九条或者第二十条规定的期限届满前，将该微生物菌种提交专利局指定的微生物菌种保藏单位保藏。

申请人按照上款提交微生物菌种保藏的，应当在本规定第十九

---

[1] 编者注：本条已被中华人民共和国专利局令第七号修改，第七号令的具体内容见后文。

条或者第二十条规定的期限届满之日起三个月内提交专利局指定的保藏单位出具的保藏证明和存活证明；期满未提交证明的，该菌种被认为未提交保藏。

第三十七条 本规定由中国专利局负责解释。

第三十八条 本规定自一九九四年一月一日起施行。

中华人民共和国专利局令

（第七号）

根据我国政府于1995年3月30日向世界知识产权组织总干事递交的加入国际承认用于专利程序的微生物保存布达佩斯条约（以下简称布达佩斯条约）加入书，以及同日中国专利局局长高卢麟向世界知识产权组织总干事递交的请求将中国微生物菌种保藏管理委员会普通微生物中心（CGMCC）和中国典型培养物中心（CCTCC）转为布达佩斯条约国际保藏单位的通知，我国将自1995年7月1日起成为布达佩斯条约成员国，我国的上述两个保藏单位也将自1995年7月1日起以布达佩斯条约国际保藏单位的身份开始工作。为此，对《关于中国实施〈专利合作条约〉的规定》作如下修改：

一、第三十六条第一款修改为：

“指定中国或者选定中国的国际申请涉及新的微生物、微生物学方法或者其产品，而且使用的微生物是公众不能得到的，申请人最迟应当在国际申请日向依照布达佩斯条约取得了国际保藏单位资格的保藏单位，提交微生物菌种保藏。”

二、第三十六条第二款修改为：

“申请人按照上款提交微生物菌种保藏的，应当在本规定第十九条或者第二十条规定的期限届满之日起三个月内提交国际保藏单位出具的保藏证明和存活证明；期满未提交证明的，该菌种被认为未提交保藏。”

上述修改自 1995 年 7 月 1 日起施行。

局长　高卢麟

一九九五年五月二十八日

国家知识产权局局长令

（第十号）

《关于在香港特别行政区知识产权署提出的首次申请的优先权的规定》经国家知识产权局办公会议通过，现予发布。

局长　姜颖

一九九九年十二月十五日

关于在香港特别行政区知识产权署提出的首次申请的优先权的规定

为方便在香港特别行政区知识产权署首次提出短期专利申请或者外观设计注册申请的申请人在国家知识产权局专利局提出专利申请，特规定如下：

申请人自其短期专利申请在香港特别行政区知识产权署第一次提出之日起十二个月内，或者自其外观设计注册申请在香港特别行政区知识产权署第一次提出之日起六个月内，又在国家知识产权局专利局就相同主题提出专利申请的，可以享有优先权。

申请人要求上述短期专利申请或者外观设计注册申请的优先权的，应当在申请的时候提出书面声明，并且在三个月内提交第一次提出的上述短期专利申请或者外观设计注册申请（以下称在先申请）文件的副本；未提出书面声明或者逾期未提交在先申请文件副本的，视为未要求优先权。

申请人应当在书面声明中写明在先申请的申请日和申请号，并写明受理局为香港特别行政区知识产权署；书面声明中未写明在先申请的申请日和受理局的，视为未提出声明。

申请人提交的在先申请文件副本应当经香港特别行政区知识产权署证明。

申请人在一件专利申请中，可以要求一项或者多项优先权；要求多项优先权的，该申请的优先权期限从最早的优先权日起算。

本规定适用于自 1999 年 12 月 1 日起在香港特别行政区知识产权署第一次提出的短期专利申请和外观设计注册申请。

国家知识产权局局长令

（第十一号）

根据《集成电路布图设计保护条例》，特制定《集成电路布图设计保护条例实施细则》，现予公布，自二〇〇一年十月一日起施行。

局长　王景川

二〇〇一年九月十八日

集成电路布图设计保护条例实施细则

第一章　总　　则

第一条　宗旨

为了保护集成电路布图设计（以下简称布图设计）专有权，促进我国集成电路技术的进步与创新，根据《集成电路布图设计保护条例》（以下简称条例），制定本实施细则（以下简称本细则）。

第二条　登记机构

条例所称的国务院知识产权行政部门是指国家知识产权局。

第三条　办理手续需用的形式

条例和本细则规定的各种文件，应当以书面形式或者以国家知识产权局规定的其他形式办理。

第四条　代理机构

中国单位或者个人在国内申请布图设计登记和办理其他与布图设计有关的事务的，可以委托专利代理机构办理。

在中国没有经常居所或者营业所的外国人、外国企业或者外国其他组织在中国申请布图设计登记和办理其他与布图设计有关的事务的，应当委托国家知识产权局指定的专利代理机构办理。

第五条　申请文件和申请日的确定

向国家知识产权局申请布图设计登记的，应当提交布图设计登记申请表和该布图设计的复制件或者图样；布图设计在申请日以前已投入商业利用的，还应当提交含有该布图设计的集成电路样品。

国家知识产权局收到前款所述布图设计申请文件之日为申请

日。如果申请文件是邮寄的，以寄出的邮戳日为申请日。

第六条 文件的语言

依照条例和本细则规定提交的各种文件应当使用中文。国家有统一规定的科技术语的，应当采用规范词；外国人名、地名和科技术语没有统一中文译文的，应当注明原文。

依照条例和本细则规定提交的各种证件和证明文件是外文的，国家知识产权局认为必要时，可以要求当事人在指定期限内附送中文译文；期满未附送的，视为未提交该证件和证明文件。

第七条 文件的递交和送达

向国家知识产权局邮寄的各种文件，以寄出的邮戳日为递交日。邮戳日不清晰的，除当事人能够提出证明外，以国家知识产权局收到文件之日为递交日。

国家知识产权局的各种文件，可以通过邮寄、直接送交或者其他方式送达当事人。当事人委托专利代理机构的，文件送交专利代理机构；未委托专利代理机构的，文件送交申请表中指明的联系人。

国家知识产权局邮寄的各种文件，自文件发出之日起满 15 日，推定为当事人收到文件之日。

根据国家知识产权局规定应当直接送交的文件，以交付日为送达日。

文件送交地址不清，无法邮寄的，可以通过公告的方式送达当事人。自公告之日起满 1 个月，该文件视为已经送达。

第八条 期限的计算

条例和本细则规定的各种期限的第一日不计算在期限内。期限以年或者月计算的，以其最后一月的相应日为期限届满日；该月无相应日的，以该月最后一日为期限届满日。

期限届满日是法定节假日的，以节假日后的第一个工作日为期限届满日。

第九条　权利的恢复和期限的延长

当事人因不可抗拒的事由而耽误本细则规定的期限或者国家知识产权局指定的期限，造成其权利丧失的，自障碍消除之日起 2 个月内，但是最迟自期限届满之日起 2 年内，可以向国家知识产权局说明理由并附具有关证明文件，请求恢复其权利。

当事人因正当理由而耽误本细则规定的期限或者国家知识产权局指定的期限，造成其权利丧失的，可以自收到国家知识产权局的通知之日起 2 个月内向国家知识产权局说明理由，请求恢复其权利。

当事人请求延长国家知识产权局指定的期限的，应当在期限届满前，向国家知识产权局说明理由并办理有关手续。

条例规定的期限不得请求延长。

第十条　共有

布图设计是 2 个以上单位或者个人合作创作的，创作者应当共同申请布图设计登记；有合同约定的，从其约定。

涉及共有的布图设计专有权的，每一个共同布图设计权利人在没有征得其他共同布图设计权利人同意的情况下，不得将其所持有的那一部分权利进行转让、出质或者与他人订立独占许可合同或者排他许可合同。

第十一条　向外国人转让专有权

中国单位或者个人向外国人转让布图设计专有权的，在向国家知识产权局办理转让登记时应当提交国务院有关主管部门允许其转让的证明文件。

布图设计专有权发生转移的，当事人应当凭有关证明文件或者法律文书向国家知识产权局办理著录项目变更手续。

第二章　布图设计登记的申请和审查

第十二条　申请文件

以书面形式申请布图设计登记的，应当向国家知识产权局提交布图设计登记申请表一式两份以及一份布图设计的复制件或者图样。

以国家知识产权局规定的其他形式申请布图设计登记的，应当符合规定的要求。

申请人委托专利代理机构向国家知识产权局申请布图设计登记和办理其他手续的，应当同时提交委托书，写明委托权限。

申请人有 2 个以上且未委托专利代理机构的，除申请表中另有声明外，以申请表中指明的第一申请人为代表人。

第十三条　申请表

布图设计登记申请表应当写明下列各项：

（一）申请人的姓名或者名称、地址或者居住地；

（二）申请人的国籍；

（三）布图设计的名称；

（四）布图设计创作者的姓名或者名称；

（五）布图设计的创作完成日期；

（六）该布图设计所用于的集成电路的分类；

（七）申请人委托专利代理机构的，应当注明的有关事项；申请人未委托专利代理机构的，其联系人的姓名、地址、邮政编码及联系电话；

（八）布图设计有条例第十七条所述商业利用行为的，该行为的发生日；

（九）布图设计登记申请有保密信息的，含有该保密信息的图层的复制件或者图样页码编号及总页数；

（十）申请人或者专利代理机构的签字或者盖章；

（十一）申请文件清单；

（十二）附加文件及样品清单；

（十三）其他需要注明的事项。

第十四条 复制件或者图样

按照条例第十六条规定提交的布图设计的复制件或者图样应当符合下列要求：

（一）复制件或者图样的纸件应当至少放大到用该布图设计生产的集成电路的20倍以上；申请人可以同时提供该复制件或者图样的电子版本；提交电子版本的复制件或者图样的，应当包含该布图设计的全部信息，并注明文件的数据格式；

（二）复制件或者图样有多张纸件的，应当顺序编号并附具目录；

（三）复制件或者图样的纸件应当使用A4纸格式；如果大于A4纸的，应当折叠成A4纸格式；

（四）复制件或者图样可以附具简单的文字说明，说明该集成电路布图设计的结构、技术、功能和其他需要说明的事项。

第十五条 涉及保密信息的申请

布图设计在申请日之前没有投入商业利用的，该布图设计登记申请可以有保密信息，其比例最多不得超过该集成电路布图设计总面积的50%。含有保密信息的图层的复制件或者图样页码编号及总页数应当与布图设计登记申请表中所填写的一致。

布图设计登记申请有保密信息的，含有该保密信息的图层的复制件或者图样纸件应当置于在另一个保密文档袋中提交。除侵权诉讼或者行政处理程序需要外，任何人不得查阅或者复制该保密信息。

第十六条 集成电路样品

布图设计在申请日之前已投入商业利用的，申请登记时应当提交 4 件含有该布图设计的集成电路样品，并应当符合下列要求：

（一）所提交的 4 件集成电路样品应当置于能保证其不受损坏的专用器具中，并附具填写好的国家知识产权局统一编制的表格；

（二）器具表面应当写明申请人的姓名、申请号和集成电路名称；

（三）器具中的集成电路样品应当采用适当的方式固定，不得有损坏，并能够在干燥器中至少存放十年。

第十七条　不予受理

布图设计登记申请有下列情形的，国家知识产权局不予受理，并通知申请人：

（一）未提交布图设计登记申请表或者布图设计的复制件或者图样的，已投入商业利用而未提交集成电路样品的，或者提交的上述各项不一致的；

（二）外国申请人的所属国未与中国签订有关布图设计保护协议或者与中国共同参加有关国际条约；

（三）所涉及的布图设计属于条例第十二条规定不予保护的；

（四）所涉及的布图设计属于条例第十七条规定不予登记的；

（五）申请文件未使用中文的；

（六）申请类别不明确或者难以确定其属于布图设计的；

（七）未按规定委托代理机构的；

（八）布图设计登记申请表填写不完整的。

第十八条　文件的补正和修改

除本细则第十七条规定不予受理的外，申请文件不符合条例和本细则规定的条件的，申请人应当在收到国家知识产权局的审查意见通知之日起 2 个月内进行补正。补正应当按照审查意见通知书的要求进行。逾期未答复的，该申请视为撤回。

申请人按照国家知识产权局的审查意见补正后，申请文件仍不符合条例和本细则的规定的，国家知识产权局应当作出驳回决定。

国家知识产权局可以自行修改布图设计申请文件中文字和符号的明显错误。国家知识产权局自行修改的，应当通知申请人。

第十九条 申请的驳回

除本细则第十八条第二款另有规定的外，申请登记的布图设计有下列各项之一的，国家知识产权局应当作出驳回决定，写明所依据的理由：

（一）明显不符合条例第二条第（一）、（二）项规定的；

（二）明显不符合条例第五条规定的。

第二十条 布图设计专有权的生效

布图设计登记申请经初步审查没有发现驳回理由的，国家知识产权局应当颁发布图设计登记证书，并在国家知识产权局互联网站和中国知识产权报上予以公告。布图设计专有权自申请日起生效。

第二十一条 登记证书

国家知识产权局颁发的布图设计登记证书应当包括下列各项：

（一）布图设计权利人的姓名或者名称和地址；

（二）布图设计的名称；

（三）布图设计在申请日之前已经投入商业利用的，其首次商业利用的时间；

（四）布图设计的申请日及创作完成日；

（五）布图设计的颁证日期；

（六）布图设计的登记号；

（七）国家知识产权局的印章及负责人签字。

第二十二条 更正

国家知识产权局对布图设计公告中出现的错误，一经发现，应当及时更正，并对所作更正予以公告。

第三章　布图设计登记申请的复审、复议和专有权的撤销

第二十三条　复审和撤销机构

国家知识产权局专利复审委员会（以下简称专利复审委员会）负责对国家知识产权局驳回布图设计登记申请决定不服而提出的复审请求的审查，以及负责对布图设计专有权撤销案件的审查。

第二十四条　复审的请求

向专利复审委员会请求复审的，应当提交复审请求书，说明理由，必要时还应当附具有关证据。复审请求书不符合条例第十九条有关规定的，专利复审委员会不予受理。

复审请求不符合规定格式的，复审请求人应当在专利复审委员会指定的期限内补正；期满未补正的，该复审请求视为未提出。

第二十五条　复审程序中文件的修改

复审请求人在提出复审请求或者在对专利复审委员会的复审通知书作出答复时，可以修改布图设计申请文件；但是修改应当仅限于消除驳回决定或者复审通知书指出的缺陷。

修改的申请文件应当提交一式两份。

第二十六条　复审决定

专利复审委员会进行审查后，认为布图设计登记申请的复审请求不符合条例或者本细则有关规定的，应当通知复审请求人，要求其在指定期限内陈述意见。期满未答复的，该复审请求视为撤回；经陈述意见或者进行修改后，专利复审委员会认为该申请仍不符条例和本细则有关规定的，应当作出维持原驳回决定的复审决定。

专利复审委员会进行复审后，认为原驳回决定不符合条例和本细则有关规定的，或者认为经过修改的申请文件消除了原驳回决定指出的缺陷的，应当撤销原驳回决定，通知原审查部门对该申请予

以登记和公告。

专利复审委员会的复审决定，应当写明复审决定的理由，并通知布图设计登记申请人。

第二十七条 复审请求的撤回

复审请求人在专利复审委员会作出决定前，可以撤回其复审请求。

复审请求人在专利复审委员会作出决定前撤回其复审请求的，复审程序终止。

第二十八条 复议请求

当事人对国家知识产权局作出的下列具体行政行为不服或者有争议的，可以向国家知识产权局行政复议部门申请复议：

（一）不予受理布图设计申请的；

（二）将布图设计申请视为撤回的；

（三）不允许恢复有关权利的请求的；

（四）其他侵犯当事人合法权益的具体行政行为。

第二十九条 撤销程序

布图设计登记公告后，发现登记的布图设计专有权不符合集成电路布图设计保护条例第二条第（一）、（二）项、第三条、第四条、第五条、第十二条或者第十七条规定的，由专利复审委员会撤销该布图设计专有权。

撤销布图设计专有权的，应当首先通知该布图设计权利人，要求其在指定期限内陈述意见。期满未答复的，不影响专利复审委员会作出撤销布图设计专有权的决定。

专利复审委员会撤销布图设计专有权的决定应当写明所依据的理由，并通知该布图设计权利人。

第三十条 撤销决定的公告

对专利复审委员会撤销布图设计专有权的决定未在规定期限内向人民法院起诉，或者在人民法院维持专利复审委员会撤销布图设计专有权决定的判决生效后，国家知识产权局应当将撤销该布图设计专有权的决定在国家知识产权局互联网站和中国知识产权报上公告。

被撤销的布图设计专有权视为自始即不存在。

第四章　布图设计专有权的保护

第三十一条　布图设计专有权的放弃

布图设计权利人在其布图设计专有权保护期届满之前，可以向国家知识产权局提交书面声明放弃该专有权。

布图设计专有权已许可他人实施或者已经出质的，该布图设计专有权的放弃应当征得被许可人或质权人的同意。

布图设计专有权的放弃应当由国家知识产权局登记和公告。

第三十二条　国家知识产权局受理侵权纠纷案件的条件

根据条例第三十一条的规定请求国家知识产权局处理布图设计专有权侵权纠纷的，应当符合下列条件：

（一）该布图设计已登记、公告；

（二）请求人是布图设计权利人或者与该侵权纠纷有直接利害关系的单位或者个人；

（三）有明确的被请求人；

（四）有明确的请求事项和具体的事实、理由；

（五）当事人任何一方均未就该侵权纠纷向人民法院起诉。

第三十三条　有关程序的中止和恢复

当事人因布图设计申请权或者布图设计专有权的归属发生纠纷，已经向人民法院起诉的，可以请求国家知识产权局中止有关程序。

依照前款规定请求中止有关程序的，应当向国家知识产权局提交请求书，并附具人民法院的有关受理文件副本。

在人民法院作出的判决生效后，当事人应当向国家知识产权局办理恢复有关程序的手续。自请求中止之日起一年内，有关布图设计申请权或者布图设计专有权归属的纠纷未能结案，需要继续中止有关程序的，请求人应当在该期限内请求延长中止。期满未请求延长的，国家知识产权局自行恢复有关程序。

人民法院在审理民事案件中裁定对布图设计专有权采取保全措施的，国家知识产权局在协助执行时中止被保全的布图设计专有权的有关程序。保全期限届满，人民法院没有裁定继续采取保全措施的，国家知识产权局自行恢复有关程序。

第五章　费　　用

第三十四条　应缴纳的费用

向国家知识产权局申请布图设计登记和办理其他手续时，应当缴纳下列费用：

（一）布图设计登记费；

（二）著录事项变更手续费、延长期限请求费、恢复权利请求费；

（三）复审请求费；

（四）非自愿许可许可请求费、非自愿许可使用费的裁决请求费。

前款所列各种费用的数额，由国务院价格管理部门会同国家知识产权局另行规定。

第三十五条　缴费手续

条例和本细则规定的各种费用，可以直接向国家知识产权局缴纳，也可以通过邮局或者银行汇付，或者以国家知识产权局规定的其他方式缴纳。

通过邮局或者银行汇付的，应当在送交国家知识产权局的汇单上至少写明正确的申请号以及缴纳的费用名称。不符合本款规定的，视为未办理缴费手续。

直接向国家知识产权局缴纳费用的，以缴纳当日为缴费日；以邮局汇付方式缴纳费用的，以邮局汇出的邮戳日为缴费日；以银行汇付方式缴纳费用的，以银行实际汇出日为缴费日。但是自汇出日至国家知识产权局收到日超过15日的，除邮局或者银行出具证明外，以国家知识产权局收到日为缴费日。

多缴、重缴、错缴布图设计登记费用的，当事人可以向国家知识产权局提出退款请求，但是该请求应当自缴费日起一年内提出。

第三十六条 缴费期限

申请人应当在收到受理通知书后2个月内缴纳布图设计登记费；期满未缴纳或者未缴足的，其申请视为撤回。

当事人请求恢复权利或者复审的，应当在条例及本细则规定的相关期限内缴纳费用；期满未缴纳或者未缴足的，视为未提出请求。

著录事项变更手续费、非自愿许可请求费、非自愿许可使用费的裁决请求费应当自提出请求之日起1个月内缴纳；延长期限请求费应当在相应期限届满前缴纳；期满未缴纳或者未缴足的，视为未提出请求。

第六章 附 则

第三十七条 布图设计登记簿

国家知识产权局设置布图设计登记簿，登记下列事项：

（一）布图设计权利人的姓名或者名称、国籍和地址及其变更；

（二）布图设计的登记；

（三）布图设计专有权的转移和继承；

（四）布图设计专有权的放弃；

（五）布图设计专有权的质押、保全及其解除；

（六）布图设计专有权的撤销；

（七）布图设计专有权的终止；

（八）布图设计专有权的恢复；

（九）布图设计专有权实施的非自愿许可。

第三十八条 布图设计公告

国家知识产权局定期在国家知识产权局互联网站和中国知识产权报上登载布图设计登记公报，公布或者公告下列内容：

（一）布图设计登记簿记载的著录事项；

（二）对地址不明的当事人的通知；

（三）国家知识产权局作出的更正；

（四）其他有关事项。

第三十九条 公众查阅和复制

布图设计登记公告后，公众可以请求查阅该布图设计登记簿或者请求国家知识产权局提供该登记簿的副本。公众也可以请求查阅该布图设计的复制件或者图样的纸件。

本细则第十四条所述的电子版本的复制件或者图样，除侵权诉讼或者行政处理程序需要外，任何人不得查阅或者复制。

第四十条 失效案卷的处理

布图设计登记申请被撤回、视为撤回或者驳回的，以及布图设计专有权被声明放弃、撤销或者终止的，与该布图设计申请或者布图设计专有权有关的案卷，自该申请失效或者该专有权失效之日起满3年后不予保存。

第四十一条 文件的邮寄

向国家知识产权局邮寄有关申请或者布图设计专有权的文件，应当使用挂号信函，一件信函应当只包含同一申请文件。电子版本的复制件或者图样和集成电路样品的邮寄方式应当保证其在邮寄过程中不受损坏。

第四十二条　本细则的解释

本细则由国家知识产权局负责解释。

第四十三条　本细则的实施日期

本细则自 2001 年 10 月 1 日起施行。

国家知识产权局局长令

（第十六号）

经决定下列部门规章予以废止，现予公布。

1. 中国专利局第十四号公告（1986 年 5 月 6 日）

2. 中国专利局关于受理台胞专利申请的意见（1987 年 12 月 18 日）

3. 中国专利局关于受理台胞专利申请的补充规定（1989 年 4 月 19 日）

4. 专利收费标准（1985 年 1 月 19 日）

5. 关于申请费的补充规定（1986 年 2 月 5 日）

6. 申请专利费用减缓办法（1992 年 8 月 18 日）

7. 申请专利费用减缓办法的补充规定（1992 年 10 月 10 日）

8. 中华人民共和国专利局行政复议规程（试行）（1991 年 12 月 29 日）

局长　王景川

二〇〇一年十一月二十八日

国家知识产权局局长令

（第十七号）

根据《中华人民共和国集成电路布图设计保护条例》，制定《集成电路布图设计行政执法办法》，现予以公布。《集成电路布图设计行政执法办法》自公布之日起施行。

局长　王景川

二〇〇一年十一月二十八日

集成电路布图设计行政执法办法

第一章 总 则

第一条 为了保护集成电路布图设计（以下简称布图设计）专有权，维护社会主义市场经济秩序，根据《集成电路布图设计保护条例》（以下简称条例）以及有关法律法规制定本办法。

第二条 条例第三十一条所称国务院知识产权行政部门是指国家知识产权局。

国家知识产权局设立集成电路布图设计行政执法委员会（以下简称行政执法委员会），负责处理侵犯布图设计专有权的纠纷，调解侵犯布图设计专有权的赔偿数额。

各省、自治区、直辖市的知识产权局应当协助、配合国家知识产权局开展集成电路布图设计行政执法工作。

第三条 行政执法委员会处理侵犯布图设计专有权的纠纷应当以事实为依据、以法律为准绳，遵循公正、及时的原则。

行政执法委员会调解侵犯布图设计专有权的赔偿数额应当按照法律规定，在查明事实、分清是非的基础上，促使当事人相互谅解，达成协议。

第二章 处理和调解程序

第四条 请求行政执法委员会处理布图设计专有权侵权纠纷的，应当符合下列条件：

（一）该布图设计已登记、公告；

（二）请求人是布图设计专有权的权利人或者与该侵权纠纷有直接利害关系的单位或者个人；

（三）有明确的被请求人；

（四）有明确的请求事项和具体事实、理由；

（五）当事人任何一方均未就该侵权纠纷向人民法院起诉。

第五条 请求人提出请求，应当向行政执法委员会提交请求书以及所涉及的布图设计登记证书副本。请求人应当按照被请求人的数量提供相应数量的请求书副本。

第六条 请求书应当记载以下内容：

（一）请求人的姓名或者名称、地址，法定代表人或者主要负责人的姓名、职务，委托代理人的，代理人的姓名和代理机构的名称、地址；

（二）被请求人的姓名或者名称、地址；

（三）请求处理的事项和具体事实、理由。

有关证据和证明材料可以请求书附件的形式提交。

请求书应当由请求人签名或盖章。

第七条 请求人应当提供证据，证明被请求人采用的布图设计与受保护的布图设计全部相同或者与受保护的布图设计中任何具有独创性的部分相同。

受保护的布图设计尚未投入商业利用的，请求人应当提供证据，证明被请求人有获知该布图设计的实际可能性。

第八条 请求不符合本办法第五条规定的，行政执法委员会应当在收到请求之日起的 7 日内通知请求人不予受理。

请求不符合本办法第六条、第七条、第八条规定的，行政执法委员会应当在收到请求之日起的 7 日内通知请求人在指定期限内予以补正。逾期未补正或者经补正仍不符合规定的，请求被视为未提出。

请求符合本办法第五条、第六条、第七条、第八条规定的，行政执法委员会应当及时立案并通知请求人，同时，应指定3名或3名以上单数承办人员组成合议组处理该侵权纠纷。

第九条 立案后，行政执法委员会应当及时将请求书及其附件的副本以寄交、直接送交或者其他方式送达被请求人，要求其在收到请求书副本之日起15日内提交答辩书一式2份。被请求人逾期不提交答辩书的，不影响行政执法委员会进行处理。

被请求人提交答辩书的，行政执法委员会应当在收到答辩书之日起的7日内将答辩书副本以寄交、直接送交或者其他方式送达请求人。

第十条 侵犯布图设计专有权纠纷涉及复杂技术问题，需要进行鉴定的，行政执法委员会可以委托有关单位进行专业技术鉴定。鉴定意见或者结论需经当事人质证方能作为定案的依据。

鉴定费用由当事人承担。

第十一条 在侵犯布图设计专用权纠纷的处理过程中，专利复审委员会对该布图设计专用权启动撤销程序的，行政执法委员会可以根据情况需要决定是否中止处理程序。

第十二条 行政执法委员会处理侵犯布图设计设计专有权的纠纷，可以根据案情需要决定是否进行口头审理。行政执法委员会决定进行口头审理的，应当至少在口头审理3日前让当事人得知进行口头审理的时间和地点。无正当理由拒不参加或者未经允许中途退出口头审理的，对请求人按撤回请求处理，对被请求人按缺席处理。

第十三条 行政执法委员会举行口头审理的，应当将口头审理的参加人和审理要点记入笔录，经核对无误后，由案件承办人员和参加人签名或盖章。

第十四条 除当事人达成调解、和解协议，或者请求人撤回请求之外，行政执法委员会处理侵犯布图设计专用权的纠纷应当作出处理决定书，写明以下内容：

（一）当事人的名称或姓名、地址；

（二）当事人陈述的事实和理由；

（三）认定侵权行为是否成立的理由和依据；

（四）处理决定，认定侵权行为成立的，应当明确写明责令被请求人立即停止的侵权行为的类型、对象和范围；认定侵权行为不成立的，应当驳回请求人的请求；

（五）不服处理决定向人民法院提起行政诉讼的途径和期限。

处理决定书应当由案件承办人员署名，加盖行政执法委员会的业务专用章。

第十五条 对行政执法委员会作出的处理决定不服，向人民法院提起行政诉讼的，由行政执法委员会主任委托合议组出庭应诉。

第十六条 在行政执法委员会或者人民法院作出认定侵权成立的处理决定或者判决之后，被请求人就同一布图设计专用权再次作出相同类型的侵权行为，布图设计专有权的权利人或者利害关系人请求处理的，行政执法委员会可以直接作出责令立即停止侵权行为的处理决定。

第十七条 当事人请求行政执法委员会就侵犯布图设计专有权的赔偿数额进行调解的，应当提交请求书。

请求书应当记载以下内容：

（一）请求人的姓名或者名称、地址、法定代表人或主要负责人的姓名、职务；

（二）被请求人的姓名或名称、地址；

（三）请求调解的具体事项和理由。

第十八条 行政执法委员会收到请求书后，应当及时将请求书副本通过寄交、直接送交或者其他方式送达被请求人，要求其在收到请求书副本之日起的 15 日内提交意见陈述书。

第十九条 被请求人提交意见陈述书并同意进行调解的，行政执法委员会应当及时立案，并通知请求人和被请求人进行调解的时间和地点。

被请求人逾期未提交意见陈述书，或者在意见陈述书中表示不接受调解的，行政执法委员会不予立案，并通知请求人。

第二十条 当事人经调解达成协议的，应当制作调解协议书，由双方当事人签名或者盖章，并交行政执法委员会备案；未达成协议的，行政执法委员会以撤销案件的方式结案，并通知双方当事人。

第三章 调查取证

第二十一条 行政执法委员会处理侵犯布图设计专用权的纠纷，可以根据案情需要，在处理过程中依职权调查收集有关证据。

第二十二条 行政执法委员会调查收集证据可以采用拍照、摄像等方式进行现场勘验；查阅、复制与案件有关的合同、账册等有关文件；询问当事人和证人。

行政执法委员会调查收集证据应当制作笔录。笔录应当由案件承办人员、被调查的单位或者个人签名或者盖章。被调查的单位或者个人拒绝签名或者盖章的，应当在笔录上注明。

第二十三条 行政执法委员会调查收集证据可以采取抽样取证的方式，从涉嫌侵权的产品中抽取一部分作为样品。被抽取样品的数量应当以能够证明事实为限。

行政执法委员会进行抽样取证应当制作笔录，写明被抽取样品的名称、特征、数量。笔录应当由案件承办人员、被调查单位或个人签字或盖章。

第二十四条 在证据可能灭失或者以后难以取得，又无法进行抽样取证的情况下，行政执法委员会可以进行登记保存，并在七日内作出决定。

经登记保存的证据，被调查的单位或个人不得销毁或转移。

行政执法委员会进行登记保存应当制作笔录，写明被登记保存证据的名称、特征、数量以及保存地点。笔录应当由案件承办人员、被调查的单位或个人签名或盖章。

第二十五条 行政执法委员会调查收集证据、核实证据材料的，有关单位或者个人应当如实提供，协助调查。

第二十六条 行政执法委员会委托有关省、自治区、直辖市人民政府的知识产权管理部门协助调查收集证据，应当提出明确的要求。接受委托的部门应当及时、认真地协助调查收集证据，并尽快回复。

第四章 法律责任

第二十七条 行政执法委员会认定侵权行为成立，作出处理决定书的，应当采取下列措施制止侵权行为：

（一）被请求人复制受保护的布图设计的，责令其立即停止复制行为，没收、销毁复制的图样、掩膜、专用设备以及含有该布图设计的集成电路；

（二）被请求人为商业目的进口、销售或者以其他方式提供受保护的布图设计的，责令其立即停止进口、销售或者提供行为，没收、销毁有关图样、掩膜；

（三）被请求人为商业目的进口、销售或者以其他方式提供含有受保护的布图设计的集成电路，并且知道或者有合理理由应当知道其中含有非法复制的布图设计的，责令其立即停止进口、销售或者提供行为，没收、销毁该集成电路；

（四）被请求人为商业目的进口、销售或者以其他方式提供含有侵权集成电路的物品，并且知道或者有合理理由应当知道其中含有非法复制的布图设计的，责令其立即停止进口、销售或者提供行为，从尚未销售、提供的物品中拆除该集成电路，没收、销毁该集成电路；被请求人拒不拆除的，没收、销毁该物品；

（五）停止侵权行为的其他必要措施。

第二十八条 行政执法委员会作出认定侵权行为成立的处理决定后，被请求人向人民法院提起行政诉讼的，在诉讼期间不停止决定的执行。

被请求人对行政执法委员会作出的认定侵权行为成立的处理决定期满不起诉又不停止侵权行为的，国家知识产权局可以请求人民法院强制执行。

第五章 附 则

第二十九条 本办法由国家知识产权局负责解释。

第三十条 本办法自颁布之日起施行。

国家知识产权局局长令

（第二十一号）

现将《国家知识产权局规章制定程序的规定》予以发布，本规定自发布之日起施行。

局长　王景川

二〇〇一年十二月三十一日

国家知识产权局规章制定程序的规定

第一章 总 则

第一条 宗旨

为了规范国家知识产权局规章制定工作，提高工作效率，保证规章质量，根据《中华人民共和国立法法》和有关行政法规的规定，结合国家知识产权局的实际情况，制订本规定。

第二条 定义

本规定所称规章是指国家知识产权局根据法律、行政法规和国家知识产权局的职能，按照规定程序所制定发布的，用以规范专利审批、调整专利工作和其他有关知识产权工作行政管理关系、具有普遍约束力的规范性文件（以下简称规章）的总称。按其内容不同分别称“规定”、“办法”等。

对某一方面的行政管理关系所做的部分或者比较全面的规定，称“规定”；对某一项行政管理关系所做的比较具体的规定，称“办法”。

第三条 适用的范围

国家知识产权局规章制定的计划、起草、审议、发布、备案、解释、修改、废止和编纂，应当依照本规定。

根据国务院立法规划和计划，实施由国家知识产权局承担的法律和行政法规的起草工作，参照本规定执行。

国家知识产权局发布的内部具体工作制度、文件、对具体事项的布告、公告以及行政处理决定，不适用本规定。

《审查指南》以及专利或者有关知识产权行业标准的制定和修改，由国家知识产权局另行规定。

第二章　规划与年度计划

第四条　规划、年度计划和临时计划

国家知识产权局根据管理和发展工作的需要编制国家知识产权局规章制定五年规划和年度计划。

编制规章制定五年规划和年度计划，由局内各单位提出规章制定建议，经条法司汇总协调后报局长会议审定。

局内各部门可以根据实际工作需要提出临时规章制订计划，经条法司报局长办公会议审定。

第五条　规章制定建议的内容

局内司（部）的规章制定建议应当包括以下内容：

（一）名称；

（二）制定规章的目的、依据和有关背景说明；

（三）进度安排；

（四）起草单位和参加单位。

拟订规章制定建议草案时，应当听取局有关司（部）的意见，必要时应当听取局外有关部、委、局的意见。

第六条　年度计划

年度计划的立法项目分为完成项目和调研项目。完成项目是指论证过的、比较成熟的、当年上报局办公会议或局长会议审议的项目。调研项目是指当年进行调研、论证，提交局办公会议或者局长会议审议的项目。

第七条　实施和执行

国家知识产权局规章制定五年规划和年度计划由条法司负责组织实施和监督执行。条法司应在每年年底以前拟订下一年度规章制

定年度计划，报局办公会议或局长会议审定。条法司在执行过程中可以根据工作需要，提出调整规划或计划的建议，报局办公会议或者局长会议审定。

第三章 规章的起草和审查

第八条 规章的起草

列入年度计划的规章，由条法司根据局机关各司（部）的职能分工，提出负责部门的意见并报局长或者主管副局长批准后确定有关司（部）负责起草工作。规章内容涉及两个或两个以上司（部）的，组成各有关司（部）参加的起草小组负责起草工作，起草工作的主办司（部）由局长或者主管副局长指定。

负责起草工作的有关司（部）（以下简称起草司（部））或者起草小组应当制定起草工作方案，确定专人成立工作小组，并及时向条法司通报起草中的有关情况。

第九条 规章草案的内容

起草规章包括起草规章草案和规章草案的说明。规章草案一般包括：制订规章的宗旨和依据、适用范围、权利义务的主体、管理部门、工作程序和具体规范、奖惩规定、实施日期等。规章送审稿的每条内容应有提示语，简要说明本条的内容。

起草规章，应当对现行内容相同的规章进行清理。现行的规章将被起草的规章所代替的，应当在规章草案中写明予以废止。

规章草案说明的主要内容包括：制订规章的宗旨和依据、指导思想和原则、起草过程，需要解释的政策界限和其他问题等。

第十条 规章草案的形式

规章应当结构严谨、条理清晰、概念明确、用词准确、文字简练规范、标点符号正确。

规章的内容应当分条文书写，冠以“第某条”字样，每条应当包含一项规则，可以分设款、项、目。款不冠数字，项冠以（一）、（二）、（三）等数字；目冠以1、2、3等数字。条、款、项、目均应当另起一行错二字书写。

规章内容较多或者条文较多的，可以分章、分节。必要时，可以有目录、注释、附录、索引等附加部分。

第十一条 起草规章草案的程序

起草司（部）或者起草小组在起草过程中应当征求局有关司（部）的意见，必要时并应当征求省、自治区、直辖市专利或知识产权管理机关的意见。涉及国务院其他部门业务的，还应当征求有关部门的意见。根据需要，起草司（部）或者起草小组应当组织专家对规章草案的内容进行论证。

起草的规章直接涉及公民、法人或者其他组织切身利益，有关机关、组织或者公民对其有重大意见分歧的，起草司（部）或者起草小组应当向社会公布规章草案，征求社会各界意见，也可以根据有关规定举行听证会。

起草司（部）或者起草小组根据征求意见和专家论证的情况，对规章征求意见稿进行修改，形成规章送审稿。不能取得一致意见的，应当在规章送审稿报送条法司时，将不同意见一并提出并说明情况和理由。

规章送审稿应当按照年度计划，在提交局长会议或者办公会议审议前三十日正式报送条法司（附电子文档）。

第十二条 对规章送审稿的审查

条法司对符合规定的规章送审稿应当及时审查。必要时应当听取有关司（部）的意见，对于涉及国务院其他部委业务的规定，还应当听取有关部委的意见。必要时条法司可以根据有关规定向社会公布送审稿或者举行听证会征求社会各界的意见。

送审稿有下列情况之一的，由条法司商起草司（部）修改：

（一）内容与法律、行政法规、规章相抵触的；

（二）不符合本规定第九条、第十条关于内容或者形式的规定的；

（三）不符合本规定第十一条关于程序的规定的；

（四）意见分歧大，需要作较大调整的；

（五）条文内容不明确，或适用性、可操作性差的。

条法司审查通过后，形成报局长会议或者局办公会议审议的草案。

第十三条[1] 规章的审议和批准

规章草案有下列情形之一的，应当经局长会议或者局办公会议审议：

（一）涉及专利审批或者知识产权管理方面的重大问题的；

（二）属于根据法律、行政法规的授权性规定或者国务院的授权制定的。

局长会议或者局办公会议审议规章草案时，由负责起草工作的司（部）负责人或者条法司负责人在会议上作起草说明。

经局长会议或者局办公会议第一次审议未通过的规章草案，经负责起草工作的司（部）论证、修改后，再次提交局长会议或者局办公会议审定。经局长会议或者局办公会议第二次审议仍未通过的规章草案，应当依照本规定第二章的规定重报年度计划。

内容简单的规章，局长或主管副局长认为合适的，可以经由局长或主管副局长批准或传批。

---

[1] 编者注：第十三条第四款根据国家知识产权局令第五十九号《国家知识产权局关于修改和废止部分规章和规范性文件的决定》删除。

第四章 规章的发布和备案

第十四条 规章的发布

规章草案通过或者批准后，由条法司起草国家知识产权局局长令，报局长签署，颁布规章。

国家知识产权局长令包括序号、规章名称、通过形式和日期、生效日期和签署人等内容。

对仅涉及部分内容修改的规章，可采取仅对修改部分予以发布的形式。

规章标准文本的公告应当在国家知识产权局公报或者国务院公报上刊登，并应当在中国知识产权报和国家知识产权局政府网站上刊登。

第十五条 规章的备案

自国家知识产权局局长令发布之日起三十日内，条法司应当将规章报国务院备案。条法司并应当于每年一月底以前将上年度所发布的规章目录报国务院法制办公室备查。

第五章 规章的解释

第十六条 规章的解释

对涉及规章具体应用问题的请示，以及授权国家知识产权局解释的行政法规，由条法司负责组织对其答复或者解释的起草工作。答复或者解释的内容需要与其它司（部）或国务院其他部委协商的，由条法司会同有关部门商定答复意见。答复请示和对行政法规的解释应以书面形式进行，经局长或主管副局长审定后发布。发布的答复或解释应当抄报各有关部委或部门。

凡规章已明确规定的内容，不予解释。

第六章　规章的修改、废止和编纂

第十七条　规章的修改

规章的修改包括修订和修正。

对规章进行全面的修改，应当采取修订的形式。

规章有下列情况之一需要修改的，应当采取修正的形式：

（一）基于政策或事实的需要，有必要增减内容的；

（二）因有关法律、行政法规的修正或者废止而应作相应修改的；

（三）规定的主管机关或者执行机关发生变更的；

（四）同一事项在二个以上规章中有规定并且规定不相一致的；

（五）其他需要修改的情形。

规章修改的程序，参照本规定第三章、第四章的规定办理。

第十八条　规章的废止

规章有下列情况之一的，应予废止：

（一）规定的事项已执行完毕，或者因情势变迁，无继续施行必要的；

（二）因有关法律、行政法规的废止或者修改，失去立法依据的；

（三）同一事项已被新规章规定，并发布施行的；

（四）规章规定的施行期限届满的。

第十九条　修改或废止的决定

规章的修改或者废止，应当经局长会议或者局办公会议通过，由局长签署局长令予以发布。但因第十八条第三项和第四项废止的规章除外。

依前款程序废止的规章，自废止令发布之日起失效。

第二十条 规章的编纂和汇编

条法司负责国家知识产权局有关法律、行政法规和规章的编纂、汇编工作。

第七章 附 则

第二十一条 公告

各司（部）需要对外发布与申请和审批专利的程序有关的具体事项的通告的，由国家知识产权局办公室予以登记和编号。上述通告以国家知识产权局《公告》的形式发布。

《公告》的备案、编纂和汇编适用本规定的规定。

第二十二条 施行日期

本规定自发布之日起施行。

国家知识产权局局长令

（第二十二号）

根据国务院《规章制定程序条例》（国务院第322号令）和《国家知识产权局规章制定程序的规定》（国家知识产权局局长令第二十一号）的规定，我局对现有局长令、公告以及其他具有约束力的规范性文件进行了清理，决定废止下列局长令、公告和其他规范性文件。现将目录予以公布。

局长　王景川

二〇〇二年四月二十七日

废止的局长令、公告和其他规范性文件

一、废止的局长令

国家知识产权局局长令第九号

二、废止的公告

1. 中华人民共和国专利局公告 第五号
2. 中华人民共和国专利局公告 第六号
3. 中华人民共和国专利局公告 第十九号
4. 中华人民共和国专利局公告 第二十号
5. 中华人民共和国专利局公告 第二十二号
6. 中华人民共和国专利局公告 第二十四号
7. 中华人民共和国专利局公告 第二十六号
8. 中华人民共和国专利局公告 第三十号
9. 中华人民共和国专利局公告 第三十一号
10. 中华人民共和国专利局公告 第三十三号
11. 中华人民共和国专利局公告 第三十四号
12. 中华人民共和国专利局公告 第三十六号
13. 中华人民共和国专利局公告 第四十一号
14. 中华人民共和国专利局公告 第四十三号
15. 中华人民共和国专利局公告 第四十八号
16. 中华人民共和国专利局公告 第五十四号
17. 国家知识产权局公告 第六十二号
18. 国家知识产权局公告 第六十六号

三、废止的规范性文件

1.《关于代理机构备案的通知》（1985 年 4 月 19 日）

2.《关于〈专利代理暂行规定〉若干问题的解释》（1986 年 6 月 14 日）

3.《关于涉外代理工作中几个问题的说明》（1987 年 11 月 16 日）

4. 中国专利局关于印发《专利管理机关处理专利纠纷办法》的通知（1989 年 12 月 4 日）

5.《关于处理微生物菌种保藏问题的通知》（1990 年 6 月 6 日）

6.《〈关于处理微生物菌种保藏问题的通知〉的执行办法》（1990 年 7 月 14 日）

7. 中国专利局关于印发《执行中国专利局（43 号）公告中著录事项变更收取手续费的规定》的通知（1995 年 8 月 28 日）

国家知识产权局令

（第二十四号）

《国家知识产权局行政复议规程》经国家知识产权局办公会议审议通过，现予发布，自 2002 年 9 月 1 日起施行。1995 年 1 月 10 日发布的《中华人民共和国专利局行政复议规程》同时废止。

局长　王景川

二〇〇二年七月二十五日

国家知识产权局行政复议规程

第一章　总　　则

第一条　为了防止和纠正违法或者不当的具体行政行为，保护公民、法人和其他组织的合法权益，保障和监督中华人民共和国国家知识产权局（以下简称国家知识产权局）依法行使职权，根据《中华人民共和国行政复议法》，制定本规程。

第二条　公民、法人和其他组织，认为国家知识产权局的具体行政行为侵犯其合法权益的，可以依照本规程向国家知识产权局申请复议。

国家知识产权局受理复议申请、审理复议案件、作出复议决定，适用本规程。

第三条　国家知识产权局法律事务处（以下简称法律事务处）负责行政复议的具体工作，履行下列职责：

（一）受理行政复议申请；

（二）向有关部门及人员调查取证，调阅有关文档和资料；

（三）审查具体行政行为是否合法与适当；

（四）拟订、制作和发送复议法律文书；

（五）办理因不服行政复议决定提起行政诉讼的应诉事项。

第四条　国家知识产权局审理行政复议案件不适用调解。

第二章　申请复议的范围

第五条　有下列情形之一的，可以申请复议：

（一）专利申请人对不予受理其申请不服的；

（二）专利申请人对申请日的确定有争议的；

（三）专利申请人对视为未要求优先权不服的；

（四）专利申请人对其专利申请按保密专利申请处理或者不按保密专利申请处理不服的；

（五）专利申请人对专利申请视为撤回不服的；

（六）专利申请人对视为放弃取得专利权的权利不服的；

（七）专利权人对专利权终止不服的；

（八）专利申请人、专利权人因耽误有关期限导致其权利丧失，请求恢复权利而不予恢复的；

（九）专利权人对给予实施强制许可的决定不服的；

（十）强制许可请求人对终止实施强制许可的决定不服的；

（十一）国际申请的申请人对国家知识产权局根据专利法实施细则第一百零二条终止其国际专利申请不服的；

（十二）国际申请的申请人对国家知识产权局根据专利法实施细则第一百一十五条所作复查决定不服的；

（十三）布图设计登记申请人对不予受理布图设计申请不服的；

（十四）布图设计登记申请人对布图设计申请视为撤回不服的；

（十五）布图设计登记申请人、布图设计权利人因耽误有关期限造成权利丧失，请求恢复权利而不予恢复的；

（十六）布图设计权利人对非自愿许可决定不服的；

（十七）布图设计权利人、被控侵权人对侵犯布图设计专有权所作行政处罚不服的；

（十八）专利代理机构对撤销其机构的处罚不服的；

（十九）专利代理人对吊销其《专利代理人资格证书》的处罚不服的；

（二十）公民、法人和其他组织认为国家知识产权局作出的其他具体行政行为侵犯其合法权益的。

第六条 对下列情形之一，不能申请行政复议：

（一）专利申请人对驳回专利申请的决定不服的；

（二）专利申请人对复审决定不服的；

（三）专利权人和无效宣告请求人对专利复审委员会就无效宣告请求所作决定不服的；

（四）专利权人或实施强制许可的被许可人对实施强制许可使用费的裁决不服的；

（五）国际申请的申请人对国家知识产权局作为国际申请的受理单位、国际检索单位和国际初步审查单位所作决定不服的；

（六）布图设计登记申请人对驳回登记申请的决定不服的；

（七）布图设计登记申请人对复审决定不服的；

（八）布图设计权利人对撤销布图设计登记的决定不服的；

（九）布图设计权利人、非自愿许可取得人对非自愿许可报酬的裁决不服的；

（十）布图设计权利人、被控侵权人对布图设计专有权侵权纠纷处理决定不服的。

第三章 复议参加人

第七条 依照本规程申请复议的公民、法人和其他组织是复议申请人。

在具体行政行为作出时，其权利或者利益受到损害的其他利害关系人可以申请复议，也可以作为第三人参加复议。

国家知识产权局是复议程序中的被申请人。

第八条 对涉及共有权利的具体行政行为不服申请复议的，应当由共有人共同提出复议申请。

第九条 复议申请人、第三人可以委托代理人代为参加复议。

第四章 申请与受理

第十条 公民、法人和其他组织认为国家知识产权局的具体行政行为侵犯其合法权益的，可以自知道该具体行政行为之日起60日内提出行政复议申请。

因不可抗力或者其他正当理由耽误前款所述期限的，该期限自障碍消除之日起继续计算。

第十一条 有权申请复议的人向人民法院提起行政诉讼，人民法院已经立案的，不得向国家知识产权局申请复议。

国家知识产权局受理复议申请后，发现当事人在受理复议申请前向人民法院提起行政诉讼并且人民法院已经立案的，驳回复议申请。

向国家知识产权局申请复议，申请已经受理的，在法定复议期限内不得向人民法院提起行政诉讼。

第十二条 申请复议应当符合下列条件：

（一）申请人是认为国家知识产权局的具体行政行为侵犯其合法权益的专利申请人、专利权人、布图设计登记申请人、布图设计权利人及其他利害关系人；

（二）有具体的复议请求和必要的证据；

（三）属于申请复议的范围；

（四）在规定的申请复议期限内。

第十三条 申请复议应提交复议申请书一式两份，并附具必要的证据材料。国家知识产权局以书面形式作出具体行政行为的，应附具该文书或者其复印件。

委托代理人的，应附具授权委托书。

第十四条 复议申请书应当载明下列内容：

（一）申请人的姓名、名称、通信地址；

（二）具体的复议请求和理由；

（三）复议申请人的签名或印章。

第十五条 复议申请书可以使用国家知识产权局制作的标准复议申请表格。

复议申请书可以手写或者打印。

第十六条 复议申请书应当向法律事务处邮寄或者递交，以邮戳日或者递交日为复议申请日。

第十七条 法律事务处收到复议申请书之日起5日内，对复议申请分别作如下处理：

（一）复议申请符合本规程规定的，予以受理，并向复议申请人发送受理通知书；

（二）复议申请不符合本规程规定的，决定不予受理并书面告知理由；

（三）复议申请书不符合本规程第十三条、第十四条规定的，通知申请人在指定期限内补正；逾期不补正的，视为未提出复议申请。

第五章 审理与决定

第十八条 行政复议采取书面方式审理。在审理的过程中，法律事务处可以向有关部门和人员调查情况，也可应请求听取复议申请人或者第三人的口头意见。

第十九条 法律事务处应当自受理复议申请之日起7日内将复议申请书副本转交有关部门。该部门应当在收到复议申请书副本之日起10日内提出维持、撤销或者变更原具体行政行为的书面答复意见，并提交当初作出具体行政行为的证据、依据和其他有关材料。逾期不提出答复意见的，不影响复议决定的作出。

复议申请人、第三人可以查阅前款所述书面答复意见以及作出具体行政行为所依据的证据、依据和其他有关材料，但涉及保密的内容除外。

第二十条 复议决定作出之前，复议申请人可以撤回复议申请。撤回复议申请的，复议程序终止。

第二十一条 复议期间具体行政行为原则上不停止执行。法律事务处认为需要停止执行的，应当向有关部门发出停止执行通知书，并通知复议申请人及第三人。

第二十二条 法律事务处审理复议案件，以法律、行政法规、部门规章为依据。

第二十三条 对被申请复议的具体行政行为进行审查后，按照下列规定作出复议决定：

（一）具体行政行为适用法律、法规、规章正确，事实清楚，符合法定权限和程序的，决定维持；

（二）具体行政行为有程序上不足的，决定有关部门进行补正；

（三）有关部门不履行法律、法规、规章规定的职责的，决定其在一定期限内履行；

（四）具体行政行为有下列情形之一的，决定撤销、变更该具体行政行为，并可以决定有关部门重新作出具体行政行为。该具体行政行为不能撤销的，应当确认该具体行政行为违法：

1．主要事实不清、证据不足的；

2．适用法律、法规、规章错误的；

3．违反法定程序的；

4．超越或者滥用职权的；

5．具体行政行为明显不当的；

6．出现相反证据，撤销或者变更原具体行政行为更为合理的。

撤销或者变更原具体行政行为的复议决定作出后，法律事务处在必要时可以向有关部门提出后续程序的书面建议。

第二十四条 复议申请人可以在提出复议申请时一并提出行政赔偿请求，法律事务处应依据国家赔偿法的规定对该赔偿请求进行审理，经规定的审批程序后，在复议决定中一并对赔偿请求作出决定。

第二十五条 行政复议决定应当自受理复议申请之日起60日内作出，但情况复杂不能在规定期限内作出的，经规定的审批程序后可以延长期限，并通知复议申请人和第三人。延长的期限最多不得超过30日。

第二十六条 行政复议决定以国家知识产权局的名义作出。复议决定书应当加盖国家知识产权局行政复议专用章。

第六章 期间与送达

第二十七条 期间开始之日不计算在期间内。期间届满的最后一日是节假日的，以节假日后的第一日为期间届满的日期。本规程中有关"5日"、"7日"、"10日"的规定是指工作日，不含节假日。

第二十八条 复议决定书直接送达的，复议申请人在送达回证上的签收日期为送达日期。复议决定书邮寄送达的，自交付邮寄之日起满15日视为送达。

复议决定书一经送达，即发生法律效力。

第二十九条 复议申请人或者第三人委托代理人的，复议决定书除送交代理人外，还应按国内的通讯地址送交复议申请人和第三人。

第七章　附　　则

第三十条　外国人、外国企业或者外国其他组织向国家知识产权局申请行政复议，适用本规程。

第三十一条　行政复议不收取费用。

第三十二条　本规程自 2002 年 9 月 1 日起施行。

国家知识产权局令

（第二十五号）

为了规范专利代理执业行为，维护专利代理行业的正常秩序，特制定《专利代理惩戒规则（试行）》，现予以发布。本规则自2003年1月1日起施行。

局长　王景川
二〇〇二年十二月十二日

专利代理惩戒规则（试行）

第一条 为了加强对专利代理机构和专利代理人的执业监督，规范专利代理执业行为，维护专利代理行业的正常秩序，根据《中华人民共和国专利法》和《专利代理条例》制定本规则。

第二条 专利代理机构、专利代理人执业应当遵守法律、法规和规章的规定，恪守专利代理职业道德和执业纪律。

专利代理机构和专利代理人执业应当接受国家、社会和当事人的监督。

第三条 专利代理机构或者专利代理人违反有关法律、法规和规章规定的，由专利行政部门按照本规则给予惩戒。

国家知识产权局和各省、自治区、直辖市知识产权局分别设立专利代理惩戒委员会，具体实施本规则。

第四条 对专利代理机构的惩戒分为：

（一）警告；

（二）通报批评；

（三）停止承接新代理业务 3 至 6 个月；

（四）撤销专利代理机构。

第五条 对专利代理人的惩戒分为：

（一）警告；

（二）通报批评；

（三）收回专利代理人执业证书；

（四）吊销专利代理人资格。

第六条 专利代理机构有下列情形之一的，应当责令其改正，并给予本规则第四条规定的惩戒：

（一）申请设立时隐瞒真实情况，弄虚作假的；

（二）擅自改变主要登记事项的；

（三）擅自设立分支机构的；

（四）年检逾期又不主动补报的；

（五）以不正当手段招揽业务的；

（六）接受委托后，无正当理由拒绝进行代理的；

（七）就同一专利申请或者专利案件接受有利害关系的其他委托人的委托的；

（八）因过错给当事人造成重大损失的；

（九）从事其他违法业务活动或者违反国务院有关规定的。

第七条 专利代理人有下列情形之一的，应当责令其改正，并给予本规则第五条规定的惩戒：

（一）同时在两个以上专利代理机构执业的；

（二）诋毁其他专利代理人、专利代理机构的，或者以不正当方式损害其利益的；

（三）私自接受委托、私自向委托人收取费用、收受委托人财物、利用提供专利代理服务的便利牟取当事人争议的权益、或者接受对方当事人财物的；

（四）妨碍、阻扰对方当事人合法取得证据的；

（五）干扰专利审查工作或者专利行政执法工作的正常进行的；

（六）专利行政部门的工作人员退休、离职后从事专利代理业务，对本人审查、处理过的专利申请案件或专利案件进行代理的；

（七）泄露委托人的商业秘密或者个人隐私的；

（八）因过错给当事人造成重大损失的；

（九）从事其他违法业务活动的。

第八条 有下列情形之一的，应当给予直接责任人本规则第五条第（三）项或者第（四）项规定的惩戒，可以同时给予其所在专利代理机构本规则第四条第（三）项或者第（四）项规定的惩戒：

（一）违反专利法第十九条的规定，泄露委托人发明创造的内容的；

（二）剽窃委托人的发明创造的；

（三）向专利行政部门的工作人员行贿的，或者指使、诱导当事人行贿的；

（四）提供虚假证据、隐瞒重要事实的，或者指使、引诱他人提供虚假证据、隐瞒重要事实的；

（五）受刑事处罚的（过失犯罪除外）；

（六）从事其他违法业务活动后果严重的。

第九条 具有专利代理人资格、但没有取得专利代理人执业证书的人员为牟取经济利益而接受专利代理委托，从事专利代理业务的，应当责令其停止非法执业活动，并记录在案。有本规则第七条、第八条所列行为的，应当给予警告、通报批评、吊销专利代理人资格的惩戒。

第十条 按本规则应当给予惩戒，但有下列情形之一的，可以从轻处分：

（一）主动承认错误并承担责任的；

（二）及时采取有效措施，防止不良后果发生或者减轻不良后果的。

按本规则应当给予惩戒，但有下列情形之一的，可以从重处分：

（一）对检举人、证人打击报复的；

（二）案发后订立攻守同盟或者隐匿、销毁证据，阻挠调查的。

第十一条 国家知识产权局专利代理惩戒委员会由国家知识产权局、中华全国专利代理人协会的人员和专利代理人的代表组成。

省、自治区、直辖市专利代理惩戒委员会由省、自治区、直辖市知识产权局的人员和专利代理人的代表组成。

专利代理惩戒委员会委员的任期为三年。

第十二条 专利代理惩戒委员会委员有下列情形之一的，应当自行回避；当事人也有权申请他们回避：

（一）是案件当事人或者当事人近亲属的；

（二）与案件的处理结果有利害关系的；

（三）与案件当事人有其他关系，可能影响处理结果公正的。

第十三条 对专利代理机构和专利代理人违反法律、法规和规章规定的行为，任何单位或者个人都有权向该专利代理机构所在地的省、自治区、直辖市专利代理惩戒委员会投诉。必要时，国家知识产权局专利代理惩戒委员会和省、自治区、直辖市专利代理惩戒委员会也可以依职权主动立案。

第十四条 专利代理惩戒委员会应当在受理投诉之日或者主动立案之日起的 3 个月内做出决定。

省、自治区、直辖市专利代理惩戒委员会认为需要吊销专利代理人资格、撤销专利代理机构的，应当将其调查结果和惩戒理由上报国家知识产权局专利代理惩戒委员会。国家知识产权局专利代理惩戒委员会应当在收到上报材料之日起的 2 个月内做出决定。

第十五条 专利代理惩戒委员会表决通过惩戒决定前，应当允许当事人进行陈述或者申辩，并对当事人提出的事实、证据和理由进行调查核实。

第十六条 专利代理惩戒委员会表决通过惩戒决定后，应当制作惩戒决定书，记载以下事项：

（一）被惩戒的专利代理机构或者专利代理人的名称、姓名和地址；

（二）事由及调查核实的结果；

（三）专利代理惩戒委员会的决定；

（四）决定日期。

第十七条 专利代理惩戒委员会做出的惩戒决定应当经同级知

识产权局批准，并以该局的名义发出。

惩戒决定书应当在批准之日起的 10 日内送达被惩戒的专利代理机构或者专利代理人。

第十八条 专利代理惩戒委员会的委员和工作人员在正式送达惩戒决定书之前负有保密责任。

第十九条 对专利代理惩戒委员会的惩戒决定不服的，可以在收到惩戒决定书之日起的 2 个月内依法申请复议，也可以直接向人民法院提起行政诉讼。

第二十条 省、自治区、直辖市专利代理惩戒委员会应当在其惩戒决定生效之日起的 10 日内向国家知识产权局专利代理惩戒委员会备案。

惩戒决定生效后，除给予警告的以外，由做出惩戒决定的专利代理惩戒委员会在政府网站或者新闻媒体上予以公布。

第二十一条 专利代理惩戒委员会的具体工作章程和惩戒决定书表格由国家知识产权局统一制定。

第二十二条 本规则由国家知识产权局负责解释。

第二十三条 本规则自 2003 年 1 月 1 日起施行。

国家知识产权局令

（第二十九号）

根据《中华人民共和国专利法》、《中华人民共和国专利法实施细则》的有关规定，特制定《专利标记和专利号标注方式的规定》，现予以公布。该规定自 2003 年 7 月 1 日起施行。

局长　王景川

二〇〇三年五月三十日

专利标记和专利号标注方式的规定

第一条 为了规范专利标记和专利号的标注方式，维护正常的市场经济秩序，根据专利法第十五条和专利法实施细则第八十三条的规定，制定本规定。

第二条 标注专利标记和专利号的，均应当按照本规定予以标注。

第三条 在授予专利权之后的专利权有效期内，专利权人或者经专利权人同意享有专利号、专利标记标注权的专利实施许可合同的被许可人可以在其专利产品、依照专利方法直接获得的产品或者该产品的包装上标注专利标记和专利号。

第四条 标注专利标记和专利号的，应当标明下述内容：

（一）采用中文标注专利权的类别，例如中国发明专利、中国实用新型专利、中国外观设计专利；

（二）国家知识产权局授予专利权的专利号，其中“ZL”表示“专利”，第一、二位数字表示提交专利申请的年代，第三位数字表示专利类别，第四位以后为流水号和计算机校验位。

除上述内容之外，标注者可以附加其他文字、图形标记，但附加的文字、图形标记及其标注方式不得误导公众。

第五条 在依照专利方法直接获得的产品或者该产品的包装上标明专利标记和专利号的，应当采用中文注明该产品系依照专利方法所获得的产品。

第六条 各地人民政府管理专利工作的部门负责在本行政区域内对标注专利标记和专利号的行为进行监督管理。

第七条 专利标记或者专利号的标注不符合本规定的，管理专利工作的部门可以要求其限期改正。

专利标记或者专利号标注不当，构成冒充专利行为的，由管理专利工作的部门依照专利法第五十九条的规定进行处罚。

第八条 本规定由国家知识产权局负责解释。

第九条 本规定自 2003 年 7 月 1 日起施行。

国家知识产权局令

（第三十号）

为了规范对专利代理行业的管理和监督，制定《专利代理管理办法》，现予以发布，自2003年7月15日起施行。

国家知识产权局令第二十三号公布的《设立专利代理机构审批办法（暂行）》同日废止。

局长　王景川

二〇〇三年六月六日

专利代理管理办法

第一章　总　　则

第一条　为了完善专利代理制度，维护专利代理行业的正常秩序，保障专利代理机构和专利代理人依法执业，根据《专利法》和《专利代理条例》以及国务院的有关规定，制定本办法。

第二条　国家知识产权局和各省、自治区、直辖市知识产权局依照《专利法》、《专利代理条例》和本办法对专利代理机构、专利代理人进行管理和监督。

中华全国专利代理人协会依照《专利法》、《专利代理条例》和本办法对专利代理机构和专利代理人的执业规范和行业自律进行监督。

第二章　专利代理机构及其办事机构的设立、变更、停业和撤销

第三条　专利代理机构的组织形式为合伙制专利代理机构或者有限责任制专利代理机构。

合伙制专利代理机构应当由 3 名以上合伙人共同出资发起，有限责任制专利代理机构应当由 5 名以上股东共同出资发起。

合伙制专利代理机构的合伙人对该专利代理机构的债务承担无限连带责任；有限责任制专利代理机构以该机构的全部资产对其债务承担责任。

第四条 设立专利代理机构应当符合下列条件：

（一）具有符合本办法第七条规定的机构名称；

（二）具有合伙协议书或者章程；

（三）具有符合本办法第五条、第六条规定的合伙人或者股东；

（四）具有必要的资金。设立合伙制专利代理机构的，应当具有不低于 5 万元人民币的资金；设立有限责任制专利代理机构的，应当具有不低于 10 万元人民币的资金；

（五）具有固定的办公场所和必要的工作设施。

律师事务所申请开办专利代理业务的，在该律师事务所执业的专职律师中应当有 3 名以上具有专利代理人资格。

第五条 专利代理机构的合伙人或者股东应当符合下列条件：

（一）具有专利代理人资格；

（二）具有 2 年以上在专利代理机构执业的经历；

（三）能够专职从事专利代理业务；

（四）申请设立专利代理机构时的年龄不超过 65 周岁；

（五）品行良好。

第六条 有下列情形之一的，不得作为专利代理机构的合伙人或股东：

（一）不具有完全民事行为能力的；

（二）在国家机关或企、事业单位工作，尚未正式办理辞职、解聘或离休、退休手续的；

（三）作为另一专利代理机构的合伙人或者股东不满 2 年的；

（四）受到《专利代理惩戒规则（试行）》第五条规定的通报批评或者收回专利代理人执业证的惩戒不满 3 年的；

（五）受刑事处罚的（过失犯罪除外）。

第七条 专利代理机构只能享有和使用一个名称。

专利代理机构的名称应当由该机构所在城市名称、字号、“专利代理事务所”、“专利代理有限公司”或者“知识产权代理事务所”、“知识产权代理有限公司”组成。其字号不得在全国范围内与正在使用或者已经使用过的专利代理机构的字号相同或者相近似。

律师事务所开办专利代理业务的，可以使用该律师事务所的名称。

第八条 设立专利代理机构应当提交下列申请材料：

（一）设立专利代理机构申请表；

（二）专利代理机构的合伙协议书或者章程；

（三）验资证明；

（四）专利代理人资格证和身份证的复印件；

（五）人员简历及人事档案存放证明和离退休证件复印件；

（六）办公场所和工作设施的证明；

（七）其他必要的证明材料。

律师事务所申请开办专利代理业务的，应当提交下列申请材料：

（一）开办专利代理业务申请表；

（二）主管该律师事务所的司法行政机关出具的同意其开办专利代理业务的函件；

（三）律师事务所合伙协议书或者章程；

（四）律师事务所执业许可证复印件和资金证明；

（五）专利代理人的律师执业证、专利代理人资格证和身份证的复印件；

（六）办公场所和工作设施的证明；

（七）其他必要的证明材料。

上述证明材料应当是在申请设立专利代理机构或开办专利代理业务之前的6个月内出具的证明材料。

第九条 设立专利代理机构的审批程序如下：

（一）申请设立专利代理机构的，应当向其所在地的省、自治区、直辖市知识产权局提出申请。经审查，省、自治区、直辖市知识产权局认为符合本办法规定条件的，应当自收到申请之日起 30 日内上报国家知识产权局批准；认为不符合本办法规定条件的，应当自收到申请之日起 30 日内书面通知申请人。

（二）国家知识产权局对符合本办法规定条件的申请，应当自收到上报材料之日起 30 日内作出批准决定，通知上报的省、自治区、直辖市知识产权局，并向新设立的机构颁发专利代理机构注册证和机构代码；对不符合本办法规定条件的申请，应当自收到上报材料之日起 30 日内通知上报的省、自治区、直辖市知识产权局重新进行审查。

律师事务所申请开办专利代理业务的，参照上述规定进行审批。

第十条 专利代理机构变更名称、地址、章程、合伙人或者股东等注册事项的，应当向国家知识产权局申请，同时报所在省、自治区、直辖市知识产权局。变更经国家知识产权局批准后生效。

第十一条 专利代理机构停业或者撤销的，应当在妥善处理各种尚未办结的事项后，向其所在地的省、自治区、直辖市的知识产权局申请。经审查同意的，应当将专利代理机构注册证及标识牌交回省、自治区、直辖市知识产权局，并向国家知识产权局办理停业或撤销手续。

第十二条 专利代理机构在本省内设立办事机构的，应当向所在地的省、自治区、直辖市知识产权局申请。经批准的，由省、自治区、直辖市知识产权局报国家知识产权局备案。

专利代理机构跨省设立办事机构的，应当在获得其所在地的省、自治区、直辖市知识产权局同意后，向办事机构所在地的省、自治区、直辖市知识产权局申请。经批准的，由办事机构所在地的省、自治区、直辖市知识产权局报国家知识产权局备案。

第十三条 申请设立办事机构的专利代理机构应当符合下列条件：

（一）设立时间满 2 年以上；

（二）具有 10 名以上专利代理人；

（三）通过上一年度年检。

第十四条 专利代理机构的办事机构应当符合下列条件：

（一）具有 2 名以上由专利代理机构派驻或者聘用的专职专利代理人；

（二）具有固定的办公场所和必要的资金；

（三）办事机构的名称由专利代理机构全名称、办事机构所在城市名称和“办事处”组成。

第十五条 各省、自治区、直辖市知识产权局可以附加规定专利代理机构在其行政区域内设立办事机构的其他条件和程序，并将有关规定报国家知识产权局备案。

第十六条 专利代理机构的办事机构不得以其单独名义办理专利代理业务，其人事、财务、业务等由其所属专利代理机构统一管理。专利代理机构应当对其办事机构的业务活动承担民事责任。

专利代理机构跨省设立办事机构的，其办事机构应当接受办事机构所在地的省、自治区、直辖市知识产权局的指导和监督。

第十七条 办事机构停业或者撤销的，应当在妥善处理各种尚未办结的事项后，向办事机构所在地的省、自治区、直辖市知识产权局申请。经批准的，由该知识产权局报国家知识产权局备案，同时抄报专利代理机构所在地的省、自治区、直辖市知识产权局。

专利代理机构停业或者撤销的，其办事机构应当同时终止。

第三章 专利代理人的执业

第十八条 专利代理人执业应当接受批准设立的专利代理机构的聘请任用，并持有专利代理人执业证。

第十九条 专利代理机构聘用专利代理人应当按照自愿和协商

一致的原则与受聘的专利代理人订立聘用协议。订立聘用协议的双方应当遵守并履行协议。

第二十条 颁发专利代理人执业证应当符合下列条件：

（一）具有专利代理人资格；

（二）能够专职从事专利代理业务；

（三）不具有专利代理或专利审查经历的人员在专利代理机构中连续实习满1年，并参加上岗培训；

（四）由专利代理机构聘用；

（五）颁发时的年龄不超过70周岁；

（六）品行良好。

第二十一条 有下列情形之一的，不予颁发专利代理人执业证：

（一）不具有完全民事行为能力的；

（二）申请前在另一专利代理机构执业，尚未被该专利代理机构解聘并未办理专利代理人执业证注销手续的；

（三）领取专利代理执业证后不满1年又转换专利代理机构的；

（四）受到《专利代理惩戒规则（试行）》第五条规定的收回专利代理人执业证的惩戒不满3年的；

（五）受刑事处罚的（过失犯罪除外）。

第二十二条 申请颁发专利代理人执业证应当提交下列材料：

（一）专利代理人执业证申请表；

（二）专利代理人资格证和身份证的复印件；

（三）人事档案存放证明或者离、退休证件复印件；

（四）专利代理机构出具的聘用协议；

（五）申请前在另一专利代理机构执业的，应提交该专利代理机构的解聘证明；

（六）首次申请颁发专利代理执业证的，应提交其实习所在专利代理机构出具的实习证明和参加上岗培训的证明。

第二十三条[1] 国家知识产权局委托中华全国专利代理人协会负责颁发、变更以及注销专利代理人执业证的具体事宜。

第二十四条 经审核，中华全国专利代理人协会认为专利代理人执业证的颁发申请符合本办法规定条件的，应当在收到申请之日起的15日内颁发专利代理人执业证；认为不符合条件的，应当在收到申请之日起的15日内书面通知申请人。

第二十五条 专利代理机构辞退专利代理人的，应当提前30日通知该专利代理人；专利代理人辞职的，应当提前30日通知其所在的专利代理机构。

专利代理机构与专利代理人解除聘用关系的，应当由专利代理机构收回其专利代理人执业证，出具解聘证明，并在出具解聘证明之日起的10日内向中华全国专利代理人协会办理专利代理人执业证注销手续。

第二十六条 专利代理机构停业或者撤销的，应当在获得省、自治区、直辖市知识产权局审查同意之日起的10日内，收回其全部专利代理人执业证并向中华全国专利代理人协会办理专利代理人执业证注销手续。

第二十七条 中华全国专利代理人协会应当在颁发、变更或者注销专利代理人执业证之日起的5日内向国家知识产权局备案并上报有关材料，同时抄报专利代理机构所在省、自治区、直辖市知识产权局。

第二十八条 未持有专利代理人执业证的人员不得以专利代理人的名义，为牟取经济利益从事专利代理业务。

第二十九条 专利代理人承办专利代理业务应当以所在专利代

---

[1] 编者注：本条被国家知识产权局令第六十一号修改，修改后的本条内容为：第二十三条 中华全国专利代理人协会负责颁发、变更以及注销专利代理人执业证的具体事宜，国家知识产权局依法进行监督和指导。

理机构的名义接受委托，与委托人订立书面委托合同，统一收取费用并如实入账。专利代理人不得私自接受委托，办理专利代理业务并收取费用。

第四章　专利代理机构及专利代理人的年检

第三十条　国家知识产权局负责组织、指导专利代理机构和专利代理人的年检，委托各省、自治区、直辖市知识产权局以及国防专利局具体实施专利代理机构和专利代理人的年检。

凡经批准设立的专利代理机构以及开办专利代理业务的律师事务所均应当参加年检。专利代理机构的办事机构应当随其专利代理机构参加年检，有关材料同时抄报办事机构所在地的省、自治区、直辖市知识产权局。

中华全国专利代理人协会配合参与专利代理机构和专利代理人的年检。

第三十一条　专利代理机构和专利代理人的年检每年进行一次，时间为9月1日至10月31日。

第三十二条　专利代理机构和专利代理人的年检内容包括：

（一）专利代理机构是否符合本办法规定的设立条件；

（二）专利代理机构的合伙人或者股东是否符合本办法规定的条件；

（三）在专利代理机构中执业的专利代理人是否持有专利代理人执业证，是否按照要求参加执业培训；

（四）专利代理机构和专利代理人是否有《专利代理惩戒规则（试行）》第六条、第七条、第八条列出的违法违纪行为；

（五）专利代理机构自前次年检完毕以来的专利代理业务数量；

（六）专利代理机构的财务情况；

（七）应当予以年检的其他内容。

第三十三条 专利代理机构应当提交下列年检材料：

（一）专利代理机构和专利代理人年检登记表；

（二）专利代理机构的工作报告；

（三）专利代理机构注册证副本；

（四）专利代理人执业证；

（五）财务报表；

（六）其它需要提交的文件。

专利代理机构的工作报告应当全面反映本办法第三十二条规定的各项内容。

第三十四条 经年检发现专利代理机构和专利代理人不符合本办法规定的，省、自治区、直辖市知识产权局应当责令其在指定期限内予以改正；逾期不予改正的，给予年检不合格的结论。

经年检发现专利代理机构或者专利代理人有《专利代理惩戒规则（试行）》第六条、第七条、第八条列出的违法违纪行为的，可以提请各省、自治区、直辖市专利代理惩戒委员会给予惩戒。

第三十五条 年检合格的，由各省、自治区、直辖市知识产权局在专利代理机构的注册证以及该机构中执业的专利代理人执业证上加盖该年度年检合格的印章；年检不合格的，加盖年检不合格的印章。

未参加年检或年检不合格的专利代理机构，在下次年检合格之前不得在国家知识产权局和各地知识产权局办理新的专利代理业务。

第三十六条 各省、自治区、直辖市知识产权局应当在完成专利代理机构和专利代理人的年检之日起的10日内将年检情况总结和年检登记表报国家知识产权局备案，并将专利代理人执业证的年检结果报中华全国专利代理人协会备案。

国家知识产权局应当将专利代理机构和专利代理人的年检结果向社会公布。

第三十七条 国家知识产权局、各省、自治区、直辖市知识产权局和中华全国专利代理人协会的工作人员应当对专利代理机构年检中不予公开的内容保密。

第五章 附 则

第三十八条 本办法由国家知识产权局负责解释。

第三十九条 本办法自 2003 年 7 月 15 日起施行。

国家知识产权局令

（第三十一号）

《专利实施强制许可办法》已经局务会议审议通过，现予公布，自 2003 年 7 月 15 日起施行。

局长　王景川

二〇〇三年六月十三日

专利实施强制许可办法

第一章　总　　则

第一条　为规范实施发明专利或者实用新型专利的强制许可（以下简称强制许可）的给予、费用裁决和终止程序，根据《中华人民共和国专利法》（以下简称专利法）、《中华人民共和国专利法实施细则》（以下简称专利法实施细则）以及有关法律法规，制定本办法。

第二条　国家知识产权局负责受理和审查强制许可、强制许可使用费裁决和终止强制许可的请求并作出决定。

第三条　请求给予强制许可、请求裁决强制许可使用费和请求终止强制许可，应当使用中文以书面形式办理。

依照本办法提交的证件、证明文件是外文的，当事人应当同时提交中文译文。未按规定提交中文译文的，视为未提交该证件、证明文件。

第四条　具备实施条件的单位以合理的条件请求发明或者实用新型专利权人许可实施其专利，而未能在合理长的时间内获得这种许可的，可以根据专利法第四十八条的规定请求给予实施发明专利或者实用新型专利的强制许可。

一项取得专利权的发明或者实用新型比前已经取得专利权的发明或者实用新型具有显著经济意义的重大技术进步，其实施又有赖于前一发明或者实用新型的实施的，该专利权人可以根据专利法第五十条的规定请求给予实施前一专利的强制许可，前一专利权人也可以请求给予实施后一专利的强制许可。

在国家出现紧急状态或者非常情况时，或者为了公共利益的目的，国务院有关主管部门有权根据专利法第四十九条的规定请求给予实施发明专利或者实用新型专利的强制许可。

第五条 请求人委托专利代理机构提出强制许可请求的，应当提交委托书，写明委托权限。

请求人有两个以上且未委托专利代理机构的，除请求书中另有声明外，以请求书中指明的第一请求人为代表人。

第二章 强制许可请求的审查和决定

第六条 请求给予强制许可的，应当向国家知识产权局提交强制许可请求书，写明下列各项：

（一）请求人的姓名或者名称、地址；

（二）请求人的国籍或者其总部所在的国家；

（三）被请求强制许可的发明专利或实用新型专利的名称、专利号、申请日及授权公告日；

（四）被请求强制许可的发明专利或实用新型专利的专利权人姓名或者名称；

（五）请求给予强制许可的理由和事实；

（六）请求人委托专利代理机构的，应当注明的有关事项；请求人未委托专利代理机构的，其联系人的姓名、地址、邮政编码及联系电话；

（七）请求人的签字或者盖章；委托代理机构的，还应当有该专利代理机构的盖章；

（八）附加文件清单；

（九）其他需要注明的事项。

请求书及其附加文件应当一式两份。

第七条 强制许可请求涉及多项发明专利或者实用新型专利的，如果涉及两个或者两个以上的专利权人，应当按不同专利权人分别提交请求书。

第八条 强制许可请求有下列情形之一的，国家知识产权局不予受理，并通知请求人：

（一）被请求强制许可的发明专利或者实用新型专利的专利号不明确或者难以确定；

（二）请求文件未使用中文；

（三）明显不具备请求强制许可的理由。

第九条 请求文件不符合本办法第六条、第七条规定的，请求人应当在收到通知之日起 15 日内进行补正。期满未补正的，该请求视为未提出。

请求人应当自提出强制许可请求之日起 1 个月内缴纳强制许可请求费；逾期未缴纳或者未缴足的，该请求视为未提出。

第十条 对符合专利法、专利法实施细则及本办法规定的强制许可请求，国家知识产权局应当将请求书副本送交专利权人。专利权人应当在指定期限内陈述意见。期满未答复的，不影响国家知识产权局作出决定。

第十一条 国家知识产权局应当对请求人陈述的理由和提交的有关证明文件进行审查。需要实地核查的，国家知识产权局应当指派两名以上工作人员实地核查。

请求人陈述的理由和提交的有关证明文件不充分或不真实的，国家知识产权局在作出驳回强制许可请求的决定前应当通知请求人，给予其陈述意见的机会。

第十二条 请求人或者专利权人要求听证的，由国家知识产权局组织听证。

国家知识产权局应当在举行听证 7 日前通知请求人、专利权人和其他利害关系人。

除涉及国家秘密、商业秘密或者个人隐私外，听证公开进行。

国家知识产权局举行听证时，请求人、专利权人和其他利害关系人可以进行申辩和质证。

举行听证时应当制作听证笔录，交听证参加人员确认无误后签字或者盖章。

根据专利法第四十九条规定请求给予强制许可的，本条规定的听证程序不予适用。

第十三条 有下列情形之一的，国家知识产权局应当作出驳回强制许可请求的决定，并通知请求人：

（一）请求人不具备本办法第四条规定的主体资格；

（二）请求给予强制许可的理由不符合专利法第四十八条、第四十九条和第五十条的规定；

（三）强制许可请求涉及的发明创造是半导体技术的，其理由不符合专利法实施细则第七十二条的规定。

请求人对驳回强制许可请求的决定不服的，可以自收到通知之日起 3 个月内向人民法院起诉。

第十四条 请求人可以随时撤回其强制许可请求。请求人在国家知识产权局作出决定前撤回其请求的，强制许可请求的审查程序终止。

在国家知识产权局作出决定前，请求人与专利权人订立了专利实施许可合同的，应当及时通知国家知识产权局，并撤回其强制许可请求。

第十五条 强制许可请求经审查没有发现驳回理由的，国家知识产权局应当作出给予强制许可的决定，写明下列各项：

（一）取得实施强制许可的个人或者单位的姓名或者名称、地址；

（二）被强制许可的发明专利或实用新型专利的名称、专利号、申请日及授权公告日；

（三）给予强制许可的范围、规模和期限；

（四）决定的理由、事实和法律依据；

（五）国家知识产权局的印章及负责人签字；

（六）决定的日期；

（七）其他有关事项。

给予强制许可的决定应当及时通知请求人和专利权人。

第十六条 专利权人对给予强制许可的决定不服的，可以自收到通知之日起3个月内向人民法院起诉。

第十七条 已生效的给予强制许可的决定应当在专利登记簿上登记并在国家知识产权局专利公报、政府网站和中国知识产权报上予以公告。

第三章 强制许可使用费裁决请求的审查和裁决

第十八条 请求国家知识产权局裁决强制许可使用费的，应当符合下列条件：

（一）给予强制许可的决定已公告；

（二）请求人是专利权人或者取得实施强制许可的单位或者个人；

（三）双方经协商不能达成协议。

第十九条 请求裁决强制许可使用费的，应当提交强制许可使用费裁决请求书，写明下列各项：

（一）请求人的姓名或者名称、地址；

（二）请求人的国籍或者请求人总部所在的国家；

（三）给予强制许可的决定的文号；

（四）被请求人的姓名或者名称、地址；

（五）请求裁决强制许可使用费的理由；

（六）请求人委托专利代理机构的，应当注明的有关事项；请求人未委托专利代理机构的，其联系人的姓名、地址、邮政编码及联系电话；

（七）请求人的签字或者盖章；委托代理机构的，还应当有该专利代理机构的盖章；

（八）附加文件清单；

（九）其他需要注明的事项。

请求人应当提交请求书及其附加文件一式两份。

第二十条 强制许可使用费裁决请求有下列情形之一的，国家知识产权局不予受理，并通知请求人：

（一）所涉及的给予强制许可的决定不明确或者尚未公告；

（二）请求文件未使用中文；

（三）明显不具备请求裁决强制许可使用费的理由。

第二十一条 请求文件不符合本办法第十九条规定的，请求人应当在收到通知之日起 15 日内进行补正。期满未补正的，该请求视为未提出。

请求人应当自提出请求之日起 1 个月内缴纳强制许可使用费的裁决请求费；逾期未缴纳或者未缴足的，该请求视为未提出。

第二十二条 对符合专利法、专利法实施细则及本办法规定的强制许可使用费裁决请求，国家知识产权局应当将请求书副本送交对方当事人，对方当事人应当在指定期限内陈述意见。期满未答复的，不影响国家知识产权局作出决定。

强制许可使用费裁决过程中，当事人双方可以提交书面意见。国家知识产权局可以根据案情需要听取当事人双方的口头意见。

第二十三条 请求人可以随时撤回其裁决请求。请求人在国家知识产权局作出决定前撤回其裁决请求的，裁决程序终止。

第二十四条 国家知识产权局应当自收到请求书之日起 3 个月内作出强制许可使用费的裁决决定。

第二十五条 强制许可使用费裁决决定应当写明下列各项：

（一）取得实施强制许可的个人或者单位的姓名或者名称、地址；

（二）被强制许可的发明专利或实用新型专利的名称、专利号、申请日及授权公告日；

（三）裁决的内容及其理由；

（四）国家知识产权局的印章及负责人签字；

（五）决定的日期；

（六）其他有关事项。

强制许可使用费裁决决定应当及时通知双方当事人。

第二十六条 专利权人和取得实施强制许可的单位或者个人对强制许可使用费的裁决决定不服的，可以自收到通知之日起 3 个月内向人民法院起诉。

第四章 终止强制许可请求的审查和决定

第二十七条 给予强制许可的决定规定的强制许可期限届满时，强制许可自动终止。

强制许可自动终止的，国家知识产权局应当在专利登记簿上登记并在国家知识产权局专利公报、政府网站和中国知识产权报上予以公告。

第二十八条 给予强制许可的决定规定的强制许可期限届满前，强制许可的理由消除并不再发生的，专利权人可以请求国家知识产权局作出终止强制许可的决定。

请求终止强制许可的，应当提交终止强制许可请求书，写明下列各项：

（一）专利权人的姓名或者名称、地址；

（二）专利权人的国籍或者其总部所在的国家；

（三）被请求终止的给予强制许可的决定的文号；

（四）请求终止强制许可的理由和事实；

（五）专利权人委托专利代理机构的，应当注明的有关事项；专利权人未委托专利代理机构的，其联系人的姓名、地址、邮政编码及联系电话；

（六）专利权人的签字或者盖章；委托代理机构的，还应当有该专利代理机构的盖章；

（七）附加文件清单；

（八）其他需要注明的事项。

专利权人应当提交请求书及其附加文件一式两份。

第二十九条 终止强制许可请求有下列情形之一的，国家知识产权局不予受理，并通知请求人：

（一）请求人不是被强制许可的发明专利或者实用新型专利的权利人的；

（二）未写明请求终止的给予强制许可的决定的文号；

（三）请求文件未使用中文；

（四）明显不具备终止强制许可的理由。

第三十条 终止强制许可请求文件不符合本办法第二十八条规定的，请求人应当在收到通知之日起 15 日内进行补正。期满未补正的，该请求视为未提出。

第三十一条 对符合本办法规定的终止强制许可请求，国家知识产权局应当将请求书副本送交取得实施强制许可的单位或者个人。取得实施强制许可的单位或者个人应当在指定期限内陈述意见。期满未答复的，不影响国家知识产权局作出决定。

第三十二条 国家知识产权局应当对专利权人陈述的理由和提交的有关证明文件进行审查。需要实地核查的，国家知识产权局应当指派两名以上工作人员实地核查。

专利权人陈述的理由和提交的有关证明文件不充分或不真实

的，国家知识产权局在作出决定前应当通知专利权人，给予其陈述意见的机会。

第三十三条 经审查认为请求终止强制许可的理由不成立的，国家知识产权局应当作出驳回终止强制许可请求的决定。

专利权人对驳回终止强制许可请求的决定不服的，可以自收到通知之日起 3 个月内向人民法院起诉。

第三十四条 专利权人可以随时撤回其终止强制许可请求。专利权人在国家知识产权局作出决定前撤回其请求的，相关程序终止。

第三十五条 终止强制许可的请求经审查没有发现驳回理由的，国家知识产权局应当作出终止强制许可的决定，写明下列各项：

（一）专利权人的姓名或者名称、地址；

（二）取得实施强制许可的个人或者单位的姓名或者名称、地址；

（三）发明专利或实用新型专利的名称、专利号、申请日及授权公告日；

（四）给予强制许可的决定的文号；

（五）决定的事实和法律依据；

（六）国家知识产权局的印章及负责人签字；

（七）决定的日期；

（八）其他有关事项。

终止强制许可请求的决定应当及时通知专利权人和取得实施强制许可的单位或者个人。

第三十六条 取得实施强制许可的单位或者个人对终止强制许可的决定不服的，可以自收到通知之日起 3 个月内向人民法院起诉。

第三十七条 已生效的终止强制许可的决定应当在专利登记簿

上登记并在国家知识产权局专利公报、政府网站和中国知识产权报上予以公告。

第五章　附　　则

第三十八条　本办法由国家知识产权局负责解释。

第三十九条　本办法自 2003 年 7 月 15 日起施行。

国家知识产权局令

（第三十二号）

《专利申请号标准》（ZC 0006－2003）经 2003 年 6 月 13 日国家知识产权局局务会议审议通过，现予发布，自 2003 年 10 月 1 日起施行。

局长　王景川

二〇〇三年七月十四日

专利申请号标准

1　范围

本标准规定了专利申请号的编号规则。

本标准适用于为各种目的，特别是为法定程序和文献出版的目的，在任何地点，以任何方式使用中国专利申请号的任何单位和个人。

2　术语和定义

下列术语和定义适用于本标准。除国家法律另有明确规定外，国家知识产权局对于本标准中采用的术语和定义拥有最终解释权。

2.1　专利申请

本标准所称专利申请包括发明专利申请、实用新型专利申请和外观设计专利申请。

2.2　专利申请号

专利申请号是指国家知识产权局受理一件专利申请时给予该专利申请的一个标识号码。

2.3　校验位

校验位是指以专利申请号中使用的数字组合作为源数据经过计算得出的1位阿拉伯数字（0至9）或大写英文字母X。

3　制定原则

3.1　惟一性原则

为了使一件专利申请在受理、审查及其他与专利有关的法定程序中能够明确地区别于任何其他专利申请，本标准制定的专利申请号编号规则体现了惟一性原则。

惟一性原则具有两层含义：第一层含义是，在一件专利申请的审查程序及其他相关法定程序中，以及在由该专利申请所取得的专利权存续期间，国家知识产权局仅给予该专利申请一个专利申请号。这个专利申请号不会由于专利申请文件内容的修改、专利申请法律状态的变化以及发明人/设计人、专利申请人或专利权人的变更而发生变化。专利申请号也不会因分案而发生改变，在依据一件专利申请（母案）提出分案申请的情况下，分案申请将具有新的专利申请号，而母案申请仍然保留原专利申请号不变。第二层含义是，一个专利申请号只可能用于一件专利申请，即使在一件专利申请或由此取得的专利权灭失之后，任何其他专利申请也不再可能使用该专利申请号。

3.2　科学性原则

由于专利制度的法律保护和技术信息作用均具有广泛的社会性和长久的时间性，要求专利申请号既具有惟一性和有利于信息化管理工作的特性，又具有容易理解和记忆，方便使用的特点，因此，在制定本标准时采用了科学的编号规则，在专利申请号中包含了表示受理专利申请的公元年号、表示专利申请种类的种类号和表示专利申请相对顺序的流水号。

4　专利申请号的编号规则

4.1　专利申请号的组成结构

专利申请号用 12 位阿拉伯数字表示，包括申请年号、申请种类号和申请流水号三个部分。

按照由左向右的次序，专利申请号中的第 1—4 位数字表示受理专利申请的年号，第 5 位数字表示专利申请的种类，第 6—12 位数字（共 7 位）为申请流水号，表示受理专利申请的相对顺序。

专利申请号中使用的每一位阿拉伯数字均为十进制。

4.2　申请年号

专利申请号中的年号采用公元纪年，例如 2004 表示专利申请的受理年份为公元 2004 年。

4.3 申请种类号

专利申请号中的申请种类号用 1 位数字表示，所使用数字的含义规定如下：1 表示发明专利申请；2 表示实用新型专利申请；3 表示外观设计专利申请；8 表示进入中国国家阶段的 PCT 发明专利申请；9 表示进入中国国家阶段的 PCT 实用新型专利申请。

上述申请种类号中未包含的其他阿拉伯数字在作为种类号使用时的含义由国家知识产权局另行规定。

4.4 申请流水号

专利申请号中的申请流水号用 7 位连续数字表示，一般按照升序使用，例如从 0000001 开始，顺序递增，直至 9999999。

每一自然年度的专利申请号中的申请流水号重新编排，即从每年 1 月 1 日起，新发放的专利申请号中的申请流水号不延续上一年度所使用的申请流水号，而是从 0000001 重新开始编排。

4.5 专利申请号编号规则图示

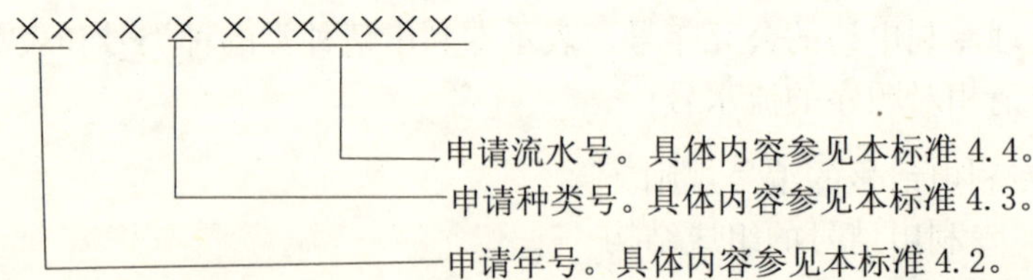

5 专利申请号的使用规则

5.1 专利申请号与校验位的联合使用

国家知识产权局在受理专利申请时给予专利申请号和校验位。校验位位于专利申请号之后，在专利申请号与校验位之间使用一个下标单字节实心圆点符号作为间隔符。除法律法规和行政规章另有规定以外，在专利法、专利法实施细则及其他相关法规规定的各种法定程序中均应将专利申请号与校验位（包括两者之间的间隔符）

联合使用。

5.2 专利申请号与中国国家代码 CN 的联合使用

可以将中国国家代码 CN 与专利申请号联合使用，以表明该专利申请是由中国国家知识产权局受理。代码 CN 应位于专利申请号之前，如果需要，可以在 CN 与专利申请号之间使用 1 位单字节空格。

5.3 专利申请号的书写及印刷格式

除法律法规、行政规章规定专利申请号（包括与校验位联合使用的情况）的所有数字必须连续书写或印刷以外，在专利申请号的年号与种类号、种类号与流水号之间可以分别使用 1 位单字节空格。

在表示年号及流水号的数字段内、流水号与间隔符之间、间隔符与校验位之间不得使用空格。

在专利申请号（包括与校验位联合使用的情况）的前后或其中不得使用 5.1、5.2 和 5.3 第 1 款规定以外的任何其他文字、数字、符号或空格作为专利申请号的组成部分。

6 专利申请号标准的管理

由国家知识产权局指定的本标准管理者依据本标准的条款内容，对专利申请号标准进行管理，并负责建立一个专利申请号标准有效运行环境。

本标准管理者的具体职责是：

——依据本标准的内容，保证专利申请号使用的惟一性；

——负责专利申请号的管理和维护；

——解释本标准的规范性术语和定义；

——提出改进建议。

7 标准的发布

本标准于 2003 年 7 月 14 日发布。

8　标准的施行

8.1　标准施行

本标准于 2003 年 10 月 1 日正式施行。

8.2　标准监督

国家知识产权局标准化委员会负责监督标准的实施。

8.3　标准改进

国家知识产权局标准化委员会对本标准管理者提出的改进建议进行评审，如有必要，可以制定新标准代替本标准。

国家知识产权局令

（第三十三号）

为完善中国知识产权行业标准体系，国家知识产权局制定了《专利文献号标准》（ZC 0007－2004），现予以发布，自 2004 年 7 月 1 日起施行。

局长　王景川
二〇〇四年一月七日

专利文献号标准

1 范围

本标准规定了专利文献的编号规则及使用规则。

本标准适用于国家知识产权局以任何载体形式（包括纸载体、缩微胶片、磁带或软盘、光盘、联机数据库、计算机网络等）出版的专利文献号。

2 术语和定义

下列术语和定义适用于本标准。除国家法律另有明确规定外，国家知识产权局对于本标准中采用的术语和定义拥有最终解释权。

2.1 专利申请

本标准所称“专利申请”包括发明专利申请、实用新型专利申请和外观设计专利申请。

2.2 公布

本标准所称“公布”是指发明专利申请经初步审查合格后，自申请日（或优先权日）起 18 个月期满时的公布或根据申请人的请求提前进行的公布。

2.3 公告

本标准所称“公告”是指对发明专利申请经实质审查没有发现驳回理由，授予发明专利权时的授权公告；对实用新型或外观设计专利申请经初步审查没有发现驳回理由，授予实用新型专利权或外观设计专利权时的授权公告；对发明、实用新型和外观设计专利权部分无效宣告的公告。

2.4 专利文献

本标准所称“专利文献”是指国家知识产权局按照法定程序公

布的专利申请文件和公告的授权专利文件。

2.5 专利文献号

本标准所称“专利文献号”是指国家知识产权局按照法定程序，在专利申请公布和专利授权公告时给予的文献标识号码。

3 制定原则

3.1 惟一性原则

为了使专利文献与其获得的专利文献号之间的关系清楚、确定，本标准制定的专利文献的编号规则遵守惟一性原则。

惟一性原则体现在以下两个方面：一、基于一件专利申请形成的专利文献只能获得一个专利文献号，该专利申请在不同程序中公布或公告的专利文献种类由相应的专利文献种类标识代码确定；二、一个专利文献号只能惟一地用于一件专利申请所形成的专利文献。

3.2 实用性原则

为便于专利信息的检索以及公众的理解和记忆，本标准采用了简明实用的编号规则，专利文献号中包含了表示专利申请的种类号和表示专利文献公布或公告顺序的流水号。同时，发明专利申请公布号与发明专利授权公告号采用同样的专利文献号，其种类区别由相应的专利文献种类标识代码确定。

4 专利文献号的编号规则

4.1 专利文献号的组成结构

专利文献号用 9 位阿拉伯数字表示，包括申请种类号和流水号两个部分。

专利文献号中的第 1 位数字表示申请种类号，第 2－9 位数字（共 8 位）为文献流水号，表示文献公布或公告的排列顺序。

4.2 申请种类号

专利文献号中的申请种类号用 1 位阿拉伯数字表示。所使用的数字含义规定如下：1 表示发明专利申请；2 表示实用新型专利申请；3 表示外观设计专利申请。

上述申请种类号中未包含的其他阿拉伯数字在作为种类号使用时的含义由国家知识产权局另行规定。

4.3　文献流水号

专利文献号的流水号用 8 位连续阿拉伯数字表示，按照发明专利申请第一次公布，或实用新型、外观设计申请第一次公告各自不同的编号序列顺序递增。发明专利授权公告号沿用该发明专利申请在第一次公布时被赋予的专利文献号。

4.4　专利文献号图示

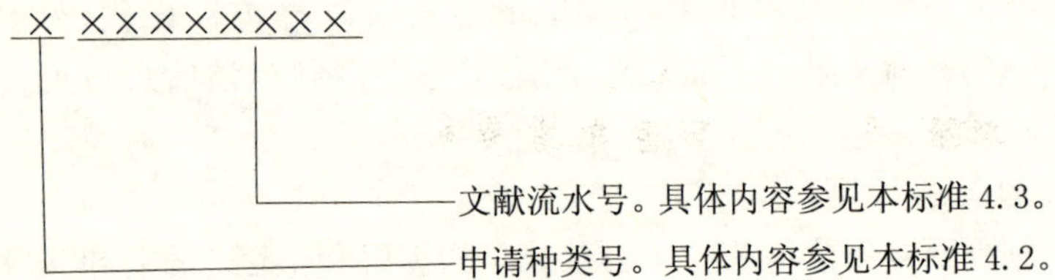

5　专利文献号的使用规则

5.1　专利文献号编排规则

一件专利申请形成的专利文献只能获得一个专利文献号，该专利申请在后续公布或公告（如该专利申请的修正版，专利权部分无效宣告的公告）时被赋予的专利文献号与首次获得的专利文献号相同，不再另行编号。因该专利申请公布或公告而产生的专利文献种类由相应的专利文献种类标识代码确定。

5.2　专利文献号与中国国家代码 CN，以及专利文献种类标识代码的联合使用

本标准在此特别指出：中国国家代码 CN 和专利文献种类标识代码均不构成专利文献号的组成部分。然而，为了完整地标识一篇专利文献的出版国家，以及在不同程序中的公布或公告，应将中国

国家代码 CN、专利文献号、相应的专利文献种类标识代码（参见 ZC 0008—2004《专利文献种类标识代码标准》）联合使用，联合使用的具体内容参见本标准附录。排列顺序应为：国家代码 CN、专利文献号、专利文献种类标识代码。如果需要，可以在国家代码 CN 与专利文献号、专利文献号与专利文献种类标识代码之间分别使用 1 位单字节空格。如下所示：

CN ×××××××××× A

CN ×××××××××× B

CN ×××××××××× C

CN ×××××××××× U

CN ×××××××××× Y

CN ×××××××××× S

（注：A、B、C、U、Y、S 为专利文献种类标识代码）

5.3　专利文献号的书写及印刷格式

除法律法规、行政规章规定专利文献号的所有数字必须连续书写或印刷以外，为了保证专利文献号的易读性，在印刷及数据显示格式中，允许在申请种类号与文献流水号之间使用 1 位单字节空格。

在文献流水号的数字段内不得使用空格。

在专利文献号的前后或其中不得使用上述 5.1 规定以外的任何其他文字、数字、符号或空格作为专利文献号的组成部分。

6　相关标准的参照

本标准的制定及执行参照以下标准：

ZC 0006—2003	《专利申请号标准》（2003 年 7 月版）
ZC 0008—2004	《专利文献种类标识代码标准》（2004 年 1 月版）
WIPO ST. 3	《用双字母代码表示国家、其他实体及政府间组织的推荐标准》（1999 年

	4 月版）
WIPO ST. 6	《对公布的专利文献编号的建议》（2003 年 6 月版）
WIPO ST. 13	《专利、补充保护证书、工业设计及集成电路布图设计申请的编号建议》（1997 年 11 月版）
WIPO ST. 16	《用于标识不同种类专利文献的推荐标准代码》（2001 年 6 月版）

7　专利文献号标准的管理

由国家知识产权局指定的本标准管理者依据本标准的条款内容，对专利文献号标准进行管理，并负责建立一个专利文献号标准有效运行环境。

本标准管理者的具体职责是：

——负责专利文献号的管理和维护；

——解释本标准的规范性术语和定义；

——提出改进建议。

8　专利文献号标准的发布

本标准于 2004 年 1 月 7 日发布。

9　专利文献号标准的施行

9.1　专利文献号标准施行

本标准于 2004 年 7 月 1 日正式施行。

9.2　专利文献号标准监督

国家知识产权局标准化委员会负责监督本标准的实施。

9.3　专利文献号标准改进

国家知识产权局标准化委员会对本标准管理者提出的改进建议进行评审，如有必要，可以制定新标准代替本标准。

附录

发明、实用新型、外观设计专利文献号

发明专利文献号

<table>
<tr><th>文献种类</th><th colspan="2">专利文献号与国家代码、文献种类代码的联合使用</th><th>说　明</th></tr>
<tr><td rowspan="2">发明专利申请公布说明书</td><td rowspan="4">申请
公布号</td><td>CN 1 00378905 A</td><td rowspan="2">不同专利申请应顺序编号</td></tr>
<tr><td>CN 1 00378906 A</td></tr>
<tr><td>发明专利申请公布说明书（扉页再版）</td><td>CN 1 00378905 A8</td><td rowspan="2">同一专利申请沿用首次赋予的申请公布号</td></tr>
<tr><td>发明专利申请公布说明书（全文再版）</td><td>CN 1 00378905 A9</td></tr>
<tr><td>发明专利说明书</td><td rowspan="5">授权
公告号</td><td>CN 1 00378905 B</td><td rowspan="5">同一专利申请的授权公告号沿用首次赋予的申请公布号</td></tr>
<tr><td>发明专利说明书（扉页再版）</td><td>CN 1 00378905 B8</td></tr>
<tr><td>发明专利说明书（全文再版）</td><td>CN 1 00378905 B9</td></tr>
<tr><td>发明专利权部分无效宣告的公告（第 1 次）</td><td>CN 1 00378905 C1</td></tr>
<tr><td>发明专利权部分无效宣告的公告（第 2 次）</td><td>CN 1 00378905 C2</td></tr>
</table>

实用新型专利文献号

<table>
<tr><th>文献种类</th><th colspan="2">专利文献号与国家代码、文献种类代码的联合使用</th><th>说　明</th></tr>
<tr><td rowspan="2">实用新型专利说明书</td><td rowspan="7">授权公告号</td><td>CN 200364512 U</td><td rowspan="2">不同专利申请应顺序编号</td></tr>
<tr><td>CN 200364513 U</td></tr>
<tr><td>实用新型专利说明书(扉页再版)</td><td>CN 200364512 U8</td><td rowspan="5">同一专利申请的授权公告号沿用首次赋予的授权公告</td></tr>
<tr><td>实用新型专利说明书(全文再版)</td><td>CN 200364512 U9</td></tr>
<tr><td>实用新型专利权部分无效宣告的公告(第1次)</td><td>CN 200364512 Y1</td></tr>
<tr><td>实用新型专利权部分无效宣告的公告(第2次)</td><td>CN 200364512 Y2</td></tr>
</table>

外观设计专利文献号

<table>
<tr><th>文献种类</th><th colspan="2">专利文献号与国家代码、文献种类代码的联合使用</th><th>说　明</th></tr>
<tr><td rowspan="2">外观设计专利授权公告</td><td rowspan="6">授权公告号</td><td>CN 3 00123456 S</td><td rowspan="2">不同专利申请应顺序编号</td></tr>
<tr><td>CN 3 00123457 S</td></tr>
<tr><td>外观设计专利授权公告(全部再版)</td><td>CN 3 00123456 S9</td><td rowspan="3">同一专利申请的授权公告号沿用首次赋予的授权公告</td></tr>
<tr><td>外观设计专利权部分无效宣告的公告(第1次)</td><td>CN 3 00123456 S1</td></tr>
<tr><td>外观设计专利权部分无效宣告的公告(第2次)</td><td>CN 3 00123456 S2</td></tr>
</table>

国家知识产权局令

（第三十四号）

为完善中国知识产权行业标准体系，国家知识产权局制定了《专利文献种类标识代码标准》（ZC 0008－2004），现予以发布，自 2004 年 7 月 1 日起施行。

局长　王景川

二〇〇四年一月七日

专利文献种类标识代码标准

1　范围

本标准规定了专利文献种类标识代码的编码规则及使用规则。

本标准适用于国家知识产权局以任何载体形式（包括纸载体、缩微胶片、磁带或软盘、光盘、联机数据库、计算机网络等）出版的专利文献种类标识代码。

2　术语和定义

下列术语和定义适用于本标准。除国家法律另有明确规定外，国家知识产权局对于本标准中采用的术语和定义拥有最终解释权。

2.1　专利申请

本标准所称“专利申请”包括发明专利申请、实用新型专利申请和外观设计专利申请。

2.2　公布

本标准所称“公布”是指发明专利申请经初步审查合格后，自申请日（或优先权日）起 18 个月期满时的公布或根据申请人的请求提前进行的公布。

2.3　公告

本标准所称“公告”是指对发明专利申请经实质审查没有发现驳回理由，授予发明专利权时的授权公告；对实用新型或外观设计专利申请经初步审查没有发现驳回理由，授予实用新型专利权或外观设计专利权时的授权公告；对发明、实用新型和外观设计专利权部分无效宣告的公告。

2.4　专利文献

本标准所称“专利文献”是指国家知识产权局按照法定程序公

布的专利申请文件和公告的授权专利文件。

2.5 专利文献种类

本标准所称“专利文献种类”是指国家知识产权局按照相关法律法规对发明、实用新型、外观设计专利申请在法定程序中予以公布或公告，由此产生的各种专利文献。

2.6 专利文献种类标识代码

本标准所称“专利文献种类标识代码”是指国家知识产权局为标识不同种类的专利文献而规定使用的字母代码，或者字母与数字的组合代码。

3 专利文献种类标识代码的制定规则

3.1 专利文献种类标识代码的组成

专利文献种类标识代码是以一个大写英文字母，或者一个大写英文字母与一位阿拉伯数字的组合表示，单纯数字不能作为专利文献种类标识代码使用。

大写英文字母表示相应专利文献的公布或公告，阿拉伯数字用来区别公布或公告阶段中不同的专利文献种类。

3.2 专利文献种类标识代码中字母的含义

A 发明专利申请公布

B 发明专利授权公告

C 发明专利权部分无效宣告的公告

U 实用新型专利授权公告

Y 实用新型专利权部分无效宣告的公告

S 外观设计专利授权公告或专利权部分无效宣告的公告

3.3 专利文献种类标识代码中数字的含义

参见本标准附录。

4 专利文献种类标识代码的使用规则

4.1 专利文献种类标识代码与中国国家代码 CN、专利文献号的

联合使用

为了完整、准确地标识不同种类的专利文献，应当将中国国家代码CN、专利文献号、专利文献种类标识代码联合使用。排列顺序应为：国家代码CN、专利文献号、专利文献种类标识代码。如果需要，可以在国家代码CN、专利文献号、专利文献种类标识代码之间分别使用1位单字节空格。如下所示：

CN×××××××××A

CN×××××××××B

CN×××××××××C

CN×××××××××U

CN×××××××××Y

CN×××××××××S

附录中列出根据本标准给定的发明、实用新型、外观设计专利文献种类标识代码表。

4.2　专利文献种类标识代码的书写及印刷格式

除法律法规、行政规章另有规定以外，在印刷及数据显示格式中，字母和数字之间不得使用空格。

5　参照的相关标准

本标准的制定及执行参照以下标准：

ZC 0006－2003　《专利申请号标准》（2003年7月版）

ZC 0007－2004　《专利文献号标准》（2004年1月版）

WIPO ST.16　《用以标识不同种类专利文献的推荐标准代码》（2001年6月版）

WIPO ST.3　《用双字母代码表示国家、其他实体及政府间组织的推荐标准》（1999年4月版）

6　专利文献种类标识代码标准的管理

由国家知识产权局指定的本标准管理者依据本标准的条款内

容，对专利文献种类标识代码标准进行管理，并负责建立一个专利文献种类标识代码标准有效运行环境。

本标准管理者的具体职责是：

——负责专利文献种类标识代码的管理和维护；

——解释本标准的规范性术语和定义；

——提出改进建议。

7　专利文献种类标识代码标准的发布

本标准于 2004 年 1 月 7 日发布。

8　专利文献种类标识代码标准的施行

8.1　专利文献种类标识代码标准施行

本标准于 2004 年 7 月 1 日正式施行。

8.2　专利文献种类标识代码标准监督

国家知识产权局标准化委员会负责监督本标准的实施。

8.3　专利文献种类标识代码标准改进

国家知识产权局标准化委员会对本标准管理者提出的改进建议进行评审，如有必要，可以制定新标准代替本标准。

附录

发明、实用新型、外观设计
专利文献种类标识代码表

发明专利文献种类标识代码

A0－A7	预留
A	发明专利申请公布说明书
A8	发明专利申请公布说明书（扉页再版）

A9　　　发明专利申请公布说明书（全文再版）

B0－B7　　预留
B　　　　发明专利说明书
B8　　　　发明专利说明书（扉页再版）
B9　　　　发明专利说明书（全文再版）

C、C0　　预留
C8、C9　　预留
C1－C7　　发明专利权部分无效宣告的公告

实用新型专利文献种类标识代码

U0－U7　　预留
U　　　　实用新型专利说明书
U8　　　　实用新型专利说明书（扉页再版）
U9　　　　实用新型专利说明书（全文再版）

Y、Y0　　预留
Y8、Y9　　预留
Y1－Y7　　实用新型专利权部分无效宣告的公告

外观设计专利文献种类标识代码

S0　　　　预留
S8　　　　预留给外观设计专利授权公告单行本的扉页再版
S　　　　外观设计专利授权公告
S9　　　　外观设计专利授权公告（全部再版）
S1－S7　　外观设计专利权部分无效宣告的公告

国家知识产权局令

（第三十七号）

《涉及公共健康问题的专利实施强制许可办法》已经局务会议审议通过，现予公布，自 2006 年 1 月 1 日起施行。

局长　田力普

二〇〇五年十一月二十九日

涉及公共健康问题的专利实施强制许可办法

第一条 为了解决我国面临的公共健康问题，并帮助有关国家、地区解决其面临的公共健康问题，落实世界贸易组织多哈部长级会议《关于TRIPS协议与公共健康的宣言》（下称“多哈宣言”）和世界贸易组织总理事会《关于实施TRIPS协议与公共健康的多哈宣言第6段的决议》（下称“总理事会决议”），根据《中华人民共和国专利法》（下称“专利法”），制定本办法。

第二条 本办法所称传染病，是指导致公共健康问题的艾滋病、肺结核、疟疾以及《中华人民共和国传染病防治法》规定的其他传染病。

本办法所称药品，是指在医药领域用于治疗本条第一款所述传染病的任何专利产品或者通过专利方法制造的产品，包括制造前述产品所需的有效成分和使用前述产品所需的诊断试剂。

第三条 在我国预防或者控制传染病的出现、流行，以及治疗传染病，属于专利法第四十九条所述为了公共利益目的的行为。

传染病在我国的出现、流行导致公共健康危机的，属于专利法第四十九条所述国家紧急状态。

第四条 治疗某种传染病的药品在我国被授予专利权，我国具有该药品的生产能力，国务院有关主管部门可以依据专利法第四十九条的规定，请求国家知识产权局授予实施该专利的强制许可（下称强制许可）。

第五条 治疗某种传染病的药品在我国被授予专利权，我国不具有生产该药品的能力或者生产能力不足的，国务院有关主管部门可以请求国家知识产权局授予强制许可，允许被许可人进口世界贸易组织成员利用总理事会决议确定的制度为我国解决公共健康问题而制造的该种药品。

第六条 国家知识产权局授予本办法第五条所述强制许可的，被许可人以及其他任何单位或者个人不得将依照该强制许可决定进口的药品出口到其他任何国家或者地区。

第七条 国家知识产权局授予本办法第五条所述强制许可的，被许可人应当向专利权人支付合理的报酬。但该药品的生产者已经向该专利权人支付报酬的，被许可人可以不向专利权人支付报酬。

第八条 治疗某种传染病的药品在我国被授予专利权，任何单位或者个人在其他国家或者地区购买专利权人制造并售出的或者经专利权人许可而制造并售出的该种药品，将其进口到我国的，无需请求国家知识产权局授予强制许可。

第九条 世界贸易组织成员按照总理事会决议确定的机制通报世界贸易组织 TRIPS 理事会，希望进口治疗某种传染病的药品的，或者非世界贸易组织成员的最不发达国家通过外交渠道通知我国政府，希望从我国进口治疗某种传染病的药品的，国务院有关主管部门可以请求国家知识产权局授予强制许可，允许被许可人利用总理事会决议确定的制度制造该种药品并将其出口到上述成员或者国家。

第十条 国家知识产权局授予本办法第九条所述专利强制许可的，应当在其作出的强制许可决定中明确记载总理事会决议规定的有关要求。被许可人应当遵守该强制许可决定规定的要求。

第十一条 国家知识产权局授予本办法第九条所述强制许可的，被许可人应当向该药品的专利权人支付合理的报酬。

第十二条 依照本办法第四条、第五条和第九条请求强制许可的，除本办法有专门规定的以外，适用《专利实施强制许可办法》的规定。

第十三条 本办法自 2006 年 1 月 1 日起施行。

国家知识产权局令

（第三十九号）

根据《中华人民共和国专利法实施细则》第九十八条，制定《专利费用减缓办法》，现予以公布。该办法自二〇〇六年十一月十三日起施行。

局长　田力普

二〇〇六年十月十二日

专利费用减缓办法

第一条 根据《中华人民共和国专利法实施细则》及有关文件规定，特制定本办法。

第二条 申请人或者专利权人缴纳有关专利费用确有困难的，可以依照本办法请求国家知识产权局专利局（以下简称“专利局”）减缓缴纳有关费用。

第三条 经专利局批准，下列专利费用可以减缓：

一、申请费（其中公布印刷费、申请附加费不予减缓）；

二、发明专利申请审查费；

三、年费（自授予专利权当年起三年内的年费）；

四、发明专利申请维持费；

五、复审费。

第四条 申请人或者专利权人为个人的，可以请求减缓缴纳85％的申请费、发明专利申请审查费和年费及80％的发明专利申请维持费和复审费。

申请人或者专利权人为单位的，可以请求减缓缴纳70％的申请费、发明专利申请审查费和年费及60％的发明专利申请维持费和复审费。

两个或者两个以上的个人或者个人与单位共同申请专利的，可以请求减缓缴纳70％的申请费、发明专利申请审查费和年费及60％的发明专利申请维持费和复审费。

两个或者两个以上的单位共同申请专利的，不予减缓专利费用。

第五条 专利申请人可以在提出专利申请的同时一并请求减缓缴纳本办法第三条规定的五种费用。在专利局受理专利申请后，申请费不再减缓。申请人或者专利权人只能就尚未到期的费用请求减缓缴纳，并且应当在有关费用缴纳期限届满日的二个半月之前提出费用减缓请求。

第六条 申请人或者专利权人请求专利费用减缓的，应当提交费用减缓请求书，必要时还应附具有关证明文件。

费用减缓请求书应当由全体申请人或专利权人签字或者盖章。

第七条 个人请求专利费用减缓的，应当在费用减缓请求书中如实填写本人的年收入情况，必要时应当根据专利局的要求，提供市级以上人民政府管理专利工作的部门出具的关于其经济困难情况的证明。

两个或者两个以上的个人共同请求专利费用减缓的，应当在费用减缓请求书中如实填写每个人的年收入情况，必要时应当根据专利局的要求，提供市级以上人民政府管理专利工作的部门出具的关于其经济困难情况的证明。

单位请求专利费用减缓的，应当在费用减缓请求书中，如实填写经济困难情况，并附具市级以上人民政府管理专利工作的部门出具的证明。

个人与单位共同请求专利费用减缓的，个人应当在费用减缓请求书中如实填写本人的年收入情况，单位应当如实填写经济困难情况，并附具市级以上人民政府管理专利工作的部门出具的证明。

市级以上人民政府管理专利工作的部门出具的证明应当说明请求专利费用减缓的单位的性质是企业、事业单位还是机关团体，并说明其经济困难情况。

第八条 专利局收到费用减缓请求书后，应当进行审查，作出是否批准费用减缓请求的决定，并通知申请人或者专利权人。

第九条 有下列情况之一的，专利费用减缓请求不予批准：

（一）未使用专利局制定的费用减缓请求书的；

（二）全体申请人或者专利权人未在费用减缓请求书中签字或者盖章的；

（三）提出费用减缓请求的单位或者个人未提供符合本办法第七条规定的证明的；

（四）申请人或者专利权人的个人年收入超过二万五千元人民币的；

（五）费用减缓请求书中未注明全体申请人或者专利权人的个人年收入的；

（六）申请人或者专利权人为两个以上单位的；

（七）费用减缓请求书中的申请人或者专利权人名称或者发明创造名称与专利请求书中的相应内容不一致的。

第十条 请求人应当在专利法及其实施细则规定的期限内，按照全额缴纳有关费用。专利费用减缓请求经专利局批准的，缴纳数额为批准减缓后的剩余部分。

第十一条 批准专利费用减缓请求的决定作出后，专利局发现该决定存在错误的，可以自行更正，并将更正结果通知申请人或者专利权人。

申请人或者专利权人在请求专利费用减缓时提供虚假情况或者虚假文件的，专利局应当在查实后撤销批准专利费用减缓请求的决定，并通知申请人或者专利权人在指定期限内补缴全部已经减缓缴纳的费用；当事人逾期不补缴或补缴金额不足的，专利局按缴纳费用不足，依法作出相应处理决定。

第十二条 申请人或者专利权人应当在其发明创造取得经济收益后，补缴所减缓的各项专利费用。

国家知识产权局令

（第四十五号）

《关于规范专利申请行为的若干规定》已经局务会议审议通过，现予发布，自2007年10月1日起施行。

局长　田力普

二〇〇七年八月二十七日

关于规范专利申请行为的若干规定

第一条 为了规范申请专利的行为，维护正常的专利工作秩序，依据专利法、专利法实施细则和专利代理条例制定本规定。

第二条 提交或者代理提交专利申请的，应当遵照法律、法规和规章的有关规定，恪守诚实信用原则，不得从事非正常申请专利的行为。

第三条 本规定所称非正常申请专利的行为是指：

（一）同一单位或者个人提交多件内容明显相同的专利申请，或者指使他人提交多件内容明显相同的专利申请；

（二）同一单位或者个人提交多件明显抄袭现有技术或者现有设计的专利申请，或者指使他人提交多件明显抄袭现有技术或者现有设计的专利申请；

（三）专利代理机构代理提交本条第（一）项或者第（二）项所述类型的专利申请。

第四条 国家知识产权局对非正常申请专利的行为，除依据专利法及其实施细则的规定对提交的专利申请进行处理之外，可以视情节采取下列处理措施：

（一）不予减缓专利费用；已经减缓的，全部或者部分追缴；

（二）在国家知识产权局政府网站以及《中国知识产权报》上予以通报；

（三）在国家知识产权局的专利申请数量统计中扣除非正常申请专利的数量；

（四）建议各地人民政府管理专利工作的部门不予资助或者奖励；已经资助或者奖励的，建议全部或者部分追还；

（五）建议中华全国专利代理人协会对从事非正常申请专利行为的专利代理机构以及专利代理人采取行业自律措施，必要时建议专利代理惩戒委员会根据《专利代理惩戒规则（暂行）》的规定给予相应惩戒；

（六）通过非正常申请专利的行为骗取资助和奖励，情节严重构成犯罪的，依法移送有关机关追究刑事责任。

第五条 国家知识产权局采取本规定第四条所列处理措施前，应当给予当事人陈述意见的机会。

第六条 各地人民政府管理专利工作的部门应当引导公众和专利代理机构依法提交专利申请。

专利代办处发现非正常申请专利行为的，应当及时报告国家知识产权局。

第七条 本规定自2007年10月1日起施行。

国家知识产权局令

（第四十七号）

根据《中华人民共和国专利法》和《专利代理条例》，特制定《专利代理人资格考试实施办法》，现予发布，自 2008 年 10 月 1 日起施行。国家知识产权局令第三十六号公布的《专利代理人资格考试实施办法》同日废止。

局长　田力普

二〇〇八年八月二十五日

专利代理人资格考试实施办法

第一条 为了规范专利代理人资格考试工作，根据《中华人民共和国专利法》和《专利代理条例》，制定本办法。

第二条 专利代理人资格考试实行全国统一考试制度，每年举行一次考试。

第三条 专利代理人资格考试包括以下考试科目：

（一）专利法律知识；

（二）相关法律知识；

（三）专利代理实务。

专利代理人资格考试采取闭卷笔答方式。

第四条 国家知识产权局组织成立专利代理人考核委员会。考核委员会负责审定《专利代理人资格考试大纲》和确定专利代理人资格考试合格分数线，其成员由国家知识产权局、国务院有关部门、中华全国专利代理人协会的有关人员以及专利代理人的代表组成，主任由国家知识产权局局长担任。

专利代理人考核委员会办公室设在国家知识产权局，负责专利代理人资格考试的各项具体工作。

第五条 国家知识产权局每年应当在举行专利代理人资格考试六个月前以公告的形式公布考点城市、考试时间及证书发放等事项。

专利代理人资格考试由国家知识产权局统一命题，命题范围以《专利代理人资格考试大纲》为准。

第六条 各考点城市所在的省、自治区、直辖市知识产权局承办受理报名、审查报名人员资格、设置考场、组织考试、发放考试成绩单等项工作。

第七条 报名参加专利代理人资格考试的人员，应当符合《专利代理条例》第十五条规定的条件。

有下列情形之一的人员，不得参加专利代理人资格考试：

（一）因故意犯罪受过刑事处罚的；

（二）被吊销专利代理人资格的；

（三）属于本办法第十二条规定的被处以三年内不得报名参加专利代理人资格考试，且未满三年的。

第八条 举办专利代理人资格考试培训班的，不得强制要求考试报名人员参加培训，不得强制要求参加培训的人员购买其指定的教材或者其他考试资料。

第九条 参与专利代理人资格考试命题和组织管理工作的人员不得泄漏考试试题及其他相关信息，并且不得参加考试。

命题人员不得从事与专利代理人资格考试有关的授课、答疑、辅导等活动。

第十条 国家知识产权局负责专利代理人资格考试的全国统一阅卷工作，并公布考试成绩。

第十一条 应试人员达到专利代理人资格考试合格分数线的，由国家知识产权局颁发《专利代理人资格证书》。

第十二条 应试人员有违纪行为的，视情节、后果给予警告、确认考试成绩无效、三年内不得报名参加专利代理人资格考试的处理；考试工作人员有违纪行为的，视情节、后果给予相应的处理，情节严重构成犯罪的，依法追究法律责任。

对应试人员和考试工作人员违纪行为的具体处理办法由国家知识产权局另行规定。

第十三条 专利代理人资格考试考务规则由国家知识产权局另行规定。

第十四条 本办法自2008年10月1日起施行，国家知识产权局令第三十六号发布的《专利代理人资格考试实施办法》同日废止。

国家知识产权局令

（第四十八号）

根据《中华人民共和国专利法》和《专利代理条例》，特制定《专利代理人资格考试考务规则》，现予发布，自 2008 年 10 月 1 日起施行。国家知识产权局公告第九十九号发布的《专利代理人资格考试考务规则》同日废止。

局长　田力普

二〇〇八年八月二十五日

专利代理人资格考试考务规则

第一节 考试报名

第一条 报名参加全国专利代理人资格考试的人员，应当选择适合其参加考试的考点之一，以现场报名、信函报名或者网上报名等方式，在规定的时间内向考点城市所在的省、自治区、直辖市知识产权局（以下简称考点知识产权局）报名。

第二条 报名人员应当提交下列材料，并缴纳相关费用：

（一）报名表及照片；

（二）有效身份证件复印件；

（三）学历证书复印件；

（四）工作证明原件。

现场报名的，应当在报名时出示有效身份证件和学历证书原件接受查验；信函报名或者网上报名的，应当在规定的时间内持有效身份证件和学历证书原件到其所选考点知识产权局接受查验。

报名人员可以从国家知识产权局政府网站下载报名表。

第三条 各考点知识产权局应当及时将报名人员的报名表原件及有关信息数据上报专利代理人考核委员会办公室（以下简称考核委员会办公室）。

第四条 准考证由考核委员会办公室统一编号制作。

各考点知识产权局应当对符合相关规定的报名人员发给准考证，并将本规则中要求应试人员了解的事项通知该报名人员。

第二节　考场设置与考场人员配备

第五条　各考点知识产权局应当按照集中、便利的原则设置考场。

设置考场应当符合下列要求：

（一）每个考场的应试人员人数为 30 名，余数不足 30 名的单设一个考场；

（二）每位应试人员一个桌位，应试人员横向之间应当有一个桌位以上的间隔；

（三）每个桌位的右上角应当粘贴应试人员姓名及准考证号码；

（四）考场周围环境应当安全、安静，不得使用阶梯教室作为考场。

第六条　各考点应当设总监考人一名，由考点知识产权局局长或者副局长担任，总体负责该考点的监考工作；每个考场应当设男女监考人员各一名，负责该考场的具体监考工作。

总监考人应当至迟于考试前一天召集由全体监考人员和巡考人员参加的监考职责说明会。

第七条　各考点知识产权局应当根据需要安排、配备保卫和医务人员，协助维护考试秩序，提供医疗救助服务。

第八条　各考点知识产权局应当在考场附近设置考务办公室，作为处理有关事务的场所。

第三节　试卷运送和保管

第九条　考试试卷和答题卡由考核委员会办公室委托有关部门运送至各考点，具体事宜和保密义务由双方约定。

第十条　各考点知识产权局应当配备专门的保密室及保险柜，

用于存放考试试卷和答题卡，并配备封条及运送试卷的专用车辆。

保密室应当具有防水、防火、防盗等安全措施，并实施二十四小时监控。存放了试卷和答题卡的保险柜应当加贴封条。

存放试卷的保密室距离考场较远，需要将试卷或者答题卡临时存放在考务办公室的，应当在考务办公室配备保险柜并加强相关保卫工作。

第十一条 各考点知识产权局应当指定两名或者两名以上试卷保管人员专门负责试卷保管工作。

保密室和保险柜钥匙应当由不同的试卷保管人员分别保管。

第十二条 从保险柜存取试卷、答题卡，应当由两名或者两名以上试卷保管人员操作，巡考人员应当在场。

存取试卷、答题卡应当由试卷保管人员详细填写考核委员会办公室统一制作的试卷、答题卡存取记录单并签字，由巡考人员予以签字确认。

第十三条 启用前的试卷和答题卡、密封后的有效答题卡，任何人不得以任何理由擅自拆封。

第十四条 试卷运送、保管过程中发生泄密或者其他意外事故的，应当立即采取有效措施防止扩散，并及时报告考核委员会办公室处理。

第四节 考场规则

第十五条 每科考试开始前 20 分钟，应试人员应当凭准考证和有效身份证件进入考场，按准考证号码对号入座，并将准考证和有效身份证件放在考桌右上角，以便监考人员查验。

第十六条 应试人员迟到 30 分钟以上的，不得进入考场。考试开始 30 分钟后，应试人员方可交卷出场。

第十七条 应试人员不得携带下列物品进入考场：

（一）任何书籍、期刊、笔记以及带有文字的纸张；

（二）任何具有通讯、存储、录放等功能的电子产品。

应试人员携带前款所述物品的，应当在各科考试开始前交由监考人员代为保管。

第十八条 应试人员应当用笔正确，在规定时间内按照要求在答题卡上填写姓名和填写、填涂准考证号码，必要时粘贴条形码；答题时应当填涂到位、字迹清晰。

因应试人员未按规定填写姓名、填涂准考证号码或者未粘贴条形码导致身份无法确认的，其试卷无效；因应试人员损坏答题卡、填涂不到位或者书写字迹不清等原因导致试卷无法评阅或者影响考试成绩的，责任由应试人员自行承担。

第十九条 应试人员发现试卷印制有误或者不清晰的，可以向监考人员反映，但不得要求监考人员解释试题。

第二十条 应试人员应当严格遵守考场规则，保持考场肃静，不得相互交谈、随意站立或者随意走动，不得查看或者窥视他人答题卡，不得传递答题卡或者与考试内容相关的任何信息，不得在考场内吸烟。

第二十一条 应试人员提前答完试卷的，可以在座位上举手示意，待监考人员收卷后离开考场。

考试结束时间一到，应试人员应当立刻停止答卷，并将答题卡翻放在桌面上，离开考场。

应试人员不得将试卷或者答题卡带出考场，交卷后不得在考场及附近逗留喧哗。

第五节 监　　考

第二十二条 监考人员应当在总监考人的指挥下，明确岗位，按照分工完成下列工作：

（一）每科考试开始前 25 分钟，各考场两名监考人员一同到保密室或者考务办公室领取试卷和答题卡。

（二）考试开始前 10 分钟宣布考场规则，当众启封答题卡封装袋并向应试人员分发，要求应试人员及时在答题卡上填写姓名和填写、填涂准考证号码或者粘贴条形码。

（三）每科考试开始前 3 分钟，当众启封试卷封装袋，核对无误后向应试人员分发试卷。

（四）逐个核对应试人员与其持有的身份证件、准考证上的照片是否相符；核对应试人员准考证号码与座位上粘贴的号码是否一致；检查应试人员在答题卡上填写的姓名、填涂的准考证号码或者粘贴的条形码是否与其姓名、准考证号码一致。

（五）在考试期间维持考场秩序，保证考试的正常进行。

（六）考试结束前 15 分钟向应试人员发出时间提示。考试结束时间一到，要求应试人员立刻停止答卷并将答题卡翻放在考桌上离开考场。

（七）如实填写考场记录单，写明考场秩序状况、缺考人员准考证号、应试人员的违纪行为以及处理经过等详细情况。考场记录单应当填写一式两份，一份与所在考场的有效答题卡一同放入答题卡封装袋中封装，另一份交由巡考人员带回交给考核委员会办公室。

（八）每科考试结束后，按照所在考场的应试人员人数清点答题卡，将清点后的答题卡按考号顺序排序并封装。封装时应当在答题卡封装袋开口处加贴密封签、加盖骑缝章，并在答题卡封装袋正面写明考点城市、考场编号、有效答题卡数量，签名后交由试卷保管人员存入保险柜。

（九）每科考试结束后，清理考场并对考场进行封闭，考场钥匙由监考人员专管。

第二十三条 监考人员进入考场应当佩戴统一制发的监考

标志。

第二十四条 监考人员发现应试人员临场生病的，应当联系考点配备的医务人员进行必要的治疗；对不能坚持考试的，应当说服其终止考试。

第二十五条 监考人员应当恪尽职守，对试题内容不得作任何解释或暗示；不得在考场内吸烟、阅读书报、闲谈、接打电话或者做其他与监考无关的事情。

第六节 巡　考

第二十六条 国家知识产权局向各考点委派巡考人员。巡考人员应当参加考点知识产权局在考试前召开的监考职责说明会。

第二十七条 巡考人员应当在试卷到达之前检查各考点试卷存放处是否符合本规则第十条的规定、查看考场设置和监考人员配备是否符合本规则第二节的规定；发现不符合规定的，应当及时向考点知识产权局指出，共同研究补救措施，必要时向考核委员会办公室汇报。

第二十八条 巡考人员应当全程参加试卷和答题卡的接收、存取、运送、分发、销毁等项工作；发现问题的，应当及时向考点知识产权局指出，共同研究补救措施，必要时向考核委员会办公室汇报。

第二十九条 在考试过程中，巡考人员应当对各个考场进行巡视，查看各考场秩序是否正常。

第三十条 在全部科目的考试结束之后，巡考人员应当及时安全运送有效答题卡返回，交至考核委员会办公室指定的保密室。

第七节　阅　　卷

第三十一条　全国专利代理人资格考试统一阅卷的组织协调工作由考核委员会办公室承担。

第三十二条　专利法律知识与相关法律知识科目采取机读阅卷方式；专利代理实务科目采取无纸化人工阅卷方式。

第三十三条　考核委员会办公室在考试结束后公布专利法律知识和相关法律知识科目的试题及其参考答案；公众可以自公布之日起一周内对参考答案提出意见。

第三十四条　考核委员会办公室拆封答题卡封装袋、机读阅卷、扫描答题卡时，应当由两名以上工作人员在指定地点共同完成。

第三十五条　国家知识产权局相关部门参加专利代理实务科目的评阅工作，由相关专家组成阅卷领导小组制定专利代理实务科目评分标准，阅卷人员应当根据评分标准认真阅卷。

第三十六条　阅卷人员应当严格遵守纪律，不得将答题卡带出阅卷地点，不得损坏或者丢失答题卡，不得外传与阅卷有关的信息。发现答题卡有异常情况的，应当及时报告考核委员会办公室，不得擅自处理。

第三十七条　考试成绩公布前，任何人不得擅自泄露分数情况。

第八节　成绩公布与复查

第三十八条　阅卷工作结束后，考核委员会办公室以公告形式说明成绩公布日期、成绩单获取途径和成绩查询方式等事项。

第三十九条　应试人员认为其考试成绩有明显异常的，可以自考试成绩公布之日起十五日内向考核委员会办公室提出书面复查申请；逾期提出的复查申请不予受理。

考试成绩复查仅限于重新核对答题卡各题得分之和相加是否有误。应试人员不得亲自查阅其答题卡。

第四十条 考核委员会办公室应当指定两名以上工作人员共同完成复查工作。

复查结果由考核委员会办公室书面通知提出复查请求的应试人员。

第四十一条 复查发现分数确有错误需要予以更正的，经考核委员会办公室负责人审核同意并签名，报考核委员会主任批准后，方可更正分数。

更正分数的答题卡及相应复查文件一并留存两年，用以备查。

第四十二条 除本规则第四十一条所述情形外，考试成绩公布半年后，经考核委员会办公室负责人批准，可以将答题卡销毁。

第九节 附 则

第四十三条 本规则自 2008 年 10 月 1 日起施行，国家知识产权局公告第九十九号发布的《专利代理人资格考试考务规则》同日废止。

国家知识产权局令

（第四十九号）

根据《专利代理条例》和《专利代理人资格考试实施办法》的有关规定，特制定《专利代理人资格考试违纪行为处理办法》，经局务会议审议通过，现予发布，自 2008 年 11 月 1 日起施行。

局长　田力普

二〇〇八年九月二十六日

专利代理人资格考试违纪行为处理办法

第一条 为加强对全国专利代理人资格考试的管理，严肃考试纪律，保证考试顺利实施，根据《专利代理条例》和《专利代理人资格考试实施办法》的有关规定，制定本办法。

第二条 本办法适用于全国专利代理人资格考试应试人员和工作人员。

第三条 国家知识产权局和考点所在地的省、自治区、直辖市知识产权局（以下简称考点知识产权局）依据本办法对应试人员和工作人员的违纪行为进行处理。

第四条 处理违纪行为，应当事实清楚、证据确凿，程序规范，适用规定准确。

第五条 应试人员有下列情形之一，由所在考场的监考人员给予其口头警告，并责令其改正；经警告仍不改正的，监考人员应当报总监考人，由总监考人决定给予其责令离开考场的处理：

（一）随身携带书籍、资料、笔记、报纸等带有文字的纸张或者具有通讯、存储、录放等功能的电子产品进入考场的；

（二）未按规定在考试开始30分钟内填写姓名、填涂准考证号码或者粘贴条形码的；

（三）考试期间相互交谈、随意站立或者随意走动的；

（四）在考场内喧哗、吸烟或者有其他影响考场秩序行为的；

（五）未在本人应坐位置答题的；

（六）有其他类似违纪行为的。

第六条 应试人员有下列情形之一，所在考场的监考人员应当报总监考人，由总监考人决定给予其责令离开考场以及本场考试成绩无效的处理：

（一）夹带或者查看与考试有关资料的；

（二）使用具有通讯、存储、录放等功能的电子产品的；

（三）抄袭他人答案或者同意、默许、帮助他人抄袭的；

（四）以口头、书面或者肢体语言等方式传递答题信息的；

（五）协助他人作弊的；

（六）将试卷或者答题卡带出考场的；

（七）有其他类似较为严重的违纪行为的。

第七条 应试人员有下列情形之一，所在考场的监考人员应当报总监考人，由总监考人决定给予其责令离开考场的处理，并报考点知识产权局决定给予其当年考试成绩无效的处理：

（一）与其他考场应试人员或者考场外人员串通作弊的；

（二）以打架斗殴等方式严重扰乱考场秩序的；

（三）以威胁、侮辱、殴打等方式妨碍考试工作人员履行职责的；

（四）有其他类似严重违纪行为的。

有本条前款第（二）项、第（三）项所列行为，违反《治安管理处罚法》的，移交公安机关处理。

第八条 应试人员有下列情形之一，由国家知识产权局决定给予其当年考试成绩无效、三年不得报名参加专利代理人资格考试的处理：

（一）由他人冒名代替或者代替他人参加考试的；

（二）参与有组织作弊情节严重的；

（三）有其他类似特别严重违纪行为的。

当场发现本条前款所列行为的，由所在考点总监考人决定给予其责令离开考场的处理，并报国家知识产权局决定给予前款所述的处理。

第九条 通过提供虚假证明材料或者以其他违法手段获得准考

证并参加考试的，由国家知识产权局决定给予其当年考试成绩无效的处理；已经取得专利代理人资格证的，由国家知识产权局给予确认资格证无效的处理。

第十条 考试工作人员在考试过程中发现应试人员有本办法所列违纪行为的，应当在考场记录单中写明违纪行为的具体情况和采取的处理措施，由两名以上（含两名）监考人员和总监考人签字。

对应试人员用于作弊的材料、工具等，应当及时采取必要措施保全证据，并填写清单。

第十一条 考试工作人员有下列情形之一的，国家知识产权局或者考点知识产权局应当停止其继续参加考试工作，视情况给予行政处分或者建议其所在单位给予相应处理；构成犯罪的，依法追究刑事责任：

（一）违反相关规定擅自参加考试的；

（二）命题人员从事与专利代理人资格考试有关的授课、答疑、辅导等活动的；

（三）发现报名人员有提供虚假证明或者证件等行为而隐瞒不报的；

（四）擅自为应试人员调换座位及考场的；

（五）考试期间擅自将试卷带出或者传出考场的；

（六）纵容、包庇应试人员作弊的；

（七）提示或者暗示应试人员试题答案的；

（八）在接送试卷、保管试卷、巡考、监考、阅卷等环节丢失、严重损毁试卷或者答题卡的；

（九）外传、截留、窃取、擅自开拆未开试卷或者已密封答题卡的；

（十）泄露试题内容的；

（十一）偷换、涂改答题卡或者私自变更考试成绩的；

（十二）组织或者参与考试作弊的；

（十三）利用考试工作便利索贿、受贿或者谋取其他私利的；

（十四）对应试人员进行挟私报复或者故意诬陷的；

（十五）未按规定履行职责或者有其他违纪行为的。

第十二条 国家知识产权局或者考点知识产权局根据本办法对应试人员给予本场考试成绩无效、当年考试成绩无效、三年不得报名参加专利代理人资格考试、确认专利代理人资格证无效的处理或者对考试工作人员违纪行为进行处理的，应当以书面方式作出违纪处理决定，并将有关证据材料存档备查。

第十三条 对于应试人员或者考试工作人员因违纪行为受到处理的有关情况，国家知识产权局或者考点知识产权局认为必要时可以通报其所在单位。

第十四条 应试人员对违纪处理决定不服的，可以依法申请行政复议或者提起行政诉讼。

第十五条 本办法自 2008 年 11 月 1 日起施行。

国家知识产权局令

（第五十三号）

《施行修改后的专利法的过渡办法》已经局务会议审议通过，现予公布，自 2009 年 10 月 1 日起施行。

局长　田力普
二〇〇九年九月二十九日

施行修改后的专利法的过渡办法

第一条 为了保障2008年12月27日公布的《全国人民代表大会常务委员会关于修改〈中华人民共和国专利法〉的决定》的施行，依照立法法第八十四条的规定，制定本办法。

第二条 修改前的专利法的规定适用于申请日在2009年10月1日前（不含该日，下同）的专利申请以及根据该专利申请授予的专利权；修改后的专利法的规定适用于申请日在2009年10月1日以后（含该日，下同）的专利申请以及根据该专利申请授予的专利权；但本办法以下各条对申请日在2009年10月1日前的专利申请以及根据该申请授予的专利权的特殊规定除外。

前款所述申请日的含义依照专利法实施细则的有关规定理解。

第三条 2009年10月1日以后请求给予实施专利的强制许可的，适用修改后的专利法第六章的规定。

第四条 管理专利工作的部门对发生在2009年10月1日以后的涉嫌侵犯专利权行为进行处理的，适用修改后的专利法第十一条、第六十二条、第六十九条、第七十条的规定。

第五条 管理专利工作的部门对发生在2009年10月1日以后的涉嫌假冒专利行为进行查处的，适用修改后的专利法第六十三条、第六十四条的规定。

第六条 专利权人在2009年10月1日以后标明专利标识的，适用修改后的专利法第十七条的规定。

第七条 在中国没有经常居所或者营业所的外国人、外国企业或者外国其他组织在2009年10月1日以后委托或者变更专利代理机构的，适用修改后的专利法第十九条的规定。

第八条 本办法自2009年10月1日起施行。

国家知识产权局令

（第五十四号）

《施行修改后的专利法实施细则的过渡办法》已经局务会议审议通过，现予公布，自 2010 年 2 月 1 日起施行。

局长　田力普

二〇一〇年一月二十一日

施行修改后的专利法实施细则的过渡办法

第一条　为了保障2010年1月9日公布的《国务院关于修改〈中华人民共和国专利法实施细则〉的决定》的施行，依照立法法第八十四条的规定，制定本办法。

第二条　修改前的专利法实施细则的规定适用于申请日在2010年2月1日前（不含该日）的专利申请以及根据该专利申请授予的专利权；修改后的专利法实施细则的规定适用于申请日在2010年2月1日以后（含该日，下同）的专利申请以及根据该专利申请授予的专利权；但本办法以下各条对申请日在2010年2月1日前的专利申请以及根据该申请授予的专利权的特殊规定除外。

第三条　2010年2月1日以后以不符合专利法第二十三条第三款的规定为理由提出无效宣告请求的，对该无效宣告请求的审查适用修改后的专利法实施细则第六十六条第三款的规定。

第四条　2010年2月1日以后提出无效宣告请求的，对该无效宣告请求的审查适用修改后的专利法实施细则第七十二条第二款的规定。

第五条　专利国际申请的申请人在2010年2月1日以后办理进入中国国家阶段手续的，该国际申请适用修改后的专利法实施细则第十章的规定。

第六条　在2010年2月1日以后请求国家知识产权局中止有关程序的，适用修改后的专利法实施细则第九十三条和第九十九条的规定，不再缴纳中止程序请求费。

在2010年2月1日以后请求退还多缴、重缴、错缴的专利费用的，适用修改后的专利法实施细则第九十四条第四款的规定。

在 2010 年 2 月 1 日以后缴纳申请费、公布印刷费和申请附加费的，适用修改后的专利法实施细则第九十五条的规定。

在 2010 年 2 月 1 日以后办理授予专利权的登记手续的，适用修改后的专利法实施细则第九十三条和第九十七条的规定，不再缴纳申请维持费。

第七条 本办法自 2010 年 2 月 1 日起施行。

国家知识产权局令

（第五十五号）

根据《中华人民共和国专利法实施细则》第一百二十二条的规定，对2006年5月24日公布、2006年7月1日起施行的审查指南进行修订。现将修订后的专利审查指南❶予以公布，自2010年2月1日起施行。

局长　田力普

二〇一〇年一月二十一日

❶ 编者注：《专利审查指南》已由知识产权出版社出版，本书未收录。

国家知识产权局令

（第五十六号）

《专利权质押登记办法》已经局务会议审议通过，现予公布，自2010年10月1日起施行。

局长　田力普

二〇一〇年八月二十六日

专利权质押登记办法

第一条 为了促进专利权的运用和资金融通，保障债权的实现，规范专利权质押登记，根据《中华人民共和国物权法》、《中华人民共和国担保法》、《中华人民共和国专利法》及有关规定，制定本办法。

第二条 国家知识产权局负责专利权质押登记工作。

第三条 以专利权出质的，出质人与质权人应当订立书面质押合同。

质押合同可以是单独订立的合同，也可以是主合同中的担保条款。

第四条 以共有的专利权出质的，除全体共有人另有约定的以外，应当取得其他共有人的同意。

第五条 在中国没有经常居所或者营业所的外国人、外国企业或者外国其他组织办理专利权质押登记手续的，应当委托依法设立的专利代理机构办理。

中国单位或者个人办理专利权质押登记手续的，可以委托依法设立的专利代理机构办理。

第六条 当事人可以通过邮寄、直接送交等方式办理专利权质押登记相关手续。

第七条 申请专利权质押登记的，当事人应当向国家知识产权局提交下列文件：

（一）出质人和质权人共同签字或者盖章的专利权质押登记申请表；

（二）专利权质押合同；

（三）双方当事人的身份证明；

（四）委托代理的，注明委托权限的委托书；

（五）其他需要提供的材料。

专利权经过资产评估的，当事人还应当提交资产评估报告。

除身份证明外，当事人提交的其他各种文件应当使用中文。身份证明是外文的，当事人应当附送中文译文；未附送的，视为未提交。

对于本条第一款和第二款规定的文件，当事人可以提交电子扫描件。

第八条 国家知识产权局收到当事人提交的质押登记申请文件后，应当通知申请人。

第九条 当事人提交的专利权质押合同应当包括以下与质押登记相关的内容：

（一）当事人的姓名或者名称、地址；

（二）被担保债权的种类和数额；

（三）债务人履行债务的期限；

（四）专利权项数以及每项专利权的名称、专利号、申请日、授权公告日；

（五）质押担保的范围。

第十条 除本办法第九条规定的事项外，当事人可以在专利权质押合同中约定下列事项：

（一）质押期间专利权年费的缴纳；

（二）质押期间专利权的转让、实施许可；

（三）质押期间专利权被宣告无效或者专利权归属发生变更时的处理；

（四）实现质权时，相关技术资料的交付。

第十一条 国家知识产权局自收到专利权质押登记申请文件之日起 7 个工作日内进行审查并决定是否予以登记。

第十二条 专利权质押登记申请经审查合格的，国家知识产权局在专利登记簿上予以登记，并向当事人发送《专利权质押登记通知书》。质权自国家知识产权局登记时设立。

经审查发现有下列情形之一的，国家知识产权局作出不予登记的决定，并向当事人发送《专利权质押不予登记通知书》：

（一）出质人与专利登记簿记载的专利权人不一致的；

（二）专利权已终止或者已被宣告无效的；

（三）专利申请尚未被授予专利权的；

（四）专利权处于年费缴纳滞纳期的；

（五）专利权已被启动无效宣告程序的；

（六）因专利权的归属发生纠纷或者人民法院裁定对专利权采取保全措施，专利权的质押手续被暂停办理的；

（七）债务人履行债务的期限超过专利权有效期的；

（八）质押合同约定在债务履行期届满质权人未受清偿时，专利权归质权人所有的；

（九）质押合同不符合本办法第九条规定的；

（十）以共有专利权出质但未取得全体共有人同意的；

（十一）专利权已被申请质押登记且处于质押期间的；

（十二）其他应当不予登记的情形。

第十三条 专利权质押期间，国家知识产权局发现质押登记存在本办法第十二条第二款所列情形并且尚未消除的，或者发现其他应当撤销专利权质押登记的情形的，应当撤销专利权质押登记，并向当事人发出《专利权质押登记撤销通知书》。

专利权质押登记被撤销的，质押登记的效力自始无效。

第十四条 国家知识产权局在专利公报上公告专利权质押登记的下列内容：出质人、质权人、主分类号、专利号、授权公告日、质押登记日等。

专利权质押登记后变更、注销的，国家知识产权局予以登记和公告。

第十五条 专利权质押期间，出质人未提交质权人同意其放弃该专利权的证明材料的，国家知识产权局不予办理专利权放弃手续。

第十六条 专利权质押期间，出质人未提交质权人同意转让或者许可实施该专利权的证明材料的，国家知识产权局不予办理专利权转让登记手续或者专利实施合同备案手续。

出质人转让或者许可他人实施出质的专利权的，出质人所得的转让费、许可费应当向质权人提前清偿债务或者提存。

第十七条 专利权质押期间，当事人的姓名或者名称、地址、被担保的主债权种类及数额或者质押担保的范围发生变更的，当事人应当自变更之日起 30 日内持变更协议、原《专利权质押登记通知书》和其他有关文件，向国家知识产权局办理专利权质押登记变更手续。

第十八条 有下列情形之一的，当事人应当持《专利权质押登记通知书》以及相关证明文件，向国家知识产权局办理质押登记注销手续：

（一）债务人按期履行债务或者出质人提前清偿所担保的债务的；

（二）质权已经实现的；

（三）质权人放弃质权的；

（四）因主合同无效、被撤销致使质押合同无效、被撤销的；

（五）法律规定质权消灭的其他情形。

国家知识产权局收到注销登记申请后，经审核，向当事人发出《专利权质押登记注销通知书》。专利权质押登记的效力自注销之日起终止。

第十九条 专利权在质押期间被宣告无效或者终止的，国家知识产权局应当通知质权人。

第二十条 专利权人没有按照规定缴纳已经质押的专利权的年费的，国家知识产权局应当在向专利权人发出缴费通知书的同时通知质权人。

第二十一条 本办法由国家知识产权局负责解释。

第二十二条 本办法自 2010 年 10 月 1 日起施行。1996 年 9 月 19 日中华人民共和国专利局令第八号发布的《专利权质押合同登记管理暂行办法》同时废止。

国家知识产权局令

（第五十七号）

《关于专利电子申请的规定》已经局务会议审议通过，现予公布，自 2010 年 10 月 1 日起施行。

局长　田力普

二〇一〇年八月二十六日

关于专利电子申请的规定

第一条 为了规范与通过互联网传输并以电子文件形式提出的专利申请（以下简称专利电子申请）有关的程序和要求，方便申请人提交专利申请，提高专利审批效率，推进电子政务建设，依照《中华人民共和国专利法实施细则》（以下简称专利法实施细则）第二条和第十五条第二款，制定本规定。

第二条 提出专利电子申请的，应当事先与国家知识产权局签订《专利电子申请系统用户注册协议》（以下简称用户协议）。

开办专利电子申请代理业务的专利代理机构，应当以该专利代理机构名义与国家知识产权局签订用户协议。

申请人委托已与国家知识产权局签订用户协议的专利代理机构办理专利电子申请业务的，无须另行与国家知识产权局签订用户协议。

第三条 申请人有两人以上且未委托专利代理机构的，以提交电子申请的申请人为代表人。

第四条 发明、实用新型和外观设计专利申请均可以采用电子文件形式提出。

依照专利法实施细则第一百零一条第二款的规定进入中国国家阶段的专利申请，可以采用电子文件形式提交。

依照专利法实施细则第一百零一条第一款的规定向国家知识产权局提出专利国际申请的，不适用本规定。

第五条 申请专利的发明创造涉及国家安全或者重大利益需要保密的，应当以纸件形式提出专利申请。

申请人以电子文件形式提出专利申请后，国家知识产权局认为该专利申请需要保密的，应当将该专利申请转为纸件形式继续审查并通知申请人。申请人在后续程序中应当以纸件形式递交各种文件。

依照专利法实施细则第八条第二款第（一）项直接向外国申请专利或者向有关国外机构提交专利国际申请的，申请人向国家知识产权局提出的保密审查请求和技术方案应当以纸件形式提出。

第六条 提交专利电子申请和相关文件的，应当遵守规定的文件格式、数据标准、操作规范和传输方式。专利电子申请和相关文件未能被国家知识产权局专利电子申请系统正常接收的，视为未提交。

第七条 申请人办理专利电子申请各种手续的，应当以电子文件形式提交相关文件。除另有规定外，国家知识产权局不接受申请人以纸件形式提交的相关文件。不符合本款规定的，相关文件视为未提交。

以纸件形式提出专利申请并被受理后，除涉及国家安全或者重大利益需要保密的专利申请外，申请人可以请求将纸件申请转为专利电子申请。

特殊情形下需要将专利电子申请转为纸件申请的，申请人应当提出请求，经国家知识产权局审批并办理相关手续后可以转为纸件申请。

第八条 申请人办理专利电子申请的各种手续的，对专利法及其实施细则或者专利审查指南中规定的应当以原件形式提交的相关文件，申请人可以提交原件的电子扫描文件。国家知识产权局认为必要时，可以要求申请人在指定期限内提交原件。

申请人在提出专利电子申请时请求减缴或者缓缴专利法实施细则规定的各种费用需要提交有关证明文件的，应当在提出专利申请时提交证明文件原件的电子扫描文件。未提交电子扫描文件的，视为未提交有关证明文件。

第九条 采用电子文件形式向国家知识产权局提交的各种文件，以国家知识产权局专利电子申请系统收到电子文件之日为递交日。

对于专利电子申请，国家知识产权局以电子文件形式向申请人发出的各种通知书、决定或者其他文件，自文件发出之日起满15日，推定为申请人收到文件之日。

第十条 专利法及其实施细则和专利审查指南中关于专利申请和相关文件的所有规定，除专门针对以纸件形式提交的专利申请和相关文件的规定之外，均适用于专利电子申请。

第十一条 本规定由国家知识产权局负责解释。

第十二条 本规定自2010年10月1日起施行。2004年2月12日国家知识产权局令第三十五号发布的《关于电子专利申请的规定》同时废止。

国家知识产权局令

（第五十八号）

《关于台湾同胞专利申请的若干规定》已经局务会议审议通过，现予公布，自 2010 年 11 月 22 日起施行。

局长　田力普

二〇一〇年十一月十五日

关于台湾同胞专利申请的若干规定

第一条 为了方便台湾同胞向国家知识产权局申请专利，制定本规定。

第二条 台湾地区申请人（以下简称申请人）在台湾地区专利主管机构第一次提出发明或者实用新型专利申请之日起十二个月内，或者第一次提出外观设计专利申请之日起六个月内，又在国家知识产权局就相同主题提出专利申请的，可以要求享有其台湾地区在先申请的优先权（以下简称台湾地区优先权）。

申请人根据前款规定要求台湾地区优先权的，其在先申请的申请日应当在2010年9月12日（含当日）以后。

第三条 申请人可以在一件申请中要求一项或者多项台湾地区优先权；要求多项台湾地区优先权的，该申请的台湾地区优先权期限从最早的在先申请的申请日起计算。

第四条 申请人要求台湾地区优先权的，应当在向国家知识产权局提出专利申请的同时在请求书中声明，并且在三个月内提交由台湾地区专利主管机构出具的在先申请文件的副本；未在请求书中声明或者期满未提交在先申请文件副本的，视为未要求台湾地区优先权。

申请人在请求书中声明要求台湾地区优先权的，应当写明在先申请的申请日和申请号，并写明原受理机构为“台湾地区”。

第五条 申请人要求一项或者多项台湾地区优先权而在请求书的声明中未写明或者错写其中某件在先申请的申请日、申请号和原受理机构名称中的一项或者两项内容，但申请人已在规定的期限内提交了在先申请文件副本的，国家知识产权局应当通知申请人补正；申请人期满未答复或者补正后仍不符合规定的，视为未要求该项台湾地区优先权。

第六条 申请人要求多项台湾地区优先权的，应当提交全部在先申请文件副本。

在先申请文件副本至少应当表明原受理机构、申请人、申请日、申请号。在先申请文件副本不符合规定的，国家知识产权局应当通知申请人补正；申请人期满未答复或者补正后仍不符合规定的，视为未提交该在先申请文件副本。

国家知识产权局依据有关协议，通过电子交换途径获得在先申请文件副本的，视为申请人提交了符合规定的在先申请文件副本。

申请人已向国家知识产权局提交过在先申请文件副本，需要再次提交的，可以仅提交该副本的题录，但应当注明在先申请文件副本的原件所在申请案卷的申请号。

第七条 要求台湾地区优先权的申请人与在先申请文件副本中记载的申请人不一致的，应当在向国家知识产权局提出专利申请之日起三个月内提交台湾地区优先权转让证明或者有关说明；期满未提交或者提交的文件不符合规定的，视为未要求台湾地区优先权。

第八条 申请人要求台湾地区优先权后，可以撤回其全部或者其中某一项或者几项台湾地区优先权要求。

申请人撤回其台湾地区优先权要求的，应当提交全体申请人签字或者盖章的撤回台湾地区优先权声明；撤回台湾地区优先权声明不符合规定的，视为未提出撤回台湾地区优先权声明。

申请人撤回其台湾地区优先权要求导致该申请的最早台湾地区优先权日变更，且自该台湾地区优先权日起算的各种期限尚未届满的，其台湾地区优先权期限应当自变更后的最早台湾地区优先权日或者申请日起算；撤回台湾地区优先权的声明是在变更前的最早台湾地区优先权日起十五个月之后到达国家知识产权局的，则在后专利申请的公布期限仍按照变更前的最早台湾地区优先权日起算。

第九条 要求台湾地区优先权的，应当在缴纳申请费的同时，根据专利法实施细则第九十三条的规定缴纳台湾地区优先权要求费；期满未缴纳或者未缴足的，视为未要求台湾地区优先权。

第十条 被视为未要求台湾地区优先权并属于下列情形之一的，申请人可以根据专利法实施细则第六条的规定请求恢复要求台湾地区优先权的权利：

（一）由于未在指定期限内办理补正手续导致视为未要求台湾地区优先权的；

（二）要求台湾地区优先权声明中至少一项内容填写正确，但未在规定的期限内提交在先申请文件副本或者台湾地区优先权转让证明文件或者有关说明的；

（三）要求台湾地区优先权声明中至少一项内容填写正确，但未在规定的期限内缴纳或者缴足台湾地区优先权要求费的；

（四）分案申请的原申请要求了台湾地区优先权的。

除上述情形外，其他原因造成被视为未要求台湾地区优先权的，不予恢复。

第十一条 申请人提出的专利申请文件中，含有与现行法律、法规、规章相抵触的词句的，国家知识产权局应当通知申请人在两个月内删除或者修改，期满不答复的，其申请被视为撤回；申请人拒绝删除、修改或者修改后仍不符合规定的，应当驳回该专利申请。明显不涉及技术内容的词句，国家知识产权局可以依职权删除并通知申请人；申请人不同意删除的，应当驳回该专利申请。

第十二条 国家知识产权局依申请人请求出具申请文件副本的，应当先根据本规定第十一条对申请文件用语进行审查；申请文件中含有与现行法律、法规、规章相抵触的词句的，在初审合格之前不予办理。

第十三条 申请人不愿公布其地址的，可在“申请人地址”栏中注明“中国台湾”。

第十四条 本规定自2010年11月22日起施行。原中国专利局1993年3月29日颁布的《关于受理台胞专利申请的规定》（国专发法字［1993］第63号）和1993年4月23日颁布的《关于台胞申请专利手续中若干问题的处理办法》（国专发审字［1993］第69号）同时废止。

国家知识产权局令

（第五十九号）

《国家知识产权局关于修改和废止部分规章和规范性文件的决定》已经局务会议审议通过，现予公布，自公布之日起生效。

局长　田力普

二〇一〇年十一月二十六日

国家知识产权局关于修改和废止部分规章和规范性文件的决定

根据《国务院关于加强法治政府建设的意见》、《国务院办公厅关于做好规章清理工作有关问题的通知》，国家知识产权局对截至2010年11月底的现行规章和规范性文件进行了全面清理。经过清理，国家知识产权局决定：

一、对与上位法律、法规的规定不一致的《国家知识产权局规章制定程序的规定》（2001年12月31日国家知识产权局令第21号公布）第十三条第四款，予以删除。

二、对主要内容被新的法律、法规、规章或者规范性文件所代替的13件规范性文件（目录见附件1），予以废止。

三、对适用期已过或者调整对象已经消失、实际上已经失效的2件规章、规范性文件（目录见附件2），宣布失效。

本决定自公布之日起生效。

附件：1. 国家知识产权局决定予以废止的规范性文件目录（13件）

2. 国家知识产权局决定宣布失效的规章、规范性文件目录（2件）

附件1

国家知识产权局决定予以废止的规范性文件目录（13件）

序号	名　称	公布机关及日期	说　明
1	中华人民共和国专利局公告第7号	1985年3月2日中华人民共和国专利局公布	该公告中采用的分类表与实践不符。
2	中华人民共和国专利局公告第21号	1988年11月20日中华人民共和国专利局公布	已被2003年7月14日国家知识产权局令第32号公布的《专利申请号标准》、2003年7月14号公布的国家知识产权局公告第92号代替。
3	中华人民共和国专利局公告第28号	1990年1月16日中华人民共和国专利局公布	已被2010年1月21日国家知识产权局令第55号公布的《专利审查指南》代替。
4	中华人民共和国专利局公告第56号	1997年2月3日中华人民共和国专利局公布	已被1998年1月1日公布的中华人民共和国专利局公告第59号代替。
5	中华人民共和国专利局公告第58号	1997年10月15日中华人民共和国专利局公布	已被2010年1月21日国家知识产权局令第55号公布的《专利审查指南》代替。

续表

序号	名　称	公布机关及日期	说　明
6	国家知识产权局公告第 74 号	2000 年 11 月 10 日国家知识产权局公布	已被 2010 年 2 月 24 日公布的国家知识产权局公告第 152 号代替。
7	国家知识产权局公告第 77 号	2001 年 6 月 25 日国家知识产权局公布	已被 2010 年 1 月 21 日国家知识产权局令第 55 号公布的《专利审查指南》代替。
8	国家知识产权局公告第 79 号	2001 年 11 月 26 日国家知识产权局公布	已被 2010 年 1 月 9 日中华人民共和国国务院令第 569 号公布的《中华人民共和国专利法实施细则》代替。
9	国家知识产权局公告第 94 号	2003 年 12 月 26 日国家知识产权局公布	已被 2010 年 1 月 21 日国家知识产权局令第 55 号公布的《专利审查指南》代替。
10	国家知识产权局公告第 97 号	2004 年 2 月 3 日国家知识产权局公布	已被 2008 年 6 月 27 日公布的国家知识产权局公告第 135 号代替。
11	国家知识产权局公告第 98 号	2004 年 2 月 3 日国家知识产权局公布	已被 2008 年 6 月 27 日公布的国家知识产权局公告第 136 号代替。
12	国家知识产权局公告第 113 号	2005 年 11 月 23 日国家知识产权局公布	已被 2008 年 6 月 27 日公布的国家知识产权局公告第 135 号代替。
13	国家知识产权局公告第 126 号	2007 年 9 月 29 日国家知识产权局公布	已被 2010 年 2 月 24 日公布的国家知识产权局公告第 152 号代替。

附件 2

国家知识产权局决定宣布失效的规章、规范性文件目录（2 件）

1	国家知识产权局公告第 78 号	2001 年 6 月 25 日国家知识产权局公布	调整对象已消失，实际上已经失效。
2	《2002 年 12 月 28 日修改的专利法实施细则的适用办法》	2003 年 1 月 10 日国家知识产权局令第 26 号公布	调整对象已消失，实际上已经失效。

国家知识产权局令

（第六十号）

《专利行政执法办法》已经局务会议审议通过，现予公布，自2011年2月1日起施行。

局长　田力普

二〇一〇年十二月二十九日

专利行政执法办法

第一章　总　　则

第一条　为规范专利行政执法行为，保护专利权人和社会公众的合法权益，维护社会主义市场经济秩序，根据《中华人民共和国专利法》、《中华人民共和国专利法实施细则》以及其他有关法律法规，制定本办法。

第二条　管理专利工作的部门开展专利行政执法，即处理专利侵权纠纷、调解专利纠纷以及查处假冒专利行为，适用本办法。

第三条　管理专利工作的部门处理专利侵权纠纷应当以事实为依据、以法律为准绳，遵循公正、及时的原则。

管理专利工作的部门调解专利纠纷，应当遵循自愿、合法的原则，在查明事实、分清是非的基础上，促使当事人相互谅解，达成调解协议。

管理专利工作的部门查处假冒专利行为，应当以事实为依据、以法律为准绳，遵循公正、公开的原则，给予的行政处罚应当与违法行为的事实、性质、情节以及社会危害程度相当。

第四条　管理专利工作的部门应当设置专门机构或者配备专职执法人员开展专利行政执法。

案件承办人员应当持有国家知识产权局或者省、自治区、直辖市人民政府颁发的专利行政执法证件。案件承办人员执行公务时应当严肃着装。

第五条　对有重大影响的专利侵权纠纷案件、假冒专利案件，国家知识产权局在必要时可以组织有关管理专利工作的部门处理、查处。

对于行为发生地涉及两个以上省、自治区、直辖市的重大案件，有关省、自治区、直辖市管理专利工作的部门可以报请国家知识产权局协调处理或者查处。

管理专利工作的部门开展专利行政执法遇到疑难问题的，国家知识产权局应当给予必要的指导和支持。

第六条 管理专利工作的部门可以依据本地实际，委托有实际处理能力的市、县级人民政府设立的专利管理部门查处假冒专利行为、调解专利纠纷。

委托方应当对受托方查处假冒专利和调解专利纠纷的行为进行监督和指导，并承担法律责任。

第七条 管理专利工作的部门指派的案件承办人员与当事人有直接利害关系的，应当回避，当事人有权申请其回避。当事人申请回避的，应当说明理由。

案件承办人员的回避，由管理专利工作部门的负责人决定。是否回避的决定作出前，被申请回避的人员应当暂停参与本案的工作。

第二章　专利侵权纠纷的处理

第八条 请求管理专利工作的部门处理专利侵权纠纷的，应当符合下列条件：

（一）请求人是专利权人或者利害关系人；

（二）有明确的被请求人；

（三）有明确的请求事项和具体事实、理由；

（四）属于受案管理专利工作的部门的受案和管辖范围；

（五）当事人没有就该专利侵权纠纷向人民法院起诉。

第一项所称利害关系人包括专利实施许可合同的被许可人、专利权人的合法继承人。专利实施许可合同的被许可人中，独占实施许可合同的被许可人可以单独提出请求；排他实施许可合同的被许可人在专利权人不请求的情况下，可以单独提出请求；除合同另有约定外，普通实施许可合同的被许可人不能单独提出请求。

第九条 请求管理专利工作的部门处理专利侵权纠纷的，应当提交请求书及下列证明材料：

（一）主体资格证明，即个人应当提交居民身份证或者其他有效身份证件，单位应当提交有效的营业执照或者其他主体资格证明文件副本及法定代表人或者主要负责人的身份证明；

（二）专利权有效的证明，即专利登记簿副本，或者专利证书和当年缴纳专利年费的收据。

专利侵权纠纷涉及实用新型或者外观设计专利的，管理专利工作的部门可以要求请求人出具由国家知识产权局作出的专利权评价报告（实用新型专利检索报告）。

请求人应当按照被请求人的数量提供请求书副本及有关证据。

第十条 请求书应当记载以下内容：

（一）请求人的姓名或者名称、地址，法定代表人或者主要负责人的姓名、职务，委托代理人的，代理人的姓名和代理机构的名称、地址；

（二）被请求人的姓名或者名称、地址；

（三）请求处理的事项以及事实和理由。

有关证据和证明材料可以以请求书附件的形式提交。

请求书应当由请求人签名或者盖章。

第十一条 请求符合本办法第八条规定条件的，管理专利工作的部门应当在收到请求书之日起 5 个工作日内立案并通知请求人，同时指定 3 名或者 3 名以上单数承办人员处理该专利侵权纠纷；请求不符合本办法第八条规定条件的，管理专利工作的部门应当在收到请求书之日起5个工作日内通知请求人不予受理，并说明理由。

第十二条 管理专利工作的部门应当在立案之日起5个工作日内将请求书及其附件的副本送达被请求人，要求其在收到之日起15日内提交答辩书并按照请求人的数量提供答辩书副本。被请求人逾期不提交答辩书的，不影响管理专利工作的部门进行处理。

被请求人提交答辩书的，管理专利工作的部门应当在收到之日起5个工作日内将答辩书副本送达请求人。

第十三条 管理专利工作的部门处理专利侵权纠纷案件时，可以根据当事人的意愿进行调解。双方当事人达成一致的，由管理专利工作的部门制作调解协议书，加盖其公章，并由双方当事人签名或者盖章。调解不成的，应当及时作出处理决定。

第十四条 管理专利工作的部门处理专利侵权纠纷，可以根据案情需要决定是否进行口头审理。管理专利工作的部门决定进行口头审理的，应当至少在口头审理3个工作日前将口头审理的时间、地点通知当事人。当事人无正当理由拒不参加的，或者未经允许中途退出的，对请求人按撤回请求处理，对被请求人按缺席处理。

第十五条 管理专利工作的部门举行口头审理的，应当将口头审理的参加人和审理要点记入笔录，经核对无误后，由案件承办人员和参加人签名或者盖章。

第十六条 专利法第五十九条第一款所称的“发明或者实用新型专利权的保护范围以其权利要求的内容为准”，是指专利权的保护范围应当以其权利要求记载的技术特征所确定的范围为准，也包括与记载的技术特征相等同的特征所确定的范围。等同特征是指与记载的技术特征以基本相同的手段，实现基本相同的功能，达到基本相同的效果，并且所属领域的普通技术人员无需经过创造性劳动就能够联想到的特征。

第十七条 除达成调解协议或者请求人撤回请求之外，管理专利工作的部门处理专利侵权纠纷应当制作处理决定书，写明以下内容：

（一）当事人的姓名或者名称、地址；

（二）当事人陈述的事实和理由；

（三）认定侵权行为是否成立的理由和依据；

（四）处理决定认定侵权行为成立并需要责令侵权人立即停止侵权行为的，应当明确写明责令被请求人立即停止的侵权行为的类型、对象和范围；认定侵权行为不成立的，应当驳回请求人的请求；

（五）不服处理决定提起行政诉讼的途径和期限。

处理决定书应当加盖管理专利工作的部门的公章。

第十八条 管理专利工作的部门或者人民法院作出认定侵权成立并责令侵权人立即停止侵权行为的处理决定或者判决之后，被请求人就同一专利权再次作出相同类型的侵权行为，专利权人或者利害关系人请求处理的，管理专利工作的部门可以直接作出责令立即停止侵权行为的处理决定。

第十九条 管理专利工作的部门处理专利侵权纠纷，应当自立案之日起 4 个月内结案。案件特别复杂需要延长期限的，应当由管理专利工作的部门负责人批准。经批准延长的期限，最多不超过 1 个月。

案件处理过程中的公告、鉴定、中止等时间不计入前款所述案件办理期限。

第三章 专利纠纷的调解

第二十条 请求管理专利工作的部门调解专利纠纷的，应当提交请求书。

请求书应当记载以下内容：

（一）请求人的姓名或者名称、地址，法定代表人或者主要负责人的姓名、职务，委托代理人的，代理人的姓名和代理机构的名称、地址；

（二）被请求人的姓名或者名称、地址；

（三）请求调解的具体事项和理由。

单独请求调解侵犯专利权赔偿数额的，应当提交有关管理专利工作的部门作出的认定侵权行为成立的处理决定书副本。

第二十一条 管理专利工作的部门收到调解请求书后，应当及时将请求书副本通过寄交、直接送交或者其他方式送达被请求人，要求其在收到之日起15日内提交意见陈述书。

第二十二条 被请求人提交意见陈述书并同意进行调解的，管理专利工作的部门应当及时立案，并通知请求人和被请求人进行调解的时间和地点。

被请求人逾期未提交意见陈述书，或者在意见陈述书中表示不接受调解的，管理专利工作的部门不予立案，并通知请求人。

第二十三条 管理专利工作的部门调解专利纠纷可以邀请有关单位或者个人协助，被邀请的单位或者个人应当协助进行调解。

第二十四条 当事人经调解达成协议的，由管理专利工作的部门制作调解协议书，加盖其公章，并由双方当事人签名或者盖章；未能达成协议的，管理专利工作的部门以撤销案件的方式结案，并通知双方当事人。

第二十五条 因专利申请权或者专利权的归属纠纷请求调解的，当事人可以持管理专利工作的部门的受理通知书请求国家知识产权局中止该专利申请或者专利权的有关程序。

经调解达成协议的，当事人应当持调解协议书向国家知识产权局办理恢复手续；达不成协议的，当事人应当持管理专利工作的部门出具的撤销案件通知书向国家知识产权局办理恢复手续。自请求中止之日起满1年未请求延长中止的，国家知识产权局自行恢复有关程序。

第四章　假冒专利行为的查处

第二十六条　管理专利工作的部门发现或者接受举报发现涉嫌假冒专利行为的，应当及时立案，并指定两名或者两名以上案件承办人员进行调查。

第二十七条　查处假冒专利行为由行为发生地的管理专利工作的部门管辖。

管理专利工作的部门对管辖权发生争议的，由其共同的上级人民政府管理专利工作的部门指定管辖；无共同上级人民政府管理专利工作的部门的，由国家知识产权局指定管辖。

第二十八条　管理专利工作的部门查封、扣押涉嫌假冒专利产品的，应当经其负责人批准。查封、扣押时，应当向当事人出具有关通知书。

管理专利工作的部门查封、扣押涉嫌假冒专利产品，应当当场清点，制作笔录和清单，由当事人和案件承办人员签名或者盖章。当事人拒绝签名或者盖章的，由案件承办人员在笔录上注明。清单应当交当事人一份。

第二十九条　案件调查终结，经管理专利工作的部门负责人批准，根据案件情况分别作如下处理：

（一）假冒专利行为成立应当予以处罚的，依法给予行政处罚；

（二）假冒专利行为轻微并已及时改正的，免予处罚；

（三）假冒专利行为不成立的，依法撤销案件；

（四）涉嫌犯罪的，依法移送公安机关。

第三十条　管理专利工作的部门作出行政处罚决定前，应当告知当事人作出处罚决定的事实、理由和依据，并告知当事人依法享有的权利。

管理专利工作的部门作出较大数额罚款的决定之前，应当告知当事人有要求举行听证的权利。当事人提出听证要求的，应当依法组织听证。

第三十一条 当事人有权进行陈述和申辩，管理专利工作的部门不得因当事人申辩而加重行政处罚。

管理专利工作的部门对当事人提出的事实、理由和证据应当进行核实。当事人提出的事实属实、理由成立的，管理专利工作的部门应当予以采纳。

第三十二条 对情节复杂或者重大违法行为给予较重的行政处罚的，应当由管理专利工作的部门负责人集体讨论决定。

第三十三条 经调查，假冒专利行为成立应当予以处罚的，管理专利工作的部门应当制作处罚决定书，写明以下内容：

（一）当事人的姓名或者名称、地址；

（二）认定假冒专利行为成立的证据、理由和依据；

（三）处罚的内容以及履行方式；

（四）不服处罚决定申请行政复议和提起行政诉讼的途径和期限。

处罚决定书应当加盖管理专利工作的部门的公章。

第三十四条 管理专利工作的部门查处假冒专利案件，应当自立案之日起 1 个月内结案。案件特别复杂需要延长期限的，应当由管理专利工作的部门负责人批准。经批准延长的期限，最多不超过 15 日。

案件处理过程中听证、公告等时间不计入前款所述案件办理期限。

第五章　调查取证

第三十五条 在专利侵权纠纷处理过程中，当事人因客观原因不能自行收集部分证据的，可以书面请求管理专利工作的部门调查取证。管理专利工作的部门根据情况决定是否调查收集有关证据。

在处理专利侵权纠纷、查处假冒专利行为过程中，管理专利工作的部门可以根据需要依职权调查收集有关证据。

执法人员调查收集有关证据时，应当向当事人或者有关人员出示其行政执法证件。当事人和有关人员应当协助、配合，如实反应情况，不得拒绝、阻挠。

第三十六条 管理专利工作的部门调查收集证据可以查阅、复制与案件有关的合同、账册等有关文件；询问当事人和证人；采用测量、拍照、摄像等方式进行现场勘验。涉嫌侵犯制造方法专利权的，管理专利工作的部门可以要求被调查人进行现场演示。

管理专利工作的部门调查收集证据应当制作笔录。笔录应当由案件承办人员、被调查的单位或者个人签名或者盖章。被调查的单位或者个人拒绝签名或者盖章的，由案件承办人员在笔录上注明。

第三十七条 管理专利工作的部门调查收集证据可以采取抽样取证的方式。

涉及产品专利的，可以从涉嫌侵权的产品中抽取一部分作为样品；涉及方法专利的，可以从涉嫌依照该方法直接获得的产品中抽取一部分作为样品。被抽取样品的数量应当以能够证明事实为限。

管理专利工作的部门进行抽样取证应当制作笔录和清单，写明被抽取样品的名称、特征、数量以及保存地点，由案件承办人员、被调查的单位或者个人签字或者盖章。被调查的单位或者个人拒绝签名或者盖章的，由案件承办人员在笔录上注明。清单应当交被调查人一份。

第三十八条 在证据可能灭失或者以后难以取得，又无法进行抽样取证的情况下，管理专利工作的部门可以进行登记保存，并在7日内作出决定。

经登记保存的证据，被调查的单位或者个人不得销毁或者转移。

管理专利工作的部门进行登记保存应当制作笔录和清单，写明被登记保存证据的名称、特征、数量以及保存地点，由案件承办人员、被调查的单位或者个人签名或者盖章。被调查的单位或者个人拒绝签名或者盖章的，由案件承办人员在笔录上注明。清单应当交被调查人一份。

第三十九条 管理专利工作的部门需要委托其他管理专利工作的部门协助调查收集证据的，应当提出明确的要求。接受委托的部门应当及时、认真地协助调查收集证据，并尽快回复。

第四十条 海关对被扣留的侵权嫌疑货物进行调查，请求管理专利工作的部门提供协助的，管理专利工作的部门应当依法予以协助。

管理专利工作的部门处理涉及进出口货物的专利案件的，可以请求海关提供协助。

第六章 法律责任

第四十一条 管理专利工作的部门认定专利侵权行为成立，作出处理决定，责令侵权人立即停止侵权行为的，应当采取下列制止侵权行为的措施：

（一）侵权人制造专利侵权产品的，责令其立即停止制造行为，销毁制造侵权产品的专用设备、模具，并且不得销售、使用尚未售出的侵权产品或者以任何其他形式将其投放市场；侵权产品难以保存的，责令侵权人销毁该产品；

（二）侵权人未经专利权人许可使用专利方法的，责令侵权人立即停止使用行为，销毁实施专利方法的专用设备、模具，并且不得销售、使用尚未售出的依照专利方法所直接获得的侵权产品或者以任何其他形式将其投放市场；侵权产品难以保存的，责令侵权人销毁该产品；

（三）侵权人销售专利侵权产品或者依照专利方法直接获得的侵权产品的，责令其立即停止销售行为，并且不得使用尚未售出的侵权产品或者以任何其他形式将其投放市场；尚未售出的侵权产品难以保存的，责令侵权人销毁该产品；

（四）侵权人许诺销售专利侵权产品或者依照专利方法直接获得的侵权产品的，责令其立即停止许诺销售行为，消除影响，并且不得进行任何实际销售行为；

（五）侵权人进口专利侵权产品或者依照专利方法直接获得的侵权产品的，责令侵权人立即停止进口行为；侵权产品已经入境的，不得销售、使用该侵权产品或者以任何其他形式将其投放市场；侵权产品难以保存的，责令侵权人销毁该产品；侵权产品尚未入境的，可以将处理决定通知有关海关；

（六）停止侵权行为的其他必要措施。

第四十二条 管理专利工作的部门作出认定专利侵权行为成立并责令侵权人立即停止侵权行为的处理决定后，被请求人向人民法院提起行政诉讼的，在诉讼期间不停止决定的执行。

侵权人对管理专利工作的部门作出的认定侵权行为成立的处理决定期满不起诉又不停止侵权行为的，管理专利工作的部门可以申请人民法院强制执行。

第四十三条 管理专利工作的部门认定假冒专利行为成立的，应当责令行为人采取下列改正措施：

（一）在未被授予专利权的产品或者其包装上标注专利标识、专利权被宣告无效后或者终止后继续在产品或者其包装上标注专利标识或者未经许可在产品或者产品包装上标注他人的专利号的，立即停止标注行为，消除尚未售出的产品或者其包装上的专利标识；产品上的专利标识难以消除的，销毁该产品或者包装；

（二）销售第（一）项所述产品的，立即停止销售行为；

（三）在产品说明书等材料中将未被授予专利权的技术或者设

计称为专利技术或者专利设计，将专利申请称为专利，或者未经许可使用他人的专利号，使公众将所涉及的技术或者设计误认为是他人的专利技术或者专利设计的，立即停止发放该材料，销毁尚未发出的材料，并消除影响；

（四）伪造或者变造专利证书、专利文件或者专利申请文件的，立即停止伪造或者变造行为，销毁伪造或者变造的专利证书、专利文件或者专利申请文件，并消除影响；

（五）其他必要的改正措施。

第四十四条 管理专利工作的部门认定假冒专利行为成立，作出处罚决定的，应当予以公告。

第四十五条 管理专利工作的部门认定假冒专利行为成立的，可以按照下列方式确定行为人的违法所得：

（一）销售假冒专利的产品的，以产品销售价格乘以所销售产品的数量作为其违法所得；

（二）订立假冒专利的合同的，以收取的费用作为其违法所得。

第四十六条 管理专利工作的部门作出处罚决定后，当事人申请行政复议或者向人民法院提起行政诉讼的，在行政复议或者诉讼期间不停止决定的执行。

第四十七条 假冒专利行为的行为人应当自收到处罚决定书之日起 15 日内，到指定的银行缴纳处罚决定书写明的罚款；到期不缴纳的，每日按罚款数额的百分之三加处罚款。

第四十八条 拒绝、阻碍管理专利工作的部门依法执行公务的，由公安机关根据《中华人民共和国治安管理处罚法》的规定给予处罚；情节严重构成犯罪的，由司法机关依法追究刑事责任。

第七章 附 则

第四十九条 管理专利工作的部门可以通过寄交、直接送交、留置送达、公告送达或者其他方式送达有关法律文书和材料。

第五十条 本办法由国家知识产权局负责解释。

第五十一条 本办法自 2011 年 2 月 1 日起施行。2001 年 12 月 17 日国家知识产权局令第十九号发布的《专利行政执法办法》同时废止。

国家知识产权局令

（第六十一号）

《关于修改〈专利代理管理办法〉的决定》已经局务会议审议通过，现予公布，自公布之日起施行。

局长　田力普

二〇一一年三月二十八日

关于修改《专利代理管理办法》的决定

我局决定对《专利代理管理办法》（2003 年 6 月 6 日国家知识产权局令第 30 号发布）第二十三条予以修改，修改后的内容为：

第二十三条　中华全国专利代理人协会负责颁发、变更以及注销专利代理人执业证的具体事宜，国家知识产权局依法进行监督和指导。

本决定自公布之日起施行。

国家知识产权局令

（第六十二号）

《专利实施许可合同备案办法》已经局务会议审议通过，现予公布，自 2011 年 8 月 1 日起施行。

局长　田力普

二〇一一年六月二十七日

专利实施许可合同备案办法

第一条 为了切实保护专利权，规范专利实施许可行为，促进专利权的运用，根据《中华人民共和国专利法》、《中华人民共和国合同法》和相关法律、法规，制定本办法。

第二条 国家知识产权局负责全国专利实施许可合同的备案工作。

第三条 专利实施许可的许可人应当是合法的专利权人或者其他权利人。

以共有的专利权订立专利实施许可合同的，除全体共有人另有约定或者《中华人民共和国专利法》另有规定的外，应当取得其他共有人的同意。

第四条 申请备案的专利实施许可合同应当以书面形式订立。

订立专利实施许可合同可以使用国家知识产权局统一制订的合同范本；采用其他合同文本的，应当符合《中华人民共和国合同法》的规定。

第五条 当事人应当自专利实施许可合同生效之日起 3 个月内办理备案手续。

第六条 在中国没有经常居所或者营业所的外国人、外国企业或者外国其他组织办理备案相关手续的，应当委托依法设立的专利代理机构办理。

中国单位或者个人办理备案相关手续的，可以委托依法设立的专利代理机构办理。

第七条 当事人可以通过邮寄、直接送交以及国家知识产权局规定的其他方式办理专利实施许可合同备案相关手续。

第八条 申请专利实施许可合同备案的，应当提交下列文件：

（一）许可人或者其委托的专利代理机构签字或者盖章的专利实施许可合同备案申请表；

（二）专利实施许可合同；

（三）双方当事人的身份证明；

（四）委托专利代理机构的，注明委托权限的委托书；

（五）其他需要提供的材料。

第九条 当事人提交的专利实施许可合同应当包括以下内容：

（一）当事人的姓名或者名称、地址；

（二）专利权项数以及每项专利权的名称、专利号、申请日、授权公告日；

（三）实施许可的种类和期限。

第十条 除身份证明外，当事人提交的其他各种文件应当使用中文。身份证明是外文的，当事人应当附送中文译文；未附送的，视为未提交。

第十一条 国家知识产权局自收到备案申请之日起 7 个工作日内进行审查并决定是否予以备案。

第十二条 备案申请经审查合格的，国家知识产权局应当向当事人出具《专利实施许可合同备案证明》。

备案申请有下列情形之一的，不予备案，并向当事人发送《专利实施许可合同不予备案通知书》：

（一）专利权已经终止或者被宣告无效的；

（二）许可人不是专利登记簿记载的专利权人或者有权授予许可的其他权利人的；

（三）专利实施许可合同不符合本办法第九条规定的；

（四）实施许可的期限超过专利权有效期的；

（五）共有专利权人违反法律规定或者约定订立专利实施许可合同的；

（六）专利权处于年费缴纳滞纳期的；

（七）因专利权的归属发生纠纷或者人民法院裁定对专利权采取保全措施，专利权的有关程序被中止的；

（八）同一专利实施许可合同重复申请备案的；

（九）专利权被质押的，但经质权人同意的除外；

（十）与已经备案的专利实施许可合同冲突的；

（十一）其他不应当予以备案的情形。

第十三条 专利实施许可合同备案后，国家知识产权局发现备案申请存在本办法第十二条第二款所列情形并且尚未消除的，应当撤销专利实施许可合同备案，并向当事人发出《撤销专利实施许可合同备案通知书》。

第十四条 专利实施许可合同备案的有关内容由国家知识产权局在专利登记簿上登记，并在专利公报上公告以下内容：许可人、被许可人、主分类号、专利号、申请日、授权公告日、实施许可的种类和期限、备案日期。

专利实施许可合同备案后变更、注销以及撤销的，国家知识产权局予以相应登记和公告。

第十五条 国家知识产权局建立专利实施许可合同备案数据库。公众可以查询专利实施许可合同备案的法律状态。

第十六条 当事人延长实施许可的期限的，应当在原实施许可的期限届满前2个月内，持变更协议、备案证明和其他有关文件向国家知识产权局办理备案变更手续。

变更专利实施许可合同其他内容的，参照前款规定办理。

第十七条 实施许可的期限届满或者提前解除专利实施许可合同的，当事人应当在期限届满或者订立解除协议后30日内持备案证明、解除协议和其他有关文件向国家知识产权局办理备案注销手续。

第十八条 经备案的专利实施许可合同涉及的专利权被宣告无

效的，当事人应当及时办理备案注销手续。

第十九条 经备案的专利实施许可合同的种类、期限、许可使用费计算方法或者数额等，可以作为管理专利工作的部门对侵权赔偿数额进行调解的参照。

第二十条 当事人以专利申请实施许可合同申请备案的，参照本办法执行。

申请备案时，专利申请被驳回、撤回或者视为撤回的，不予备案。

第二十一条 当事人以专利申请实施许可合同申请备案的，专利申请被批准授予专利权后，当事人应当及时将专利申请实施许可合同名称及有关条款作相应变更；专利申请被驳回、撤回或者视为撤回的，当事人应当及时办理备案注销手续。

第二十二条 本办法自 2011 年 8 月 1 日起施行。2001 年 12 月 17 日国家知识产权局令第十八号发布的《专利实施许可合同备案管理办法》同时废止。

商务部、国家工商行政管理总局、国家版权局、国家知识产权局令

（2006年第1号）

《展会知识产权保护办法》已经商务部、国家工商总局、国家版权局、国家知识产权局审议通过，现予公布，自二〇〇六年三月一日起施行。

商务部部长：薄熙来
工商总局局长：王众孚
版权局局长：龙新民
知识产权局局长：田力普
二〇〇六年一月十日

展会知识产权保护办法

第一章　总　　则

第一条　为加强展会期间知识产权保护，维护会展业秩序，推动会展业的健康发展，根据《中华人民共和国对外贸易法》、《中华人民共和国专利法》、《中华人民共和国商标法》和《中华人民共和国著作权法》及相关行政法规等制定本办法。

第二条　本办法适用于在中华人民共和国境内举办的各类经济技术贸易展览会、展销会、博览会、交易会、展示会等活动中有关专利、商标、版权的保护。

第三条　展会管理部门应加强对展会期间知识产权保护的协调、监督、检查，维护展会的正常交易秩序。

第四条　展会主办方应当依法维护知识产权权利人的合法权益。展会主办方在招商招展时，应加强对参展方有关知识产权的保护和对参展项目（包括展品、展板及相关宣传资料等）的知识产权状况的审查。在展会期间，展会主办方应当积极配合知识产权行政管理部门的知识产权保护工作。

展会主办方可通过与参展方签订参展期间知识产权保护条款或合同的形式，加强展会知识产权保护工作。

第五条　参展方应当合法参展，不得侵犯他人知识产权，并应对知识产权行政管理部门或司法部门的调查予以配合。

第二章　投诉处理

第六条　展会时间在三天以上（含三天），展会管理部门认为有必要的，展会主办方应在展会期间设立知识产权投诉机构。设立投诉机构的，展会举办地知识产权行政管理部门应当派员进驻，并依法对侵权案件进行处理。

未设立投诉机构的，展会举办地知识产权行政管理部门应当加强对展会知识产权保护的指导、监督和有关案件的处理，展会主办方应当将展会举办地的相关知识产权行政管理部门的联系人、联系方式等在展会场馆的显著位置予以公示。

第七条　展会知识产权投诉机构应由展会主办方、展会管理部门、专利、商标、版权等知识产权行政管理部门的人员组成，其职责包括：

（一）接受知识产权权利人的投诉，暂停涉嫌侵犯知识产权的展品在展会期间展出；

（二）将有关投诉材料移交相关知识产权行政管理部门；

（三）协调和督促投诉的处理；

（四）对展会知识产权保护信息进行统计和分析；

（五）其他相关事项。

第八条　知识产权权利人可以向展会知识产权投诉机构投诉也可直接向知识产权行政管理部门投诉。权利人向投诉机构投诉的，应当提交以下材料：

（一）合法有效的知识产权权属证明：涉及专利的，应当提交专利证书、专利公告文本、专利权人的身份证明、专利法律状态证明；涉及商标的，应当提交商标注册证明文件，并由投诉人签章确认，商标权利人身份证明；涉及著作权的，应当提交著作权权利证明、著作权人身份证明；

（二）涉嫌侵权当事人的基本信息；

（三）涉嫌侵权的理由和证据；

（四）委托代理人投诉的，应提交授权委托书。

第九条 不符合本办法第八条规定的，展会知识产权投诉机构应当及时通知投诉人或者请求人补充有关材料。未予补充的，不予接受。

第十条 投诉人提交虚假投诉材料或其他因投诉不实给被投诉人带来损失的，应当承担相应法律责任。

第十一条 展会知识产权投诉机构在收到符合本办法第八条规定的投诉材料后，应于24小时内将其移交有关知识产权行政管理部门。

第十二条 地方知识产权行政管理部门受理投诉或者处理请求的，应当通知展会主办方，并及时通知被投诉人或者被请求人。

第十三条 在处理侵犯知识产权的投诉或者请求程序中，地方知识产权行政管理部门可以根据展会的展期指定被投诉人或者被请求人的答辩期限。

第十四条 被投诉人或者被请求人提交答辩书后，除非有必要作进一步调查，地方知识产权行政管理部门应当及时作出决定并送交双方当事人。

被投诉人或者被请求人逾期未提交答辩书的，不影响地方知识产权行政管理部门作出决定。

第十五条 展会结束后，相关知识产权行政管理部门应当及时将有关处理结果通告展会主办方。展会主办方应当做好展会知识产权保护的统计分析工作，并将有关情况及时报展会管理部门。

第三章 展会期间专利保护

第十六条 展会投诉机构需要地方知识产权局协助的，地方知识产权局应当积极配合，参与展会知识产权保护工作。地方知识产权局在展会期间的工作可以包括：

（一）接受展会投诉机构移交的关于涉嫌侵犯专利权的投诉，依照专利法律法规的有关规定进行处理；

（二）受理展出项目涉嫌侵犯专利权的专利侵权纠纷处理请求，依照专利法第五十七条的规定进行处理；

（三）受理展出项目涉嫌假冒他人专利和冒充专利的举报，或者依职权查处展出项目中假冒他人专利和冒充专利的行为，依据专利法第五十八条和第五十九条的规定进行处罚。

第十七条 有下列情形之一的，地方知识产权局对侵犯专利权的投诉或者处理请求不予受理：

（一）投诉人或者请求人已经向人民法院提起专利侵权诉讼的；

（二）专利权正处于无效宣告请求程序之中的；

（三）专利权存在权属纠纷，正处于人民法院的审理程序或者管理专利工作的部门的调解程序之中的；

（四）专利权已经终止，专利权人正在办理权利恢复的。

第十八条 地方知识产权局在通知被投诉人或者被请求人时，可以即行调查取证，查阅、复制与案件有关的文件，询问当事人，采用拍照、摄像等方式进行现场勘验，也可以抽样取证。

地方知识产权局收集证据应当制作笔录，由承办人员、被调查取证的当事人签名盖章。被调查取证的当事人拒绝签名盖章的，应当在笔录上注明原因；有其他人在现场的，也可同时由其他人签名。

第四章 展会期间商标保护

第十九条 展会投诉机构需要地方工商行政管理部门协助的，地方工商行政管理部门应当积极配合，参与展会知识产权保护工作。地方工商行政管理部门在展会期间的工作可以包括：

（一）接受展会投诉机构移交的关于涉嫌侵犯商标权的投诉，依照商标法律法规的有关规定进行处理；

（二）受理符合商标法第五十二条规定的侵犯商标专用权的投诉；

（三）依职权查处商标违法案件。

第二十条 有下列情形之一的，地方工商行政管理部门对侵犯商标专用权的投诉或者处理请求不予受理：

（一）投诉人或者请求人已经向人民法院提起商标侵权诉讼的；

（二）商标权已经无效或者被撤销的。

第二十一条 地方工商行政管理部门决定受理后，可以根据商标法律法规等相关规定进行调查和处理。

第五章 展会期间著作权保护

第二十二条 展会投诉机构需要地方著作权行政管理部门协助的，地方著作权行政管理部门应当积极配合，参与展会知识产权保护工作。地方著作权行政管理部门在展会期间的工作可以包括：

（一）接受展会投诉机构移交的关于涉嫌侵犯著作权的投诉，依照著作权法律法规的有关规定进行处理；

（二）受理符合著作权法第四十七条规定的侵犯著作权的投诉，根据著作权法的有关规定进行处罚。

第二十三条 地方著作权行政管理部门在受理投诉或请求后，可以采取以下手段收集证据：

（一）查阅、复制与涉嫌侵权行为有关的文件档案、账簿和其他书面材料；

（二）对涉嫌侵权复制品进行抽样取证；

（三）对涉嫌侵权复制品进行登记保存。

第六章 法律责任

第二十四条 对涉嫌侵犯知识产权的投诉，地方知识产权行政管理部门认定侵权成立的，应会同会展管理部门依法对参展方进行处理。

第二十五条 对涉嫌侵犯发明或者实用新型专利权的处理请求，地方知识产权局认定侵权成立的，应当依据专利法第十一条第一款关于禁止许诺销售行为的规定以及专利法第五十七条关于责令侵权人立即停止侵权行为的规定作出处理决定，责令被请求人从展会上撤出侵权展品，销毁介绍侵权展品的宣传材料，更换介绍侵权项目的展板。

对涉嫌侵犯外观设计专利权的处理请求，被请求人在展会上销售其展品，地方知识产权局认定侵权成立的，应当依据专利法第十一条第二款关于禁止销售行为的规定以及第五十七条关于责令侵权人立即停止侵权行为的规定作出处理决定，责令被请求人从展会上撤出侵权展品。

第二十六条 在展会期间假冒他人专利或以非专利产品冒充专利产品，以非专利方法冒充专利方法的，地方知识产权局应当依据专利法第五十八条和第五十九条规定进行处罚。

第二十七条 对有关商标案件的处理请求，地方工商行政管理部门认定侵权成立的，应当根据《商标法》、《商标法实施条例》等相关规定进行处罚。

第二十八条 对侵犯著作权及相关权利的处理请求，地方著作权行政管理部门认定侵权成立的，应当根据著作权法第四十七条的规定进行处罚，没收、销毁侵权展品及介绍侵权展品的宣传材料，更换介绍展出项目的展板。

第二十九条 经调查，被投诉或者被请求的展出项目已经由人民法院或者知识产权行政管理部门作出判定侵权成立的判决或者决定并发生法律效力的，地方知识产权行政管理部门可以直接作出第二十六条、第二十七条、第二十八条和第二十九条所述的处理决定。

第三十条 请求人除请求制止被请求人的侵权展出行为之外，还请求制止同一被请求人的其他侵犯知识产权行为的，地方知识产权行政管理部门对发生在其管辖地域之内的涉嫌侵权行为，可以依照相关知识产权法律法规以及规章的规定进行处理。

第三十一条 参展方侵权成立的，展会管理部门可依法对有关参展方予以公告；参展方连续两次以上侵权行为成立的，展会主办方应禁止有关参展方参加下一届展会。

第三十二条 主办方对展会知识产权保护不力的，展会管理部门应对主办方给予警告，并视情节依法对其再次举办相关展会的申请不予批准。

第七章 附 则

第三十三条 展会结束时案件尚未处理完毕的，案件的有关事实和证据可经展会主办方确认，由展会举办地知识产权行政管理部门在 15 个工作日内移交有管辖权的知识产权行政管理部门依法处理。

第三十四条 本办法中的知识产权行政管理部门是指专利、商标和版权行政管理部门；本办法中的展会管理部门是指展会的审批或者登记部门。

第三十五条 本办法自 2006 年 3 月 1 日起实施。

国家知识产权局公告

中华人民共和国专利局公告

（第八号）

按照《中华人民共和国专利法实施细则》第二十五条第一款第一项规定，中国专利局委托中国微生物菌种保藏管理委员会普通微生物中心和中国典型培养物保藏中心担负用于专利程序的微生物保藏工作。

用于专利程序的微生物保藏办法已经双方签字生效，保藏办法附后。

中国微生物菌种保藏管理委员会普通微生物中心从一九八五年二月二十八日开始接受保藏申请。

地　　址：北京中关村中国微生物菌种保藏管理委员会普通微生物中心

开户银行：中国人民银行北京市海淀区办事处

账　　号：8901－174，但要在银行汇款单用途栏中注明：转普通微生物中心（中国典型培养物保藏中心从一九八五年三月八日开始接受保藏申请）。

地　　址：武昌珞珈山武汉大学校内中国典型培养物保藏中心

开户银行：中国人民银行武汉市武昌珞珈山办事处

账　　号：89048，但要在银行汇款单的用途栏中注明：转中国典型培养物中心。

特此公告。

一九八五年三月十二日

中国微生物菌种保藏管理委员会普通微生物中心用于专利程序的微生物保藏办法

第一条 中国专利局委托中国微生物菌种保藏管理委员会普通微生物中心（以下简称保藏中心）担负用于专利程序的微生物的保藏工作。

第二条 保藏中心担负保藏除动物病原以外的各种细菌、放线菌、酵母菌、丝状真菌、存在于上述宿主细胞内的质粒、以及单细胞藻株。

第三条 请求保藏人在将微生物送交保藏中心时应提交两管该微生物的培养物，并附具请求书写明下列事项：

1. 请求保藏的微生物是用于专利程序；

2. 请求人的姓名或者单位名称和地址；

3. 详细叙述微生物的培养、保藏和进行存活性检验所需的条件，保藏数种微生物的混合培养物时，应说明其组分以及至少一种能检查各个组分存在的方法；

4. 请求人给予保藏微生物的分类命名（注明拉丁文名称）或者鉴别符号；

5. 对危及健康或者环境的微生物特性的说明或者请求人不知有无此种特性的说明。

请求人如果是在我国没有经常居所或者营业所的外国人，应当通过国务院指定的专利代理机构办理上述手续。

第四条 保藏管理中心一般采用冻干或者液氮的方法保藏，对请求保藏的微生物的生物特性不负复核的责任。如果请求人要求采用特殊的保藏方法，或者要求对该微生物的生物特性和分类命名进行复核检验，则应当在提交保藏微生物培养物时与保藏中心另行签订合同。

第五条 保藏中心在收到保藏请求和微生物培养物时，应当给请求人书面证明，其内容包括：

1. 保藏单位的名称和地址；
2. 请求人的姓名或者单位名称和地址；
3. 收到微生物培养物的日期；
4. 保藏中心给予该项保藏微生物的保藏号；
5. 保藏中心盖章或者负责人签字。

第六条 除按照本办法规定提供有关保藏微生物的情报和样品以外，在保藏期间，保藏中心负有保密的责任，不得向任何第三者提供该微生物的情报和样品。

第七条 保藏中心负责保藏的期限，自收到微生物之日起至少为三十年，期满前收到提交微生物样品的请求以后，至少应再保藏五年。

第八条 保藏中心应当自收到微生物培养物之日起一个月内，对请求保藏的微生物进行存活性试验。上述试验结果除应当在保藏单位登记外，还应当通知请求人和专利局。

第九条 保藏中心应当严格按照请求人说明的保藏办法进行保藏。在此种情况下，保藏的微生物如果仍有死亡、污染、失灭或者变异的，保藏中心不负责任。如果由于工作失误造成上述后果之一的，保藏中心应当赔偿请求人的损失。

第十条 如有前条情况之一的，保藏中心应当通知请求人重新提交微生物培养物，并予以继续保藏。

第十一条 在专利申请被驳回、撤回、视为撤回之前或者在授予专利权之前，保藏中心只向中国专利局批准的单位或者个人提供保藏的微生物样品；专利申请被驳回、撤回、视为撤回之后，或者在授予专利权之后，经微生物保藏请求人同意，保藏中心应当向其指定的单位或者个人提供该微生物样品。

第十二条 保藏中心提供保藏的微生物样品，应当在登记簿上登记下列内容，并且通知专利局：

1. 提供微生物样品的请求人的姓名或者单位名称和地址；
2. 提供微生物样品请求人保证不向任何第三者转移微生物的声明；
3. 对所提供的微生物的保藏号及其简要说明；
4. 提供微生物样品的日期。

第十三条 请求保藏微生物或者请求提供微生物样品，应当按照下列标准缴费：

1. 保藏期（30 年） 1500 元
2. 存活性报告（每株） 120 元
3. 提供样品（每株） 100 元
4. 其他情况缴费标准由当事人商定

第十四条 本办法自专利局与保藏中心负责人签字后生效。

第十五条 本办法由中国专利局负责解释。

中国典型培养物中心
用于专利程序的微生物保藏办法

第一条 中国专利局委托中国典型培养物保藏中心（以下简称保藏中心）担负用于专利程序的微生物的保藏工作。

第二条 保藏中心担负保藏各种细菌、放线菌、酵母菌、丝状真菌、高等真菌、细胞系、病毒、存在于宿主细胞内的质粒以及单细胞藻株。

第三条 依照《中华人民共和国进出口动植物检疫条例》第十五条的规定，从国外向保藏中心提交病原微生物培养物的，在提交培养物前，应当取得我国农牧渔业部的许可。

第四条 请求保藏人在将微生物送交保藏中心时应当提交两份该微生物的培养物，并附具请求书写明下列事项：

1. 请求保藏的微生物是用于专利程序；

2. 请求人的姓名或者名称和地址；

3. 详细叙述微生物的培养、保藏和进行存活性检验所需的条件，以及保藏周期；保藏数种微生物的混合培养物时，应当说明其组分以及至少一种能检查各个组分存在的方法；

4. 请求人给予保藏微生物的分类命名（注明拉丁文名称）或者鉴别符号；

5. 对危及健康或者环境的微生物特性的说明或者请求人不知有无此种特性的说明。

请求人如果是在我国没有经常居所或者营业所的外国人，应当通过国务院指定的专利代理机构办理本办法第三条和第四条规定的手续。

第五条 保藏中心一般采用冻干或者液氮的方法保藏。对请求保藏的微生物的生物特性不负复核的责任。如果请求人要求采用特殊的保藏方法，或者要求对该微生物的生物特性和分类命名进行复核检验，则应当在提交保藏微生物培养物时与保藏中心另行签订合同。

第六条 对于请求保藏需要特殊培养条件的细胞系或者病毒，根据保藏中心的要求，请求人应当提供所需的培养基和药品。

第七条 保藏中心在收到保藏请求和微生物培养物时，应当给请求人书面证明，其内容包括：

1. 保藏单位的名称和地址；
2. 请求人的姓名或者名称和地址；
3. 收到微生物培养物的日期；
4. 保藏中心给予该项保藏微生物的保藏号；
5. 保藏中心盖章或者负责人签字。

第八条 除按照本办法规定提供有关保藏微生物的情报和样品以外，在保藏期间，保藏中心负有保密的责任，不得向任何第三者提供该微生物的情报和样品。

第九条 保藏中心负责保藏的期限，自收到微生物培养物之日起至少为三十年，期满前收到提交微生物样品的请求以后，至少应再保藏五年。

第十条 保藏中心应当自收到微生物培养物之日起一个月内，对请求保藏的微生物进行存活性试验。上述试验结果除应当在保藏单位登记外，还应当通知请求人和专利局。

第十一条 保藏中心应当严格按照请求人说明的保藏办法进行保藏。在此种情况下，保藏的微生物如果仍有死亡、污染、失灭或者变异的，保藏中心不负责任。如果由于工作失误造成上述后果之一的，保藏中心应当赔偿请求人的损失。

第十二条 如有前条情况之一的，保藏中心应当通知请求人重新提交微生物培养物，并予以继续保藏。

第十三条 在专利申请被驳回、撤回、视为撤回之前或者在授予专利权之前，保藏中心只向中国专利局批准的单位或者个人提供保藏的微生物样品；专利申请被驳回、撤回、视为撤回之后，或者在授予专利权之后，经微生物保藏请求人同意，保藏中心应当向其指定的单位或者个人提供该微生物样品。

第十四条 保藏中心提供保藏的微生物样品，应当在登记簿上登记下列内容，并且通知专利局：

1. 提供微生物样品的请求人的姓名或者名称和地址；

2. 提供微生物样品请求人保证不向任何第三者转移微生物的声明；

3. 对所提供的微生物的保藏号及其简要说明；

4. 提供微生物样品的日期。

第十五条 保藏中心可以承担在审查、异议和无效程序中有争议的微生物培养物生物特性的鉴定工作，并提交鉴定书。具体事宜由请求鉴定的一方与保藏中心签订合同办理。

第十六条 请求保藏微生物或者请求提供微生物样品，应当按照下列标准缴费：

1. 保藏费	（30年）
（1）微生物（注）	1500元
（2）细胞系，动、植物病毒	200元
2. 存活性报告（每株）	
（1）微生物（注）	120元
（2）细胞系，动、植物病毒	200元
3. 提供样品（每株）	
（1）微生物（注）	100元
（2）细胞系，动、植物病毒	150元

4. 其他情况缴费标准由当事人商定。

第十七条 本办法自专利局与保藏中心负责人签字后生效。

第十八条　本办法由中国专利局负责解释。

注：细菌、放线菌、酵母菌、丝状真菌、高等真菌、噬菌体、宿主细胞内的质粒，以及单细胞藻株。

中华人民共和国专利局公告

（第三十八号）

经北京市有关部门核定，我局现办公地址名称更改为：北京市海淀区蓟门桥西土城路 6 号。邮政编码和信箱号未变（邮政编码：100088；北京 8020 信箱）。

自一九九三年六月一日起，专利申请人向我局邮寄专利申请文件或者其他手续文件时，请使用更改地址，并写明“中国专利局受理处”收。我局的原地址名称“北京市海淀区学院西路黄亭子”从同日起停止使用。

特此公告。

一九九三年五月三日

中华人民共和国专利局公告

（第五十一号）

现将《关于港澳地区专利申请若干问题的规定》公布如下，本规定自一九九五年十月一日起施行。

特此公告。

一九九五年八月二十一日

关于港澳地区专利申请若干问题的规定

一、为正确处理和规范港澳地区的法人和香港居民或澳门居民向中国专利局提出的专利申请，特制定本规定。

二、港澳地区的法人向中国专利局提出专利申请时，应当委托国务院指定的或者授权中国专利局指定的专利代理机构办理。

三、港澳地区的法人和香港居民或澳门居民未按本规定办理，直接从港澳地区向中国专利局邮寄的专利申请，中国专利局不予受理。

四、香港居民或澳门居民通过其在内地的亲友委托国内专利代理机构申请专利的，应当签署全权委托书。全权委托书中应当载明委托事项、委托人姓名和地址、被委托人姓名和地址，委托书应当由委托人签字或者盖章并注明委托日期。有上述委托书的，办理专利代理委托手续时，专利代理委托书可由其亲友代为签章。未提交全权委托书或者全权委托书不符合规定的，中国专利局初审部门应当通过专利代理机构通知其在内地的亲友在规定期限之内补正。

五、香港居民或澳门居民通过其在内地的亲友委托国内专利代理机构向中国专利局提出专利申请时，应当将其亲友姓名、确切联系地址和邮政编码填在专利请求书申请人栏的代表人项内，并与全权委托书中相应内容严格一致。对已在全权委托书内注明被委托人姓名和地址而未在专利请求书申请人栏的代表人项内填写其姓名、确切联系地址和邮政编码的，中国专利局初审部门应当通过专利代理机构通知其在内地的亲友在规定期限之内补正。

六、香港居民或澳门居民通过其在内地的亲友委托国内专利代理机构申请专利的，所涉及的各种专利费用，必须由内地的邮局或银行汇出；或是面交中国专利局收费处；并以人民币支付。从港澳地区直接邮寄或汇交中国专利局的，或以外币支付的，中国专利局一律拒收，并按未缴费处理。

香港居民或澳门居民与港澳地区的法人委托国务院指定的或者授权中国专利局指定的专利代理机构申请专利的，所涉及的各种专利费用，应以外币支付。

七、香港居民或澳门居民与港澳地区的法人共同申请专利的，按港澳地区法人办理申请手续；香港居民或澳门居民，或港澳地区的法人与内地个人或单位共同申请专利的，如果申请人的代表人（第一署名人）是香港居民或澳门居民或港澳地区法人的，按本规定办理申请手续。

八、以上各条款中的补正期限为两个月，自补正通知发出之日起算。当事人期满不补正的，视为撤回该申请；补正仍不符合规定的，驳回专利申请。

一九九五年八月二十一日

中华人民共和国专利局公告

（第五十七号）

现将《关于香港回归后中国内地和香港专利申请若干问题的说明》予以公告。

一九九七年十二月二十九日

关于香港回归后中国内地和香港专利申请若干问题的说明

中国政府对香港恢复行使主权后，香港特别行政区设有单独的专利制度，施行香港《专利条例》和《注册外观设计条例》。为方便中国内地、香港特别行政区以及其他国家和地区的申请人办理有关申请专利手续，现就有关问题说明如下：

一、关于香港特别行政区的法人和居民提交专利申请的问题

（一）提交国际申请

中国专利局是香港特别行政区法人和居民根据《专利合作条约》提交国际申请的受理局。

香港特别行政区的法人和居民也可以直接向世界知识产权组织国际局提交国际申请。

（二）提交中国国家专利申请

香港特别行政区的法人和居民向中国专利局提交中国国家专利申请的，仍按照中国专利局1995年8月21日公告的《关于港澳地区专利申请若干问题的规定》办理。

二、关于国际申请在香港特别行政区获得专利保护的问题

（一）申请人在提出的国际申请中指定中国并希望其申请在香港获得专利保护的，除应向中国专利局办理有关手续外，还应当按照香港《专利条例》的有关规定办理标准专利的请求注册批予手续或短期专利的请求批予手续。

（二）要求获得中国发明专利的国际申请在进入中国国家阶段后，申请人为获得香港标准专利的保护，应当向香港知识产权署办理标准专利的注册手续，即：自该申请由中国专利局以中文公布之日起六个月内，或者该申请已由国际局以中文公布的、自中国专利局国家申请号通知书发文日起六个月内，向香港知识产权署办理记录请求手续；并自该申请由中国专利局授予专利权之日起六个月内向香港知识产权署办理注册与批予请求手续。

以上程序适用于公布日或国家申请号通知书发文日是在 1997 年 6 月 27 日或之后的申请。

（三）要求获得中国实用新型专利的国际申请人为使其国际申请也获得香港短期专利的保护，应当在进入中国国家阶段之日起六个月内，或自中国专利局国家申请号通知书发文日起六个月内，向香港知识产权署办理短期专利的批予请求手续。

以上程序适用于国家申请号通知书发文日是在 1997 年 7 月 1 日或之后的申请。

三、关于中国发明专利申请在香港特别行政区获得专利保护的问题

向中国专利局提出发明专利申请的申请人，为获得香港标准专利的保护，应当按照香港《专利条例》的有关规定，向香港知识产权署办理标准专利的注册手续，即：自该申请由中国专利局公布之日起六个月内向香港知识产权署办理记录请求手续；并自该申请由中国专利局授予专利权之日起六个月内向香港知识产权署办理注册与批予请求手续。

以上程序适用于公布日是在 1997 年 6 月 27 日或之后的申请。

四、关于要求获得香港短期专利或注册外观设计保护的问题

要求获得香港短期专利（除前述通过国际申请途径外）或注册外观设计保护的，应当按照香港《专利条例》或《注册外观设计条例》的规定，向香港知识产权署办理有关手续。

根据香港《专利条例规则》的规定，要求获得香港短期专利保护的，还应提交包括中国专利局在内的国际检索单位或香港知识产权署指定的专利当局所作的检索报告。

国家知识产权局公告

（第六十三号）

根据《国务院关于机构设置的通知》（国发［1998］5号）及国办发117号文件，原中国专利局更名为中华人民共和国国家知识产权局。根据国务院批准的《国家知识产权局职能配置、内设机构和人员编制规定》（中编办发［1998］6号），成立国家知识产权局专利局（简称专利局）。专利局是国家知识产权局直属事业单位，受国家知识产权局委托，承担原中国专利局依法受理、审批专利申请，审理复审、撤销和无效宣告请求以及承担原中国专利局作为专利合作条约的受理局、指定局、选定局、国际检索单位和国际初步审查单位的全部业务和国家知识产权局委托的其他行政管理职能。

为此，国家知识产权局决定，专利局行使上述执法职能时，在表格、专利证书、专利公报、专利说明书、审查业务专用章以及其他证明文件上，使用“中华人民共和国国家知识产权局”名称及其印章。但在指明我局具体的执法部门，或者通知申请人我局的送达地址时，应当使用中华人民共和国国家知识产权局专利局及其具体部门名称，例如中华人民共和国国家知识产权局专利局受理处，或国家知识产权局专利局受理处。专利证书将使用新式样。上述文件中的原局徽取消，在未设计出新局徽前暂不使用徽志。

为方便广大专利申请人、专利权人办理交费手续，保证专利审查程序的顺利进行，特规定以下办法。

通过银行汇付的，请寄交：

专利收费户名：专利局

开户银行：中国工商银行北京市海淀区北太平庄办事处

账　　号：144005—63

通过邮局汇付的，请寄交：

国家知识产权局专利局费用管理处。

本公告自 1999 年 1 月 1 日起施行。

一九九八年十一月三十日

国家知识产权局公告

（第七十五号）

根据《中华人民共和国专利法》和《中华人民共和国专利法实施细则》的规定，向国家知识产权局申请专利和办理有关手续，应当缴纳费用。按照国家发展计划委员会、财政部 2000 年 12 月 29 日下达的《国家计委、财政部关于调整专利收费标准的通知》（计价格［2000］2441 号）的规定，现将调整后的专利收费项目和标准以及有关事项公布如下：

一、专利收费项目和标准（金额单位：人民币元）

国内部分

（一）申请费	
1. 发明专利	900
印刷费	50
2. 实用新型专利	500
3. 外观设计专利	500
（二）发明专利申请维持费每年	300
（三）发明专利申请审查费	2500
（四）复审费	
1. 发明专利	1000
2. 实用新型专利	300
3. 外观设计专利	300

（五）著录事项变更手续费	
1. 发明人、申请人、专利权人的变更	200
2. 专利代理机构、代理人委托关系的变更	50
（六）优先权要求费每项	80
（七）恢复权利请求费	1000
（八）撤销请求费	
1. 发明专利权	30
2. 实用新型专利权	20
3. 外观设计专利权	20
（九）无效宣告请求费	
1. 发明专利权	3000
2. 实用新型专利权	1500
3. 外观设计专利权	1500
（十）强制许可请求费	
1. 发明专利	300
2. 实用新型专利	200
（十一）强制许可使用裁决请求费	300
（十二）专利登记、印刷、印花费	
1. 发明专利	255
2. 实用新型专利	205
3. 外观设计专利	205
（十三）附加费	
1. 第一次延长期限请求费每月	300
再次延长期限请求费每月	2000
2. 权利要求附加费从第 11 项起每项增收	150
3. 说明书附加费从第 31 页起每页增收	50
从第 301 页起每页增收	100

（十四）年费

1. 发明专利

1～3 年	900
4～6 年	1200
7～9 年	2000
10～12 年	4000
13～15 年	6000
16～20 年	8000

2. 实用新型专利

1～3 年	600
4～5 年	900
6～8 年	1200
9～10 年	2000

3. 外观设计专利

1～3 年	600
4～5 年	900
6～8 年	1200
9～10 年	2000

PCT 申请国际阶段部分

（一）传送费	500
（二）检索费	1500
附加检索费	1500
（三）优先权文件传送费	150
（四）初步审查费	1500
初步审查附加费	1500
（五）单一性异议费	200
（六）副本复制费每页	2

（七）基本费

1. 国际申请用纸不超过 30 页的　3023

2. 国际申请用纸超过 30 页的　3023

外加超出 30 页部分每页　70

（八）指定费

每一指定　651

（超过 8 个指定不再要求缴纳指定费）

（九）确认的指定费

每一指定　651

（十）确认费

根据上述第九项缴纳的指定费总额的 50%

（十一）手续费　1083

（十二）滞纳金

按应交费用的 50%计收，若低于传送费按传送费收取；若高于基本费按基本费收取。

注：7～12 项为国家知识产权局代世界知识产权组织国际局收取的费用，收费标准按 2000 年 12 月 1 日国家外汇管理局公布的外汇牌价折算。今后，汇率发生变化时，由国家知识产权局根据汇率变动情况作出调整。

PCT 申请进入中国国家阶段部分

（一）宽限费　1000

（二）译文改正费（初审阶段）　300

（三）译文改正费（实审阶段）　1200

（四）单一性恢复费　900

（五）改正优先权要求请求费　300

注：进入国内阶段其他收费依照国内标准执行。

二、专利收费标准调整后，继续对确有困难的职务发明（单位）和非职务发明（个人）的收费实行部分减缓。减缓项目仍为申请费、发明维持费、发明审查费、复审费和授权以后三年的年费等五项。实行减缓的具体条件按国家知识产权局制定的有关规定。

三、申请费、发明审查费和授权以后三年的年费的减缓比例，职务发明由60％调整为70％，非职务发明由80％调整为85％。发明维持费和复审费的减缓比例，仍按现行规定执行，即职务发明为60％，非职务发明为80％。

四、专利收费纳入中央预算，实行收支两条线管理，即收入上缴中央国库。

本公告自2001年3月1日起执行。公告日前已缴的预付当年的有关专利费用仍按调整前的标准结算。

二〇〇一年一月十五日

国家知识产权局公告

（第七十六号）

2000 年 8 月 25 日，第九届全国人民代表大会常务委员会通过了《关于修改〈中华人民共和国专利法〉的决定》。根据修改后的专利法第四十一条规定，自 2001 年 7 月 1 日起，“中华人民共和国国家知识产权局专利局专利复审委员会”更名为“中华人民共和国国家知识产权局专利复审委员会”，公开挂牌。

特此公告。

二〇〇一年六月十四日

国家知识产权局公告

（第八十号）

为了履行世界贸易组织的与贸易有关的知识产权协议（TRIPS）第70条的规定，现就一部分发明专利权的期限延长事宜作如下规定：

一、1992年12月31日前（含当日，下同）向原中国专利局提出申请、到2001年12月11日仍然有效的发明专利权，其专利权期限延长为自申请日起20年。

二、上述发明专利权延长期限的，专利权人应当按照现行专利法实施细则第九十五条的规定缴纳年费。

1986年12月11日至1987年1月11日期间向原中国专利局提出申请、到2001年12月11日仍然有效的发明专利权延长期限的，专利权人应当在2002年1月11日前缴纳第16年度的年费。

缴纳年费的金额根据国家知识产权局公告第七十五号的规定确定。

三、国家知识产权局对上述发明专利权的期限延长予以公告，但不更新专利证书，原专利证书继续有效。

特此公告。

二〇〇一年十二月十日

国家知识产权局公告

（第八十四号）

为了维护国家利益，保障国防专利工作的需要，我局同意经中国人民解放军总装备部国防专利局指定的以下34家机构成为办理涉及国防专利申请事务的专利代理机构。

序号	机构代码	机构名称
1	11007	核工业专利中心
2	11008	中国航空专利中心
3	11009	中国航天科技专利中心
4	11010	信息产业部电子专利中心
5	11011	中国兵器工业集团公司专利中心
6	11024	中国航天科工集团公司专利中心
7	11026	中国船舶专利中心
8	11028	中国有色金属工业专利中心
9	11035	中国人民解放军空军专利服务中心
10	11036	中国人民解放军总后勤部专利服务中心
11	11040	中国人民解放军第二炮兵专利服务中心
12	11043	国防专利服务中心
13	11044	中国人民解放军海军专利服务中心
14	11046	中国人民解放军防化研究院专利服务中心

15	11117	首钢总公司专利中心
16	11120	北京理工大学专利中心
17	11215	中国和平利用军工技术协会专利中心
18	21200	大连理工大学专利中心
19	23200	哈尔滨工业大学专利中心
20	31107	上海航天局专利中心
21	32002	总装工程兵科研一所专利服务中心
22	32203	南京理工大学专利中心
23	42201	华中科技大学专利中心
24	43102	湖南省国防科学技术工业办公室专利中心
25	43200	中南大学专利中心
26	43202	国防科技大学专利服务中心
27	50201	重庆大学专利中心
28	51121	成飞(集团)公司专利中心
29	51203	电子科技大学专利中心
30	51210	中国工程物理研究院专利中心
31	52001	贵州国防工业专利中心
32	61001	中国科学院西安专利中心
33	61204	西北工业大学专利中心
34	61205	陕西电子工业专利中心

按照国务院清理整顿经济鉴证类社会中介机构领导小组的意见，以上机构今后不得承接社会上的专利代理业务。

特此公告。

二〇〇三年一月三日

国家知识产权局公告

（第八十八号）

根据《集成电路布图设计保护条例》的规定，向国家知识产权局申请集成电路布图设计登记和办理有关手续，应当缴纳费用。按照国家发展和改革委员会、财政部 2003 年 4 月 15 日发布的《国家发展和改革委、财政部关于集成电路布图设计登记费等收费标准及有关事项的通知》（发改价格［2003］85 号）的规定，现将集成电路布图设计登记收费项目和标准公布如下：

集成电路布图设计收费项目和收费标准（金额单位：人民币）

一、布图设计登记费，每件 2000 元

二、布图设计登记复审请求费，每件 300 元

三、著录事项变更手续费，每件每次 100 元

四、延长期限请求费，每件每次 300 元

五、恢复布图设计登记权利请求费，每件 1000 元

六、非自愿许可使用布图设计请求费，每件 300 元

七、非自愿许可使用布图设计支付报酬裁决费，每件 300 元

本公告自 4 月 15 日起执行。

二〇〇三年五月十六日

国家知识产权局公告

（第九十一号）

为满足当事人在经济、法律活动中对专利相关证明文件的需要，国家知识产权局制定了新版《专利登记簿副本》、《证明》和《专利说明书》三种证明文件，现将有关启用事宜公告如下。

一、新版证明文件自2003年7月1日起启用，自同日起，国家知识产权局不再使用原旧版证明文件；国家知识产权局在2003年6月30日（含当日）之前出具的各种旧版证明文件在2003年7月1日之后仍具有规定的效力，不予以更换。

二、《专利登记簿副本》是根据国家知识产权局设置的专利登记簿制作的证明文件，用以记载《中华人民共和国专利法实施细则》第八十八条规定的事项。根据《中华人民共和国专利法实施细则》第一百一十七条的规定，自专利申请被公告授予专利权之日起，任何人均可以请求国家知识产权局出具《专利登记簿副本》。

《证明》用于证明国家知识产权局曾经颁发专利证书的事实，记载国家知识产权局颁发相关专利证书的时间以及所涉及专利的相关事项。由于专利证书丢失、专利权转移或其他合法原因，专利权人（包含其专利权已经终止或者转移的原专利权人）可以请求国家知识产权局出具《证明》。

《专利说明书》是发明或实用新型专利的公告文本的副本，其主要包含已授权的权利要求书和说明书（有附图的，还包含说明书附图）。专利权人为到香港进行短期注册的目的或法律法规允许的其他目的，可以请求国家知识产权局出具《专利说明书》。

三、向国家知识产权局请求办理上述证明文件的单位或个人除必须满足本公告的规定外，还应当提交该单位出具的证明或者个人身份证明文件，以及按照法律法规和行政规章应当提交的其他文件；由他人代为办理的，应当提交当事人出具的委托书正本。

四、根据《中华人民共和国专利法》第六十八条的规定，办理上述证明文件，应当按照规定缴纳费用。

五、办理上述证明文件的请求书应当遵循规范格式，用中文填写。

六、办理上述证明文件的请求书及费用可以面交或寄交至：北京市海淀区西土城路 6 号国家知识产权局专利局初审及流程管理部综合处（邮编 100088）

七、三种证明文件新版式样附后。❶

特此公告。

二〇〇三年六月三十日

❶ 编者注：三种证明文件新版式样略。

国家知识产权局公告

（第九十二号）

2003年7月14日发布的第三十二号国家知识产权局令颁布了《专利申请号标准》（ZC 0006－2003）（以下简称“标准”），该标准自2003年10月1日起施行。

该标准制定的专利申请号编号规则与现行专利申请号编号规则不同，专利申请号长度由8位变为12位（不包含校验位）。为使专利申请人、专利权人和社会公众正确理解和使用该标准制定的新专利申请号，特发布本公告。

一、专利申请日为2003年10月1日或此日之后的发明专利申请、实用新型专利申请和外观设计专利申请一律按照该标准给予和使用新专利申请号。

二、申请日在2003年10月1日（含当日）至2003年12月31日（含当日）的发明专利申请、实用新型专利申请和外观设计专利申请，专利申请号中后七位（流水号）均自0100001开始使用，顺序递增。自2004年起每一自然年度，三种专利申请号中后七位（流水号）均自0000001开始使用，顺序递增。

三、除另有明文规定外，在向国家知识产权局办理各种手续时使用的、或在各种法定程序中发出或接收的文件和/或表格中，专利申请号应当与其校验位联合使用，即一同填写或印刷。

本条所述文件或表格中要求填写或印刷的“专利申请号”是指专利申请号加校验位，不得理解为仅要求书写或印刷专利申请号本身。

四、在 2003 年 9 月 30 日（含当日）之前给予的专利申请号在 2003 年 10 月 1 日之后不进行升位和更换，在专利法规定的各种法定程序中继续使用原有专利申请号，其使用规则参照本公告第三条执行。

特此公告。

二〇〇三年七月十四日

国家知识产权局公告

（第一〇〇号）

2004年3月12日，国家知识产权局正式受理通过互联网以电子文件形式提出的专利申请。专利申请人提交电子专利申请和相关文件时，应当遵守《电子专利申请系统用户注册协议》（以下简称用户协议）中规定的文件格式、数据标准、操作规范和传输方式。

就用户协议中要求的有关电子申请请求类文件的类型定义，国家知识产权局制定了《以电子文件形式提出的专利申请请求类文件类型定义［DTD］（试行）》（简称《电子专利申请请求类文件类型定义［DTD］（试行）》，用户可以从国家知识产权局政府网站（http：//www. sipo. gov. cn）的电子专利申请系统专栏或中国电子专利申请网站（http：//www. cponline. gov. cn）上浏览、下载该文件。

特此公告。

二〇〇四年三月九日

国家知识产权局公告

（第一〇一号）

为了进一步落实国务院批准的《内地与香港关于建立更紧密经贸关系的安排》和《内地与澳门关于建立更紧密经贸关系的安排》，经商香港、澳门特别行政区政府有关部门同意，现将《香港、澳门居民参加全国专利代理人资格考试的安排》予以公告。

二〇〇四年四月二十六日

香港、澳门居民参加全国专利代理人资格考试的安排

2004年3月8日至13日，中央政府商务部、国务院港澳事务办公室、国家知识产权局组成联合小组前往香港、澳门，与香港、澳门特区政府有关部门就允许香港、澳门居民参加内地2004年10月举行的专利代理人资格考试的事宜进行了磋商。

3月29日，香港特区政府工商及科技局和知识产权署的代表访问北京，就上述事宜与中央政府有关部门再次进行了磋商。

在上述磋商的基础上，参照中央政府1991年4月1日起施行的《专利代理条例》的有关规定，达成如下一致意见：

第一条 参加考试的条件

香港、澳门居民参加内地举行的全国专利代理人资格考试的，应当符合以下条件：

（一）香港、澳门特区永久性居民中的中国公民；

（二）具有内地、香港、澳门高等院校理工科毕业或者中华人民共和国教育主管部门认可的其他国家、地区高等院校理工科毕业的学历；

（三）年满十八周岁；

（四）从事过两年以上的科学技术工作或者法律工作。

第二条 报名地点、时间和所需提交的文件

（一）香港居民申请参加内地举行的全国专利代理人资格考试的，应当向香港特区政府知识产权署报名；澳门居民参加内地举行的全国专利代理人资格考试的，应当向澳门特区政府经济局报名。

（二）报名时间为2004年4月30日至6月30日。

（三）报名时应当提交：

（1）经内地认可的香港、澳门公证人公证的报名者身份证明、学历证明和工作经历证明的复印件各一式三份以及公证书原件；

（2）凡身份证明、学历证明和工作经历证明不是以中文书写的，应当各附具中文译文一式三份，中文译文由报名者自行预备，无需公证；

（3）报考者近期一寸免冠照片三张；

（4）按照要求填写的报名表一份，另加报名表复印件二份。

第三条 报名者参加考试资格的认定

（一）香港、澳门特区办理报名手续的机构就报名者是否提交了第二条（三）规定的证明文件和其他材料进行初步核对，但不对报名者提交的证明文件和其他材料是否完备以及报名者是否符合第一条规定的参加考试的条件进行审核。

（二）报名时间截止后，香港、澳门特区办理报名手续的机构在7月10日之前将报名者按照第二条（三）规定提交的公证书原件、证明文件两份、中文译文两份和两张照片转交国家知识产权局，由国家知识产权局审核报名者提交的证明文件和其他材料是否完备以及报名者是否符合第一条规定的参加考试的条件。

（三）国家知识产权局在8月30日之前通过香港、澳门特区办理报名手续的机构，将审核结论发给相应报名者。

第四条 考试地点、考试指南、考试培训和其他事项

（一）符合第一条规定的条件、获准参加考试的香港、澳门考生应当在2004年10月15日前往深圳考点报到，缴纳30元人民币的报名费，领取准考证，于10月16至17日在深圳考点参加考试。

（二）报名者可以购买国家知识产权局编制的《2004年专利代理人资格考试指南》。

（三）是否需要为报名者组办考试培训，由香港、澳门特区政

府有关部门与国家知识产权局协商确定。

（四）考试试题采用简体汉字，香港、澳门特区的考生可以采用繁体汉字作答。

（五）阅卷工作结束后，国家知识产权局将在其政府网站（www. sipo. gov. cn）上公布所有考生的考试成绩，各考生可以通过输入其准考证号码查询其考试成绩。

（六）考试合格分数线确定后，国家知识产权局将在其政府网站上予以公布。香港、澳门考生凡考试成绩达到合格分数线的，国家知识产权局将通过香港、澳门特区办理报名手续的机构将《专利代理人资格证书》发给相应考生。

第五条 取得《专利代理人资格证书》后的执业问题

（一）取得《专利代理人资格证书》的香港、澳门居民在内地已经批准设立的专利代理机构中或者在内地在香港、澳门设立的专利代理机构中实习满一年的，可以申请领取《专利代理人执业证》，在内地已经批准设立的专利代理机构中执业。

（二）取得《专利代理人资格证书》的香港、澳门居民获准在内地已经批准设立的专利代理机构中执业的，在符合规定条件的情况下可以加入成为在内地已经批准设立的专利代理机构的合伙人或者股东。

（三）关于取得《专利代理人资格证书》的香港、澳门居民在内地已经批准设立的专利代理机构中执业的具体办法另行制定。

第六条 咨询事宜

（一）关于内地举行的全国专利代理人资格考试的有关规定和信息，可以查询国家知识产权局的政府网站。

（二）对本安排的第一条、第二条、第三条、第四条的规定，香港、澳门居民可以向香港、澳门办理报名手续的机构咨询，也可以通过电子邮件方式向国家知识产权局咨询，邮件收件地址为wangyun@sipo. gov. cn。

（三）对香港、澳门居民提出的咨询，国家知识产权局可以通过电子邮件方式单个作出回答，也可以针对较为普遍的问题在其政府网站上统一作出回答。

国家知识产权局公告

（第一〇九号）

根据《中华人民共和国专利法》第三十九和四十条的规定，国家知识产权局制定新版专利证书及专利证书副本，现将有关事宜公告如下：

一、对于授权公告日在 2006 年 1 月 1 日之后（含当日）的专利，国家知识产权局颁发或出具新版专利证书及专利证书副本。

二、对于授权公告日在 2006 年 1 月 1 日之前的专利，国家知识产权局仍颁发或出具旧版专利证书及专利证书副本。

三、旧版、新版专利证书及专利证书副本具有同等法律效力，旧版专利证书及专利证书副本不予更换为新版专利证书及专利证书副本。

四、新版专利证书及专利证书副本采用 A4 规格、竖排版。新版专利证书及专利证书副本中，在专利证书首页之后增设了发明、实用新型专利说明书单行本或外观设计专利单行本。

五、新版专利证书及专利证书副本中，如果专利说明书单行本的总页数超过 110 页，则第 101 页之后（含第 101 页）的内容以专利证书及专利证书副本的续本形式出现，在封面右上角标识有“续”字。

六、新版专利证书及专利证书副本式样附后。[1]

二〇〇五年十一月十八日

---

[1] 编者注：新版专利证书及专利证书副本式样略。

国家知识产权局公告

（第一一〇号）

根据《中华人民共和国专利法实施细则》第八十九条的规定，国家知识产权局将出版中国外观设计专利单行本，现就有关事宜公告如下：

一、对于授权公告日在 2006 年 1 月 1 日之后（含当日）的外观设计专利，国家知识产权局出版外观设计专利单行本。

二、外观设计专利单行本由扉页和外观设计图片或者照片页构成。外观设计图片或者照片按照申请人提交的原稿色彩出版。

三、中国外观设计专利单行本式样附后。[1]

二〇〇五年十一月十八日

[1] 编者注：中国外观设计专利单行本式样略。

国家知识产权局公告

（第一一一号）

根据《中华人民共和国专利法》及其实施细则相关规定，国家知识产权局制定新版《实用新型专利检索报告》、《专利登记簿副本》、在先申请文件副本《证明》及曾颁发过专利证书《证明》四种文件，现将有关启用事宜公告如下：

一、上述四种新版文件自 2006 年 1 月 1 日起（含当日）启用，自同日起，国家知识产权局停止出具相应旧版文件。

二、国家知识产权局在 2006 年 1 月 1 日之前出具的相应旧版文件仍具有规定的效力，不予以更换。

三、上述四种新版文件的式样附后。[1]

二〇〇五年十一月十八日

---

[1] 编者注：四种新版文件的式样略。

国家知识产权局公告

（第一一七号）❶

经研究决定，将国家知识产权局专利代办处更名为国家知识产权局专利局代办处。

为方便申请人递交专利申请及办理其他有关专利事务，现将各代办处的名称、地址、邮政编码、电话公告如下：

单　　位：国家知识产权局专利局沈阳代办处
地　　址：辽宁省沈阳市皇姑区陵东街 2 号
邮　　编：110032
电　　话：（024） 86916001

单　　位：国家知识产权局专利局济南代办处
地　　址：山东省济南市经十东路 157 号
邮　　编：250014
电　　话：（0531） 88198581

单　　位：国家知识产权局专利局南京代办处

---

❶　编者注：在本公告发布前，发布的有关设立地方代办处的中华人民共和国专利局公告第十三号、第二十九号、第四十七号、第四十九号、第五十五号、第五十九号、第八十五号、第八十六号、第八十七号、第八十九号、第九十号、第九十五号、第一〇三号、第一〇四号、第一〇五号、第一〇八号、第一一五号中的信息已统一由本公告汇总，故不再收录。

地　　址：江苏省南京市中山北路 49 号机械大厦 21 楼
邮　　编：210008
电　　话：(025) 83241914

单　　位：国家知识产权局专利局上海代办处
地　　址：上海市巨鹿路 915 号巨鹿大厦一楼
邮　　编：200040
电　　话：(021) 54046722

单　　位：国家知识产权局专利局长沙代办处
地　　址：湖南省长沙市潇湘中路 113 号
邮　　编：410006
电　　话：(0731) 8883939

单　　位：国家知识产权局专利局西安代办处
地　　址：陕西省西安市高新区科技路 48 号创业广场 A 座 204 室
邮　　编：710075
电　　话：(029) 88315036

单　　位：国家知识产权局专利局成都代办处
地　　址：四川省成都市一环路南四段 2 号 4 楼
邮　　编：610041
电　　话：(028) 85580953

单　　位：国家知识产权局专利局武汉代办处
地　　址：湖北省武汉市武昌广八路 8 号
邮　　编：430072

电　　话：(027) 87641839

单　　位：国家知识产权局专利局广州代办处
地　　址：广东省广州市陶金北邮局 218 号信箱
邮　　编：510095
电　　话：(020) 87681948

单　　位：国家知识产权局专利局天津代办处
地　　址：天津市南开区华天道 6 号新技术产业园区华苑产业区海泰大厦 A 座一层
邮　　编：300384
电　　话：(022) 23039867

单　　位：国家知识产权局专利局郑州代办处
地　　址：河南省郑州市政三街 4 号
邮　　编：450003
电　　话：(0371) 65977156

单　　位：国家知识产权局专利局石家庄代办处
地　　址：河北省石家庄市富强大街 92 号
邮　　编：050011
电　　话：(0311) 85692815

单　　位：国家知识产权局专利局哈尔滨代办处
地　　址：黑龙江省哈尔滨市南岗区阿什河街 8 号恒运大厦 D 座五楼
邮　　编：150001
电　　话：(0451) 87539606

单　　位：国家知识产权局专利局长春代办处
地　　址：吉林省长春市贵阳街 287 号
邮　　编：130051
电　　话：(0431) 2752929

单　　位：国家知识产权局专利局北京代办处
地　　址：北京市海淀区知春路 23 号量子银座三层
邮　　编：100083
电　　话：82356390

单　　位：国家知识产权局专利局昆明代办处
地　　址：云南省昆明市北京路 542 号省科技大楼
邮　　编：650051
电　　话：(0871) 3100572

单　　位：国家知识产权局专利局杭州代办处
地　　址：浙江省杭州市环城西路 33 号省知识产权局五楼
邮　　编：310006
电　　话：(0571) 87051062

单　　位：国家知识产权局专利局贵阳代办处
地　　址：贵州省贵阳市中华北路 242 号省府大院 5 号楼 704 房
邮　　编：550004
电　　话：(0851) 6865005

单　　位：国家知识产权局专利局重庆代办处

地　　址：重庆市渝北区新溉大道 2 号重庆科技大楼一楼
邮　　编：401147
电　　话：（023）67900002

单　　位：国家知识产权局专利局深圳代办处
地　　址：广东省深圳市福田区滨河路 229 号海安大厦一楼
邮　　编：518032
电　　话：（0755）83797303

特此公告。

二〇〇六年六月二日

国家知识产权局公告

（第一一八号）

为了方便广大专利申请人、代理人及社会公众申请专利和办理其他专利事务，国家知识产权局批准设立国家知识产权局专利局福州代办处。国家知识产权局专利局福州代办处自 2006 年 11 月 1 日起开始受理专利申请及办理其他有关专利事务。现将该代办处的地址、邮政编码、电话、传真、收费开户银行、户名、账号公告如下：

单　　位：国家知识产权局专利局福州代办处

地　　址：福建省福州市湖东路 7 号

邮政编码：350003

电　　话：（0591）83276607

传　　真：（0591）83275607

开户银行：招商银行福州分行营业部

户　　名：国家知识产权局专利局福州代办处

账　　号：672083626610001

特此公告。

二〇〇六年九月十八日

国家知识产权局公告

（第一二〇号）

经研究决定，自2007年2月1日起，专利权质押合同登记工作由国家知识产权局专利局初审及流程管理部负责。现将办公和通信地址、邮政编码、电话、传真公告如下：

办理部门：初审及流程管理部代办业务管理处

办公地址:北京市海淀区花园路甲13号庚坊国际大厦601D室

通信地址：北京市海淀区西土城路6号初审及流程管理部代办业务管理处

邮政编码：100088

电　　话：(010) 62088207　(010) 62088211

传　　真：(010) 62088206

特此公告。

二〇〇六年十二月三十日

国家知识产权局公告

（第一二四号）

自2007年6月1日起，专利实施许可合同备案工作由国家知识产权局专利局初审及流程管理部负责。现将办公和通信地址、邮政编码、电话、传真公告如下：

办理部门：初审及流程管理部代办业务管理处

办公地址：北京市海淀区花园路甲13号庚坊国际大厦601D室

通信地址：北京市海淀区西土城路6号初审及流程管理部代办业务管理处

邮政编码：100088

电　　话：（010）62088207　（010）62088211

传　　真：（010）62088206

特此公告。

二〇〇七年四月三十日

国家知识产权局公告

（第一二五号）

国家知识产权局作为专利合作条约意义下的指定局，对2007年4月1日起生效的专利合作条约实施细则的以下条款不予适用：

1. 第20条第3款（a）（ii）、第20条第3款（b）（ii）、第20条第5款（a）（ii）、第20条第5款（d）以及第20条第6款；

2. 第49条之三第1款（a）至（d）以及第49条之三第2款（a）至（g）。

国家知识产权局作为专利合作条约意义下的受理局，在适用2007年4月1日起生效的专利合作条约实施细则第26条之二第3款（a）的规定时，理由（i）和（ii）均予接受。

特此公告。

二〇〇七年八月六日

国家知识产权局公告

（第一二七号）

为了方便广大专利申请人、代理人及社会公众申请专利和办理其他专利事务，国家知识产权局批准设立国家知识产权局专利局乌鲁木齐代办处。国家知识产权局专利局乌鲁木齐代办处自2007年10月24日开始受理专利申请及办理其他有关专利事务。现将该代办处的地址、邮政编码、电话、传真、收费开户银行、户名、账号公告如下：

单　　位：国家知识产权局专利局乌鲁木齐代办处

地　　址：新疆维吾尔自治区乌鲁木齐市光明路26号建设广场B座17F

邮政编码：830002

电　　话：（0991）8834868

传　　真：（0991）8854868

开户银行：中国工商银行乌鲁木齐市光明路支行

户　　名：国家知识产权局专利局乌鲁木齐代办处

账　　号：3002012229026403275

特此公告。

二〇〇七年九月二十九日

国家知识产权局公告

（第一二八号）

参照《专利合作条约实施细则》34 条第 1（B）（Ⅲ）款有关非专利最低文献量的规定，根据我局业务工作需要，经研究，确定162 种期刊（含 17 种英文版期刊）作为我国非专利最低文献量。现将“我国非专利最低文献量期刊列表”予以公布。

特此公告。

附件：关于确定我国非专利最低文献量的说明

二〇〇七年十一月十三日

我国非专利最低文献量期刊列表

序号	刊　名	对应的国际专利分类（IPC）
1	北京大学学报（医学版）	A部
2	动物学报	A部
3	海洋学报	A部
4	海洋与湖沼	A部
5	湖南农业大学学报（自然科学版）	A部
6	华西口腔医学杂志	A部
7	华中农业大学学报	A部
8	解剖学报	A部
9	昆虫学报	A部
10	昆虫知识	A部
11	林业科学	A部
12	临床皮肤科杂志	A部
13	沈阳药科大学学报	A部
14	生理学报	A部
15	世界胃肠病学杂志（英文版）	A部
16	天津医药	A部
17	土壤学报	A部
18	微生物学报	A部
19	药学学报	A部
20	遗传学报	A部
21	郑州大学学报（医学版）	A部
22	植物分类学报	A部
23	中草药	A部
24	中国海洋湖沼学报（英文版）	A部
25	中国农业科学	A部

26	中国兽医学报	A部
27	中国蔬菜	A部
28	中国水稻科学	A部
29	中国药理学报（英文版）	A部
30	中国药学杂志	A部
31	中国医学科学院学报	A部
32	中国医药工业杂志	A部
33	中华妇产科杂志	A部
34	中华内科杂志	A部
35	中华外科杂志	A部
36	中华医学杂志	A部
37	中华医学杂志（英文版）	A部
38	中华肿瘤杂志	A部
39	船舶工程	B部
40	焊接学报	B部
41	汽车工程	B部
42	上海交通大学学报	B部
43	中国空间科学技术	B部
44	北京化工大学学报（自然科学版）	C部
45	材料保护	C部
46	材料科学技术（英文版）	C部
47	材料科学与工程学报	C部
48	磁性材料及器件	C部
49	分析化学	C部
50	感光科学与光化学	C部
51	钢铁	C部
52	高等学校化学学报	C部
53	高分子材料科学与工程	C部
54	高分子通报	C部
55	高分子学报	C部
56	工程塑料应用	C部
57	功能高分子学报	C部

58	合成橡胶工业	C部
59	化学进展	C部
60	化学通报	C部
61	化学学报	C部
62	环境工程	C部
63	环境科学	C部
64	金属热处理	C部
65	金属学报	C部
66	金属学报（英文版）	C部
67	精细化工	C部
68	炼油技术与工程	C部
69	煤炭学报	C部
70	人工晶体学报	C部
71	上海环境科学	C部
72	生物化学与生物物理进展	C部
73	生物化学与生物物理学报	C部
74	石油化工	C部
75	石油炼制与化工	C部
76	石油学报	C部
77	特种铸造及有色合金	C部
78	天然气工业	C部
79	涂料工业	C部
80	稀有金属材料与工程	C部
81	现代化工	C部
82	橡胶工业	C部
83	冶金自动化	C部
84	中国化学（英文版）	C部
85	中国科学（B辑：化学，英文版）	C部
86	中国科学（C辑：生命科学，英文版）	C部
87	中国稀土学报	C部
88	中国有色金属学报（英文版）	C部

89	纺织导报	D 部
90	纺织学报	D 部
91	国际纺织导报	D 部
92	合成纤维	D 部
93	合成纤维工业	D 部
94	印染	D 部
95	中国造纸	D 部
96	中国造纸学报	D 部
97	地质与勘探	E 部
98	给水排水	E 部
99	建筑技术	E 部
100	石油地球物理勘探	E 部
101	石油勘探与开发	E 部
102	水利水电技术	E 部
103	机械工程学报	F 部
104	内燃机学报	F 部
105	中国机械工程	F 部
106	测控技术	G 部
107	低温物理学报	G 部
108	高能物理与核物理	G 部
109	光学学报	G 部
110	核技术	G 部
111	红外与毫米波学报	G 部
112	激光技术	G 部
113	计量学报	G 部
114	理论物理通讯（英文版）	G 部
115	力学学报	G 部
116	力学学报（英文版）	G 部
117	通信学报	G 部
118	物理学报	G 部
119	中国激光	G 部

120	中国科学（G辑：物理学、力学、天文学，英文版）	G部
121	中国物理（英文版）	G部
122	中国物理快报（英文版）	G部
123	半导体学报	H部
124	变压器	H部
125	低压电器	H部
126	电池	H部
127	电镀与涂饰	H部
128	电工电能新技术	H部
129	电工技术学报	H部
130	电力系统自动化	H部
131	电声技术	H部
132	电视技术	H部
133	电子技术	H部
134	电子科技大学学报	H部
135	电子学报	H部
136	电子元件与材料	H部
137	高电压技术	H部
138	固体电子学研究与进展	H部
139	继电器	H部
140	软件学报	H部
141	微电子学	H部
142	系统工程与电子技术	H部
143	中国电机工程学报	H部
144	中国科学（F辑：信息科学，英文版）	H部
145	自动化学报	H部
146	北京大学学报（自然科学版）	A部、C部、E部、G部、H部
147	北京科技大学学报	B部、C部、F部、G部、H部

148	北京师范大学学报（自然科学版）	A部、C部、G部、H部
149	大连理工大学学报	B部、C部、E部、F部、G部、H部
150	东北大学学报（自然科学版）	B部、C部、E部、F部、G部、H部
151	东华大学学报（自然科学版）	A部、B部、C部、D部、G部、H部
152	东南大学学报（自然科学版）	C部、E部、F部、G部、H部
153	复旦学报（自然科学版）	A部、C部、G部、H部
154	湖南大学学报（自然科学版）	A部、B部、C部、E部、F部、G部、H部
155	湖南师范大学自然科学学报	A部、C部、G部、H部
156	华中科技大学学报（自然科学版）	C部、E部、F部、G部、H部
157	吉林大学学报（理学版）	A部、C部、G部、H部
158	江西师范大学学报（自然科学版）	A部、C部、G部、H部
159	清华大学学报（自然科学版）	A部、B部、C部、E部、F部、G部、H部
160	同济大学学报（自然科学版）	B部、C部、E部、F部、G部、H部
161	湘潭大学自然科学学报	B部、C部、E部、F部、G部、H部
162	中国科学（E辑：技术科学，英文版）	B部、C部、F部、H部

附件

关于确定我国非专利最低文献量的说明

参照《专利合作条约实施细则》34条第1（B）（Ⅲ）款有关非专利最低文献量的规定，综合考虑学术水平、技术领域分布、国际影响及覆盖我国重点发展技术领域等因素，同时考虑到我局审查员的实际应用情况，确定162种期刊（含17种英文版期刊）作为我国非专利最低文献量。

我国非专利最低文献量的确定采用以下程序：

第一，确定文献类型。鉴于期刊具有出版周期短、刊载速度快、内容新颖等特点，其信息量约占整个科技信息来源的70%，同时期刊又是专利审查使用最多的非专利文献类型。因此，将期刊确定为我国非专利最低文献量的文献类型。

第二，初步确定期刊范围。在比较分析国内外主要期刊评价体系的基础上，选择我国科技部和新闻出版总署评定的“中国期刊方阵”中“双高”、“双奖”和“双百”期刊，同时保证这些期刊为国际知名检索系统（SCI、SA、CA、EI、BA、MEDLINE、FSTA、CSA）中收录的中国期刊，初步将118种期刊纳入我国非专利最低文献量的范围。

第三，就初步确定的我国非专利最低文献量向各审查部征求意见。根据审查员的意见和建议，同时考虑各技术领域期刊分布情况，将44种期刊补充到初步确定的非专利文献最低文献量中，最终确定162种期刊作为我国非专利最低文献量。

第四，对上述非专利最低文献量的162种期刊进行分析。分析结果亦表明：非专利最低文献量涵盖了我国目前重点发展的各技术领域；与PCT最低文献量规定的期刊相比，二者在IPC各部所含期刊比例大体相当，但我国传统优势领域和处于国际领先领域的A部期刊所占比例明显高于PCT最低文献量相应期刊比例。

需要特别指出的是，我国非专利最低文献量是一个相对的、动态的范围。随着期刊质量、国际影响力、专利审查实践等因素的变化，需要对我国非专利最低文献量中的期刊不断更新。

国家知识产权局公告

（第一三〇号）

为了方便广大专利申请人、代理人及社会公众申请专利和办理其他专利事务，国家知识产权局批准设立国家知识产权局专利局南宁代办处。国家知识产权局专利局南宁代办处自 2007 年 12 月 26 日开始受理专利申请及办理其他有关专利事务。现将该代办处的地址、邮政编码、电话、传真、收费开户银行、户名、账号公告如下：

单　　位：国家知识产权局专利局南宁代办处

地　　址：广西壮族自治区南宁市新民路 55 号广西壮族自治区知识产权局办公大楼一楼 112 号房

邮政编码：530012

电　　话：（0771）2613480

传　　真：（0771）2814004

开户银行：南宁市商业银行科技支行

户　　名：国家知识产权局专利局南宁代办处

账　　号：0701012200003230

特此公告。

二〇〇七年十二月六日

国家知识产权局公告

（第一三三号）

为了方便广大专利申请人、代理人及社会公众申请专利和办理其他专利事务，国家知识产权局批准设立国家知识产权局专利局南昌代办处。国家知识产权局专利局南昌代办处自 2008 年 4 月 16 日开始受理专利申请及办理其他有关专利事务。现将该代办处的地址、邮政编码、电话、传真、收费开户银行、户名、账号公告如下：

单　　位：国家知识产权局专利局南昌代办处
地　　址：江西省南昌市省政府大院南一路 7 号 14 楼
邮政编码：330046
电　　话：（0791）6208199
传　　真：（0791）6208108
开户银行：中国工行南昌省府大院支行
户　　名：国家知识产权局专利局南昌代办处
账　　号：1502206529300076249

特此公告。

二〇〇八年三月十四日

国家知识产权局公告

（第一三四号）

北京邮政储汇局邮政汇兑系统升级后，为国家知识产权局专利局收费处专利收费汇兑业务设置了商户客户号。为了便于专利申请人、专利权人和其他相关人通过邮局汇款缴纳专利费用，使汇款能及时、准确汇达，缴费人汇款时应使用国家知识产权局专利局收费处的商户客户号。现将填写“中国邮政储蓄银行汇款单”有关事项公告如下：

一、“收款人姓名”为：国家知识产权局专利局收费处

二、“商户客户号”为：110000860

三、附言栏中应填写正确的专利申请号（专利号）以及费用名称，专利申请号（专利号）应当填写9位或者13位阿拉伯数字或字母，专利申请号（专利号）中的小数点不需填写。

四、每件专利申请或专利的费用应当单独汇款，不得将两件或两件以上专利申请或专利的费用通过一张汇单汇出。

五、汇款时填写的费用名称简写为费用名称的第一个字，例如：申请费——申；审查费——审；恢复费——恢；年费——年；滞纳金——滞；变更费——变等。

六、该公告自2008年4月10日生效。

特此公告。

附件：中国邮政储蓄银行汇款单填写样式

二〇〇八年四月十日

附件

中国邮政储蓄银行汇款单填写样式

中国邮政储蓄银行 汇款单

PB汇02

机打记录

汇票号码：　　汇款金额：　　汇费：　　手续费：
汇入账号：　　商户号：　　商户名称：
收款人姓名：　　邮编/地址：
汇款人姓名：　　邮编/地址/电话：
附加业务：　　汇款人账/卡号：
附言：
本人已认真阅读"客户须知"，确认以上打印内容无误。客户签名：
业务流水号：　　汇款日期
操作员工号：　　授权人工号：

样本

客户填写

收款人姓名 国家知识产权局专利局收费处	汇款方式：☑ 现金 □ 账户扣款	汇款金额	十	万	千	百	十	元	角	分
					￥	5	0	0	0	0

请按汇款种类填写：
□按址汇款：收款人地址＿＿＿＿＿＿＿＿＿＿收款人邮编 □□□□□□
可选附加服务：□投单回执 □短信回音 汇款人手机号码＿＿＿＿
□密码汇款：可选附加服务：□短信回音 汇款人手机号码＿＿＿＿
□入账汇款：汇入账户＿＿＿＿
☑商务汇款：商户客户号 110000860
汇款人地址/电话 江苏省南京市鼓楼区新村二区21幢202室　汇款人邮编 210005
汇款人姓名 张三　汇出账/卡号　证件种类　证件号码
代理人姓名　证件种类　证件号码
☑附言 20082001 0023X 中 500元

请注意阅读背面的"客户须知"。
客户填写内容不作为凭证要素，所有记录以客户签字确认的机器打印内容为准。　经办员：　检查员：

邮政储蓄银行汇款收据

汇票号码：
汇款金额：
汇费：　　手续费：
汇入账户：
商户号：
商户名称：
收款人姓名：
收款人地址：
汇款人姓名：
汇款人地址/电话：
汇款人账号：
附加服务：
附言：
操作员工号：
汇款机构：
收汇日戳：　收汇日戳

国家知识产权局公告

（第一三五号）

2008年7月1日，世界知识产权组织国际局对PCT申请收费项目和标准进行了调整，现根据世界知识产权组织的要求，将调整后的PCT申请收费项目和标准公告如下：

PCT申请收费项目和收费标准（单位：人民币　元）

一、PCT申请国际阶段部分

（一）国家知识产权局代世界知识产权组织国际局收取的费用

1. 国际申请费

（1）国际申请文件不超过30页　8858

（2）超出30页每页加收　100

2. 手续费　1332

（注：国家知识产权局代世界知识产权组织国际局收取的费用部分，本公告中的收费标准按2008年6月1日国家外汇管理局公布的外汇牌价计算，实际收费以国家知识产权局向世界知识产权组织国际局转费当日外汇牌价计算。）

（二）国家知识产权局收取的费用

1. 传送费　500

2. 检索费　2100

附加检索费　2100

3. 优先权文件费　150

4. 初步审查费　1500

初步审查附加费　1500

5. 单一性异议费 200

6. 副本复制费（每页） 2

7. 后提交费 200

8. 滞纳金 按应缴纳费用的50%计收；滞纳金数额按最低不少于传送费，最高不多于国际申请费（1）项的50%收取。

二、PCT 申请进入中国国家阶段部分

1. 宽限费 1000

2. 改正译文错误手续费

（1）初审阶段 300

（2）实审阶段 1200

3. 单一性恢复费 900

4. 改正优先权要求请求费 300

上述收费标准自 2008 年 7 月 1 日起施行。

二〇〇八年六月二十七日

国家知识产权局公告

（第一三六号）

为了便于专利申请人了解有关国际申请（PCT申请）费用减、退、免方面的规定，根据《专利合作条约实施细则》第15条、第16条、第57条、第58条和世界知识产权组织的有关规定，以及《审查指南》第三部分第一章第8.2节的规定，现将有关事项公告如下：

一、PCT申请国际阶段费用减、退、免的规定

对于以国家知识产权局为受理局的PCT申请，其国际阶段费用的减、退、免具体办法是：

（一）国际阶段任何错缴的费用或者超过应缴数额部分的费用，予以退还。

（二）在国家知识产权局向国际局传送登记本之前，有下列情形退还已缴纳的检索费和国际申请费：PCT申请被撤回或者被视为撤回的；或者决定该国际申请不作为PCT申请处理的。

（三）因国家安全，申请没有被受理的，退还已缴纳的全部费用。

（四）在国际检索单位收到国际检索本之前，PCT申请被撤回或者视为撤回的，退还已缴纳的检索费。

（五）在国际检索中完全或者绝大部分地利用了《专利合作条约》规定的在先检索结果的，退还检索费的75%。

（六）在向国际初步审查单位传送初审本之前，PCT申请或者

国际初步审查要求书被撤回或者被视为撤回的，退还已缴纳的初步审查费。

（七）在国家知识产权局向国际局传送国际初步审查要求书之前，该要求书被撤回或者视为未提出的，退还已缴纳的手续费。

（八）国际申请的所有申请人都是自然人，并且是中国国民、居民，或者是国际局列出的符合费用减缴条件的其他 PCT 成员国的国民或居民，国际申请费和手续费减缴 90%。

（九）以电子形式提交的国际申请的费用的减少：

1. 国际申请以纸件形式并附有使用字符码格式的电子形式请求书和摘要的副本的，国际申请费减缴 666 元；

2. 国际申请是以请求书没有使用字符码格式的电子形式提交的，国际申请费减缴 666 元；

3. 国际申请是以请求书使用字符码格式的电子形式提交（基于 PDF 格式）的，国际申请费减缴 1332 元；

4. 国际申请是以请求书、说明书、权利要求书和摘要使用字符码格式的电子形式提交（基于 XML 格式）的，国际申请费减缴 1998 元。

二、PCT 申请进入国家阶段的费用减、退、免的规定

（一）以国家知识产权局为受理局的 PCT 申请，其后进入中国国家阶段时，免缴申请费及申请附加费（公布印刷费除外）。

（二）由国家知识产权局进行国际检索并作出国际检索报告的 PCT 申请，进入中国国家阶段并提出实质审查请求的，减缴 50% 的实质审查费。

（三）申请人利用《专利合作条约》第Ⅱ章提出国际初步审查要求且由国家知识产权局作出国际检索报告和国际初步审查报告的 PCT 申请，进入中国国家阶段并提出实质审查请求的，免缴实质审查费。

（四）由欧洲专利局、日本特许厅和瑞典专利局三个国际检索

单位作出国际检索报告的 PCT 申请，进入了中国国家阶段并提出实质审查请求的，减缴 20％的实质审查费。

二〇〇八年六月二十七日

国家知识产权局公告

（第一三七号）

根据《专利合作条约实施细则》第 26 条之二第 3 款的规定，申请人以国家知识产权局作为受理局提出国际申请，并请求恢复优先权的，应当缴纳恢复权利请求费，标准为 1000 元人民币，自 2008 年 7 月 15 日起施行。

二〇〇八年七月十五日

国家知识产权局公告

（第一三九号）

为了方便广大专利申请人、代理人及社会公众申请专利和办理其他专利事务，国家知识产权局批准设立国家知识产权局专利局合肥代办处。国家知识产权局专利局合肥代办处自 2008 年 12 月 17 日开始受理专利申请及办理其他有关专利事务。现将该代办处的地址、邮政编码、电话、传真、收费开户银行、户名、账号公告如下：

单　　位：国家知识产权局专利局合肥代办处

地　　址：安徽省合肥市黄山路 601 号合肥科技创新公共服务中心五楼

邮政编码：230088

电　　话：（0551）5370070

传　　真：（0551）5370079

开户银行：工商银行合肥高新开发区支行

户　　名：国家知识产权局专利局合肥代办处

账　　号：1302011929024538609

特此公告。

二〇〇八年十一月十一日

国家知识产权局公告

（第一四〇号）

为了方便广大专利申请人、代理人及社会公众申请专利和办理其他专利事务，国家知识产权局批准设立国家知识产权局专利局银川代办处。国家知识产权局专利局银川代办处自 2008 年 12 月 10 日开始受理专利申请及办理其他有关专利事务。现将该代办处的地址、邮政编码、电话、传真、收费开户银行、户名、账号公告如下：

单　　位：国家知识产权局专利局银川代办处

地　　址：宁夏银川市金凤区正源北街和信创展中心十四层

邮政编码：750011

电　　话：（0951）6981607

传　　真：（0951）6981617

开户银行：宁夏银行科技支行

户　　名：国家知识产权局专利局银川代办处

账　　号：14000141100000479

特此公告。

二〇〇八年十一月二十五日

国家知识产权局公告

（第一四七号）

为深入贯彻科学发展观，加强我国专利代理人才队伍建设，使专利代理人资格考试能够以更科学的方式选拔人才、储备力量，促进专利代理行业健康发展，在总结2006年至2008年专利代理人资格考试经验并吸收社会公众建议的基础上，我局决定继续深化考试制度改革。现将考试改革方案予以发布。

经研究，从今年开始试行改革方案，即，如果应试人员的法律知识部分或者代理实务部分的考试成绩通过该部分今年的合格分数线，则其成绩合格的记录自今年起三年内有效。应试人员只需在接下来的两年内补考并通过另一部分考试，即可申请获得专利代理人资格证书。但参加2009年考试的报考人员应当报名参加全部科目的考试，并按照现行的收费标准缴纳考试费用。

特此公告。

二〇〇九年六月十日

全国专利代理人资格考试改革方案

为深入贯彻科学发展观，加强我国专利代理人才队伍建设，使专利代理人资格考试能够以更科学的方式选拔人才、储备力量，促进专利代理行业健康发展，在总结2006年至2008年专利代理人资格考试经验并吸收社会公众建议的基础上，我局决定继续深化考试制度改革。改革方案具体如下：

一、合格分数线的确定

考试包括专利法律知识（总分为150分）、相关法律知识（总分为100分）和专利代理实务（总分为150分）三门考试科目。采用专利法律知识和相关法律知识总和（称为“法律知识”部分）确定一个分数线、专利代理实务（称为“代理实务”部分）单独确定一个分数线，双合格分数线择优通过的录取方式。每年由专利代理人考核委员会根据专利工作的实际需要和当年试题的难易程度，分别确定法律知识部分和代理实务部分的合格分数线。

二、合格成绩的记录以及有效期

如果应试人员的法律知识部分或者代理实务部分的考试成绩通过该部分当年的合格分数线，则由考核委员会办公室发出该部分考试合格成绩单，成绩合格的记录自当年起三年内有效。应试人员需在接下来的两年内补考并通过另一部分的考试。如果应试人员在三年内未能通过两部分的考试，则再次参加考试的，重新起算合格成绩记录周期。

三、报考科目的方式和费用

报名参加考试的人员可自行选择所要参加考试的部分，并按照规定缴纳相应的考试费用。

四、“专利代理人资格证书”的颁发

应试人员自取得某一部分成绩合格记录当年起三年内，两部分均合格的，由考核委员会办公室发出总成绩合格通知单。应试人员应当在收到总成绩合格通知单后向考核委员会提出申请，经审查符合《专利代理条例》有关规定的，由专利代理人考核委员会颁发“专利代理人资格证书”。

国家知识产权局公告

（第一五二号）

根据财政部有关要求，国家知识产权局专利局已在中信银行开设专利收费收缴专户。中信银行账户信息如下：

开户银行名称：中信银行北京知春路支行

账户名称：中华人民共和国国家知识产权局专利局

账　　号：7111710182600166032

从 2010 年 4 月 1 日起，缴费人通过银行汇款方式缴纳专利费用的，应使用新的银行账户。原国家知识产权局专利局开设在中国工商银行北京北太平庄支行的账户将于 2010 年 7 月 31 日撤销。

特此公告。

二〇一〇年二月二十四日

国家知识产权局公告

（第一五六号）

为了方便广大专利申请人、代理人及社会公众申请专利和办理其他专利事务，国家知识产权局批准设立国家知识产权局专利局南京代办处苏州分理处。国家知识产权局专利局南京代办处苏州分理处自 2010 年 4 月 28 日开始受理专利申请及办理其他有关专利事务。现将该分理处的地址、邮政编码、电话、传真、收费开户银行、户名、账号公告如下：

单　　位：国家知识产权局专利局南京代办处苏州分理处

地　　址：江苏省苏州市工业园区金鸡湖大道 1355 号国际科技园 A0201

邮政编码：215021

电　　话：（0512）67061881

传　　真：（0512）67061882

开户银行：建设银行苏州分行营业部

户　　名：国家知识产权局专利局南京代办处苏州分理处

账　　号：32201988236052512491

特此公告。

二〇一〇年四月十六日

国家知识产权局公告

（第一五七号）

根据《专利代理条例》和《专利代理管理办法》的有关规定，我局于 2010 年 9 月 1 日至 10 月 31 日对全国专利代理机构进行了年检。现将首批通过 2010 年年检的 662 家专利代理机构予以公告。

上述通过年检的专利代理机构的地址、人员组成等信息将在我局网站(http://www.sipo.gov.cn)上予以公布。

特此公告。

二〇一〇年十二月二日

首批通过2010年年检的662家专利代理机构名单

北　　京

1	11001	北京国林贸知识产权代理有限公司
2	11002	北京路浩知识产权代理有限公司
3	11003	北京中创阳光知识产权代理有限责任公司
4	11004	北京中建联合知识产权代理事务所
5	11006	北京律诚同业知识产权代理有限公司
6	11013	北京市中实友知识产权代理有限责任公司
7	11014	北京金富邦专利事务所有限责任公司
8	11017	北京华夏正合知识产权代理事务所（普通合伙）
9	11019	北京中原华和知识产权代理有限责任公司
10	11025	北京振安创业专利代理有限责任公司
11	11042	北京乾诚五洲知识产权代理有限责任公司
12	11100	北京北新智诚知识产权代理有限公司
13	11105	北京市柳沈律师事务所
14	11108	北京太兆天元知识产权代理有限责任公司
15	11111	北京万慧达知识产权代理有限公司
16	11112	北京天昊联合知识产权代理有限公司
17	11116	北京宇生知识产权代理事务所（普通合伙）
18	11127	北京三友知识产权代理有限公司
19	11129	北京海虹嘉诚知识产权代理有限公司
20	11130	北京华科联合专利事务所
21	11134	北京博浩百睿知识产权代理有限责任公司

22	11136	北京同汇友专利事务所
23	11137	北京金之桥知识产权代理有限公司
24	11138	北京三高永信知识产权代理有限责任公司
25	11139	北京科龙寰宇知识产权代理有限责任公司
26	11200	北京君尚知识产权代理事务所（普通合伙）
27	11203	北京思海天达知识产权代理有限公司
28	11204	北京英赛嘉华知识产权代理有限责任公司
29	11205	北京同立钧成知识产权代理有限公司
30	11207	北京华谊知识产权代理有限公司
31	11210	北京纽乐康知识产权代理事务所
32	11214	北京申翔知识产权代理有限公司
33	11216	北京三幸商标专利事务所
34	11218	北京思创毕升专利事务所
35	11224	北京金阙华进专利事务所（普通合伙）
36	11225	北京金信立方知识产权代理有限公司
37	11226	北京中知法苑知识产权代理事务所
38	11227	北京集佳知识产权代理有限公司
39	11228	北京汇泽知识产权代理有限公司
40	11229	北京金言诚信知识产权代理有限公司
41	11230	北京万科园知识产权代理有限责任公司
42	11232	北京慧泉知识产权代理有限公司
43	11238	北京博圣通专利事务所
44	11239	北京天平专利商标代理有限公司
45	11240	北京康信知识产权代理有限责任公司
46	11241	北京双收知识产权代理有限公司
47	11242	北京诺孚尔知识产权代理有限责任公司
48	11243	北京银龙知识产权代理有限公司

49 11245 北京纪凯知识产权代理有限公司
50 11246 北京众合诚成知识产权代理有限公司
51 11247 北京市中咨律师事务所
52 11249 北京中恒高博知识产权代理有限公司
53 11250 北京三聚阳光知识产权代理有限公司
54 11252 北京维澳专利代理有限公司
55 11255 北京市商泰律师事务所
56 11257 北京正理专利代理有限公司
57 11258 北京东方亿思知识产权代理有限责任公司
58 11260 北京凯特来知识产权代理有限公司
59 11262 北京安信方达知识产权代理有限公司
60 11266 北京尔海知识产权代理事务所
61 11269 北京嘉和天工知识产权代理事务所
62 11272 北京富天民宏济知识产权代理事务所
63 11274 北京中博世达专利商标代理有限公司
64 11276 北京市浩天知识产权代理事务所
65 11278 北京连和连知识产权代理有限公司
66 11279 北京中誉威圣知识产权代理有限公司
67 11280 北京泛华伟业知识产权代理有限公司
68 11281 北京明和龙知识产权代理有限公司
69 11283 北京润平知识产权代理有限公司
70 11286 北京铭硕知识产权代理有限公司
71 11287 北京律盟知识产权代理有限责任公司
72 11291 北京同达信恒知识产权代理有限公司
73 11293 北京恰丰知识产权代理有限公司
74 11294 北京五月天专利商标代理有限公司
75 11296 北京东方汇众知识产权代理事务所（普通合伙）

76	11297	北京鑫媛睿博知识产权代理有限公司
77	11300	北京瑞盟知识产权代理有限公司
78	11303	北京方韬法业专利代理事务所
79	11304	北京信远达知识产权代理事务所（普通合伙）
80	11305	北京君智知识产权代理事务所
81	11309	北京亿腾知识产权代理事务所
82	11310	北京立成智业专利代理事务所（普通合伙）
83	11311	北京天悦专利代理事务所（普通合伙）
84	11312	北京东正专利代理事务所（普通合伙）
85	11314	北京戈程知识产权代理有限公司
86	11315	北京国昊天诚知识产权代理有限公司
87	11316	北京一格知识产权代理事务所
88	11317	北京华扬知识产权代理事务所（普通合伙）
89	11318	北京法思腾知识产权代理有限公司
90	11320	北京王景林知识产权代理事务所
91	11321	北京市京大律师事务所
92	11322	北京尚诚知识产权代理有限公司
93	11324	北京金恒联合知识产权代理事务所
94	11326	北京市路盛律师事务所
95	11327	北京鸿元知识产权代理有限公司
96	11328	北京汉德知识产权代理事务所（普通合伙）
97	11330	北京市立方律师事务所
98	11333	北京兆君联合知识产权代理事务所（普通合伙）
99	11334	北京国帆知识产权代理事务所（普通合伙）
100	11336	北京市磐华律师事务所
101	11337	北京市盛峰律师事务所
102	11338	北京挚诚信奉知识产权代理有限公司

103 11340 北京天奇智新知识产权代理有限公司
104 11341 北京锐思知识产权代理事务所（普通合伙）
105 11342 北京市汉衡律师事务所
106 11343 北京友联知识产权代理事务所（普通合伙）
107 11344 北京市盈科律师事务所
108 11345 北京蓝智辉煌知识产权代理事务所（普通合伙）
109 11347 北京市卓智律师事务所
110 11349 北京金思港知识产权代理有限公司
111 11350 北京科亿知识产权代理事务所（普通合伙）
112 11352 北京市大成律师事务所
113 11354 北京市兰台律师事务所
114 11355 北京泰吉知识产权代理有限公司
115 11357 北京同辉知识产权代理事务所（普通合伙）
116 11358 北京神州华茂知识产权代理有限公司
117 11359 北京高文律师事务所
118 11360 北京万象新悦知识产权代理事务所（普通合伙）
119 11361 北京市联德律师事务所
120 11362 北京联创佳为专利事务所（普通合伙）
121 11363 北京弘权知识产权代理事务所（普通合伙）
122 11365 北京卓言知识产权代理事务所（普通合伙）
123 11366 北京市国枫律师事务所
124 11367 北京驰纳智财知识产权代理事务所（普通合伙）
125 11368 北京世誉鑫诚专利代理事务所（普通合伙）
126 11369 北京远大卓悦知识产权代理事务所（普通合伙）
127 11374 北京樊腾专利代理事务所（普通合伙）
128 11375 北京市炜衡律师事务所
129 11377 北京航忱知识产权代理事务所（普通合伙）

天　　津

1	12002	天津佳盟知识产权代理有限公司
2	12101	天津市鼎和专利商标代理有限公司
3	12103	天津市宗欣专利商标代理有限公司
4	12105	天津中环专利商标代理有限公司
5	12107	天津市三利专利商标代理有限公司
6	12108	天津才智专利商标代理有限公司
7	12201	天津市北洋有限责任专利代理事务所
8	12207	天津市杰盈专利代理有限公司
9	12208	天津伊加知识产权代理有限公司
10	12209	天津盛理知识产权代理有限公司
11	12210	天津翰林知识产权代理事务所（普通合伙）
12	12211	天津滨海科纬知识产权代理有限公司

河　　北

1	13100	石家庄新世纪专利商标事务所有限公司
2	13101	石家庄海天知识产权代理有限公司
3	13102	秦皇岛市维信专利事务所
4	13103	唐山永和专利商标事务所
5	13106	唐山顺诚专利事务所
6	13108	石家庄冀科专利商标事务所有限公司
7	13112	石家庄国域专利商标事务所有限公司
8	13113	石家庄科诚专利事务所
9	13115	石家庄汇科专利商标事务所
10	13116	石家庄一诚知识产权事务所
11	13119	衡水市盛博专利事务所
12	13120	石家庄国为知识产权事务所
13	13121	保定市燕赵恒通知识产权代理事务所

14	13122	唐山润昌专利代理事务所（特殊普通合伙）

山　西

1	14100	山西太原科卫专利事务所
2	14101	太原市科瑞达专利代理有限公司
3	14106	山西科贝律师事务所
4	14107	太原同圆知识产权代理事务所（特殊普通合伙）
5	14108	太原华弈知识产权代理事务所

内　蒙

1	15100	呼和浩特北方科力专利代理有限公司
2	15101	包头市专利事务所
3	15103	赤峰市专利事务所
4	15104	乌海市知新专利事务所

辽　宁

1	21001	沈阳晨创科技专利代理有限责任公司
2	21002	沈阳科苑专利商标代理有限公司
3	21100	辽宁沈阳国兴专利代理有限公司
4	21105	铁岭天工专利商标事务所
5	21106	盘锦辽河专利代理有限责任公司
6	21107	沈阳亚泰专利商标代理有限公司
7	21109	沈阳东大专利代理有限公司
8	21110	鞍山大千专利事务所
9	21113	辽阳新创专利事务所
10	21115	沈阳智龙专利事务所（普通合伙）
11	21117	本溪市新科专利事务所
12	21120	大连新技术专利事务所
13	21205	沈阳技联专利代理有限公司
14	21206	阜新市和达专利事务所

15 21207 沈阳杰克知识产权代理有限公司
16 21208 大连星海专利事务所
17 21209 沈阳利泰专利商标代理有限公司
18 21212 大连东方专利代理有限责任公司
19 21213 鞍山华惠专利事务所
20 21215 大连智慧专利事务所
21 21218 沈阳之华益专利事务所有限公司
22 21219 大连万友专利事务所
23 21220 大连非凡专利事务所
24 21221 沈阳圣群专利事务所
25 21222 锦州恒大专利事务所
26 21223 鞍山贝尔专利代理有限公司
27 21224 鞍山嘉讯科技专利事务所
28 21225 锦州辽西专利事务所
29 21226 大连八方知识产权代理有限公司
30 21227 丹东汇申专利事务所
31 21228 沈阳火炬专利事务所
32 21230 葫芦岛天开专利商标代理事务所（特殊普通合伙）
33 21232 沈阳世纪蓝海专利事务所
34 21233 大连一通专利代理事务所（普通合伙）

吉 林

1 22001 长春科宇专利代理有限责任公司
2 22102 吉林市达利专利事务所
3 22103 长春市四环专利事务所
4 22104 延边科友专利商标代理有限公司
5 22201 长春吉大专利代理有限责任公司
6 22202 长春市东师专利事务所

7　22204　吉林省长春市新时代专利商标代理有限公司
8　22205　通化旺维专利商标事务所有限公司
9　22206　长春市吉利专利事务所
10　22207　吉林市华明专利商标代理有限公司
11　22208　吉林大华铭仁律师事务所
12　22210　长春菁华专利商标代理事务所
13　22211　长春众益专利商标事务所（普通合伙）

黑龙江

1　23104　绥化市广辉专利事务所
2　23109　哈尔滨市松花江专利商标事务所
3　23115　大庆知文知识产权代理有限公司
4　23118　哈尔滨东方专利事务所
5　23119　大庆市建华专利事务所
6　23201　哈尔滨市船大专利事务所
7　23202　大庆市远东专利商标事务所
8　23203　双鸭山欣合专利事务所
9　23204　佳木斯市华镕专利事务所
10　23205　牡丹江市丹江专利事务所
11　23206　哈尔滨龙科专利代理有限公司
12　23207　齐齐哈尔鹤城专利事务所
13　23208　大庆禹奥专利事务所

上　海

1　31001　上海申汇专利代理有限公司
2　31002　上海智信专利代理有限公司
3　31100　上海专利商标事务所有限公司
4　31101　上海市沪一律师事务所
5　31104　上海华工专利事务所

6	31105	上海智力专利商标事务所
7	31113	上海浦东良风专利代理有限责任公司
8	31114	上海开祺知识产权代理有限公司
9	31117	上海科琪专利代理有限责任公司
10	31121	上海东方易知识产权事务所
11	31127	上海三方专利事务所
12	31128	上海世贸专利代理有限责任公司
13	31200	上海正旦专利代理有限公司
14	31201	上海交达专利事务所
15	31203	上海顺华专利代理有限责任公司
16	31204	上海德昭知识产权代理有限公司
17	31205	上海上大专利事务所（普通合伙）
18	31208	上海东亚专利商标代理有限公司
19	31210	上海市华诚律师事务所
20	31211	上海浦一知识产权代理有限公司
21	31213	上海新天专利代理有限公司
22	31215	上海蓝迪专利事务所
23	31216	上海天协和诚知识产权代理事务所
24	31217	上海欣创专利商标事务所
25	31218	上海翼胜专利商标事务所（普通合伙）
26	31219	上海光华专利事务所
27	31220	上海旭诚知识产权代理有限公司
28	31222	上海宝鼎专利代理有限公司
29	31224	上海天翔知识产权代理有限公司
30	31225	上海科盛知识产权代理有限公司
31	31228	上海东信专利商标事务所
32	31232	上海明成云知识产权代理有限公司

33 31233 上海泰能知识产权代理事务所
34 31234 上海衡方知识产权代理有限公司
35 31235 上海京沪专利代理事务所（普通合伙）
36 31236 上海汉声知识产权代理有限公司
37 31237 上海思微知识产权代理事务所（普通合伙）
38 31239 上海和跃知识产权代理事务所
39 31240 上海市光大律师事务所
40 31241 上海兆丰知识产权代理事务所（有限合伙）
41 31242 上海金盛协力知识产权代理有限公司
42 31243 上海百一领御专利代理事务所（普通合伙）
43 31245 上海东创专利代理事务所（普通合伙）
44 31246 上海翰鸿律师事务所
45 31247 上海华祺知识产权代理事务所
46 31249 上海信好专利代理事务所（普通合伙）
47 31250 上海宏威知识产权代理有限公司
48 31251 上海硕力知识产权代理事务所
49 31252 上海大邦律师事务所
50 31253 上海精晟知识产权代理有限公司
51 31254 上海集信知识产权代理有限公司
52 31255 上海嘉和知识产权代理事务所（普通合伙）
53 31256 上海元达律师事务所
54 31257 上海麦其知识产权代理事务所（普通合伙）
55 31258 上海海颂知识产权代理事务所（普通合伙）
56 31259 上海脱颖律师事务所
57 31260 上海晨皓知识产权代理事务所（普通合伙）
58 31261 上海瀚桥专利代理事务所（普通合伙）
59 31262 上海卓阳知识产权代理事务所（普通合伙）

60	31263	上海胜康律师事务所

江　苏

1	32100	南通市永通专利事务所
2	32103	苏州创元专利商标事务所有限公司
3	32104	无锡市大为专利商标事务所
4	32105	常州市天龙专利事务所有限公司
5	32106	扬州市锦江专利事务所
6	32107	镇江京科专利商标代理有限公司
7	32108	泰州地益专利事务所
8	32110	淮安市科翔专利商标事务所
9	32112	南京天翼专利代理有限责任公司
10	32113	常熟市常新专利商标事务所
11	32200	南京经纬专利商标代理有限公司
12	32204	南京苏高专利商标事务所（普通合伙）
13	32205	徐州市淮海专利事务所
14	32206	南京众联专利代理有限公司
15	32207	南京知识律师事务所
16	32208	宜兴市天宇知识产权事务所
17	32209	张家港市高松专利事务所
18	32210	江阴市同盛专利事务所
19	32211	常州市维益专利事务所
20	32212	昆山四方专利事务所
21	32214	常州市江海阳光知识产权代理有限公司
22	32215	南京君陶专利商标代理有限公司
23	32216	如皋市江海专利事务所
24	32218	南京天华专利代理有限责任公司
25	32220	徐州市三联专利事务所

26	32221	苏州市新苏专利事务所有限公司
27	32222	扬州苏中专利事务所（普通合伙）
28	32223	淮安市科文知识产权事务所
29	32224	南京纵横知识产权代理有限公司
30	32225	常州市科谊专利代理事务所
31	32226	南京中新达专利代理有限公司
32	32227	无锡盛阳专利商标事务所（普通合伙）
33	32228	无锡华源专利事务所
34	32229	江苏英特东华律师事务所
35	32230	江苏致邦律师事务所
36	32231	常州佰业腾飞专利代理事务所（普通合伙）
37	32232	苏州华博知识产权代理有限公司
38	32233	常州市夏成专利事务所（普通合伙）
39	32234	苏州广正知识产权代理有限公司
40	32235	苏州威世朋知识产权代理事务所（普通合伙）
41	32236	无锡互维知识产权代理有限公司
42	32237	江苏圣典律师事务所
43	32238	南京汇盛专利商标事务所（普通合伙）
浙	**江**	
1	33100	浙江杭州金通专利事务所有限公司
2	33101	杭州九洲专利事务所有限公司
3	33102	宁波诚源专利事务所有限公司
4	33103	金华科源专利事务所有限公司
5	33106	舟山固浚专利事务所
6	33107	台州市方圆专利事务所
7	33109	杭州杭诚专利事务所有限公司
8	33201	杭州天正专利事务所有限公司

9	33202	杭州中平专利事务所有限公司
10	33205	温州高翔专利事务所
11	33206	浙江翔隆专利事务所
12	33207	宁波天一专利代理有限公司
13	33208	永康市联缙专利事务所（普通合伙）
14	33209	杭州天欣专利事务所
15	33210	温州新瓯专利事务所
16	33211	温州瓯越专利代理有限公司
17	33212	杭州中成专利事务所有限公司
18	33213	杭州浙科专利事务所
19	33214	杭州丰禾专利事务所有限公司
20	33215	台州市中唯专利事务所
21	33216	杭州之江专利事务所
22	33217	杭州华鼎知识产权代理事务所（普通合伙）
23	33218	浙江凯麦律师事务所
24	33219	宁波市天晟知识产权代理有限公司
25	33220	绍兴市越兴专利事务所
26	33221	杭州裕阳专利事务所（普通合伙）
27	33222	瑞安市翔东知识产权代理事务所
28	33223	杭州君易知识产权代理事务所
29	33224	杭州天勤知识产权代理有限公司
30	33225	台州市南方商标专利事务所（普通合伙）
31	33226	宁波奥圣专利代理事务所（普通合伙）
32	33227	宁波奥凯专利事务所
33	33228	宁波市鄞州甬致专利代理事务所
34	33229	台州蓝天知识产权代理有限公司
35	33230	杭州赛科专利代理事务所

36 33231 杭州宇信知识产权代理事务所（普通合伙）
37 33232 湖州金卫知识产权代理事务所（普通合伙）
38 33233 浙江永鼎律师事务所
39 33234 杭州新源专利事务所（普通合伙）
40 33235 杭州华知专利事务所
41 33236 杭州金源通汇专利事务所（普通合伙）
42 33237 温州金瓯专利事务所（普通合伙）

安　徽

1 34101 安徽省合肥新安专利代理有限责任公司
2 34102 蚌埠鼎力专利商标事务所有限公司
3 34105 铜陵市天成专利事务所
4 34108 安徽省阜阳市科颖专利事务所
5 34111 马鞍山市金桥专利代理有限公司
6 34112 安徽合肥华信知识产权代理有限公司
7 34113 安徽省蚌埠博源专利商标事务所
8 34114 合肥金安专利事务所
9 34115 合肥天明专利事务所

福　建

1 35001 福州科扬专利事务所
2 35100 福州元创专利商标代理有限公司
3 35101 厦门原创专利事务所
4 35200 厦门南强之路专利事务所
5 35201 福州展晖专利事务所
6 35203 厦门市新华专利商标代理有限公司
7 35204 厦门市首创君合专利事务所有限公司
8 35205 泉州市文华专利代理有限公司
9 35207 厦门龙格专利事务所（普通合伙）

10	35208	福州智理专利代理有限公司
11	35209	厦门市诚得知识产权代理事务所
12	35211	福州君诚知识产权代理有限公司
13	35212	福州市鼓楼区京华专利事务所（普通合伙）
14	35213	泉州市博一专利事务所
15	35214	福州市鼓楼区博深专利代理事务所（普通合伙）
16	35215	福建炼海律师事务所
江	**西**	
1	36100	江西省专利事务所
2	36111	南昌洪达专利事务所
3	36112	鹰潭市博惠专利事务所
4	36115	南昌新天下专利商标代理有限公司
5	36116	赣州凌云专利事务所
6	36117	南昌佳诚专利事务所
7	36119	萍乡益源专利事务所
8	36120	景德镇市高岭专利事务所
9	36121	宜春赣西专利代理事务所
10	36122	南昌市平凡知识产权代理事务所
山	**东**	
1	37101	青岛联智专利商标事务所有限公司
2	37102	烟台信合专利代理有限公司
3	37104	青岛高晓专利事务所
4	37105	济南诚智商标专利事务所有限公司
5	37106	济宁众城专利事务所
6	37107	东营双桥专利代理有限责任公司
7	37108	山东济南齐鲁科技专利事务所有限公司
8	37201	青岛海昊知识产权事务所有限公司

9	37202	威海科星专利事务所
10	37205	济南舜源专利事务所有限公司
11	37210	德州市天科专利商标事务所
12	37212	青岛发思特专利商标代理有限公司
13	37214	济南鲁科专利代理有限公司
14	37215	潍坊鸢都专利事务所
15	37216	潍坊正信专利事务所
16	37217	济宁宏科利信专利代理事务所
17	37218	济南泉城专利商标事务所
18	37219	济南金迪知识产权代理有限公司
19	37221	济南圣达专利商标事务所有限公司
20	37222	山东清泰律师事务所
21	37223	淄博佳和专利代理事务所
22	37224	济南日新专利代理事务所
河	**南**	
1	41102	郑州科维专利代理有限公司
2	41104	郑州联科专利事务所（普通合伙）
3	41107	新乡市平原专利有限责任公司
4	41109	郑州中原专利事务所有限公司
5	41110	郑州中民专利代理有限公司
6	41112	洛阳市凯旋专利事务所
7	41113	郑州天阳专利事务所（普通合伙）
8	41114	郑州异开专利事务所（普通合伙）
9	41115	南阳市智博维创专利事务所
10	41116	安阳市智浩专利代理事务所
11	41117	郑州红元帅专利代理事务所（普通合伙）
12	41118	洛阳明律专利代理事务所

13　41119　郑州睿信知识产权代理有限公司

湖　北

1　42001　武汉宇晨专利事务所
2　42102　湖北武汉永嘉专利代理有限公司
3　42103　宜昌市三峡专利事务所
4　42104　武汉开元知识产权代理有限公司
5　42107　荆门市首创专利事务所
6　42109　黄石市三益专利商标事务所
7　42110　十堰博迪专利事务所
8　42113　武汉楚天专利事务所
9　42208　武汉天力专利事务所
10　42212　武汉金堂专利事务所
11　42214　武汉华旭知识产权事务所
12　42215　武汉荆楚联合知识产权代理有限公司
13　42216　荆州市亚德专利事务所
14　42217　襄樊嘉琛知识产权事务所
15　42218　襄樊中天信诚知识产权事务所
16　42219　荆州市技经专利事务所
17　42220　武汉帅丞知识产权代理有限公司
18　42221　武汉凌达知识产权事务所（特殊普通合伙）
19　42222　武汉科皓知识产权代理事务所（特殊普通合伙）

湖　南

1　43001　长沙永星专利商标事务所
2　43005　安化县梅山专利事务所
3　43008　湖南兆弘专利事务所
4　43101　衡阳市科航专利事务所
5　43103　岳阳市大正专利事务所

6 43105 株洲市奇美专利商标事务所
7 43106 湖南省娄底市兴娄专利事务所
8 43107 益阳市银城专利事务所
9 43108 湘潭市汇智专利事务所
10 43113 长沙正奇专利事务所有限责任公司
11 43114 长沙市融智专利事务所
12 43115 永州市零陵专利事务所
13 43203 岳阳市科明专利事务所
14 43204 常德市长城专利事务所
15 43205 长沙星耀专利事务所
16 43208 常德市源友专利代理事务所
17 43209 张家界市慧诚商标专利事务所
18 43210 长沙新裕知识产权代理有限公司

广　东

1 44001 广州科粤专利代理有限责任公司
2 44101 深圳市中知专利商标代理有限公司
3 44102 广州粤高专利商标代理有限公司
4 44103 汕头市高科专利事务所
5 44106 茂名市穗海专利事务所
6 44203 湛江市三强专利事务所
7 44206 佛山市永裕信专利代理有限公司
8 44209 深圳市睿智专利事务所
9 44210 广州市华创源专利事务所有限公司
10 44211 中山市科创专利代理有限公司
11 44216 广东世纪专利事务所
12 44217 深圳市顺天达专利商标代理有限公司
13 44218 深圳市千纳专利代理有限公司

14	44219	汕头新星专利事务所
15	44220	广州市一新专利商标事务所有限公司
16	44221	广东国欣律师事务所
17	44223	深圳新创友知识产权代理有限公司
18	44224	广州华进联合专利商标代理有限公司
19	44227	广州三辰专利事务所
20	44229	广州市深研专利事务所
21	44230	汕头市潮睿专利事务有限公司
22	44231	东莞市中正知识产权事务所
23	44232	深圳市隆天联鼎知识产权代理有限公司
24	44233	深圳市毅颖专利商标事务所
25	44237	深圳中一专利商标事务所
26	44239	广州中瀚专利商标事务所
27	44240	深圳市百瑞专利商标事务所（普通合伙）
28	44241	深圳市智科友专利商标事务所
29	44242	深圳市精英专利事务所
30	44244	广州市天河庐阳专利事务所
31	44245	广州市华学知识产权代理有限公司
32	44246	深圳市兴力桥知识产权事务所
33	44247	深圳市康弘知识产权代理有限公司
34	44249	东莞市创益专利事务所
35	44250	佛山市科顺专利事务所
36	44251	东莞市众达专利商标事务所
37	44252	揭阳市博佳专利代理事务所
38	44253	广州致信伟盛知识产权代理有限公司
39	44254	广州中浚雄杰知识产权代理有限责任公司
40	44255	中山市汉通知识产权代理事务所

41　44256　深圳市凯达知识产权事务所
42　44258　深圳市港湾知识产权代理有限公司
43　44259　广州凯东知识产权代理有限公司
44　44260　深圳市兴科达知识产权代理有限公司
45　44262　珠海智专专利商标代理有限公司
46　44263　广东星辰律师事务所
47　44265　深圳市德力知识产权代理事务所
48　44266　广东国晖律师事务所
49　44268　深圳市君胜知识产权代理事务所
50　44269　深圳市维邦知识产权事务所
51　44270　深圳市启明专利代理事务所
52　44271　深圳市惠邦知识产权代理事务所
53　44273　深圳市嘉宏博知识产权代理事务所
54　44274　深圳市中联专利代理有限公司
55　44275　深圳市博锐专利事务所
56　44276　深圳市深远专利商标事务所
57　44277　广东中亿律师事务所
58　44280　深圳市威世博知识产权代理事务所（普通合伙）
59　44281　深圳鼎合诚知识产权代理有限公司
60　44283　佛山市中迪知识产权代理事务所（普通合伙）
61　44284　东莞市科安知识产权代理事务所
62　44285　深圳市深佳知识产权代理事务所（普通合伙）
63　44286　中山市石岐区红徽专利商标事务所
64　44287　深圳市世纪恒程知识产权代理事务所
65　44288　广州市越秀区哲力专利商标事务所（普通合伙）
66　44289　深圳市中原力和专利商标事务所（普通合伙）
67　44290　深圳市钧含知识产权代理有限公司

68　44291　广东秉德律师事务所
69　44292　深圳市爱派知识产权事务所
70　44293　佛山市名诚专利商标事务所（普通合伙）

广　　西

1　45102　柳州市集智专利商标事务所
2　45104　广西南宁公平专利事务所有限责任公司
3　45106　广西南宁明智专利商标代理有限责任公司
4　45108　梧州市万达专利事务所
5　45109　玉林市振盛专利商标代理事务所
6　45112　桂林市华杰专利商标事务所有限责任公司
7　45113　柳州市荣久专利商标事务所（普通合伙）
8　45114　广西南宁汇博专利代理有限公司

海　　南

1　46001　海口翔翔专利事务有限公司

重　　庆

1　50102　重庆市恒信知识产权代理有限公司
2　50123　重庆华科专利事务所
3　50209　重庆弘旭专利代理有限责任公司
4　50210　重庆志合专利事务所
5　50211　重庆市前沿专利事务所
6　50212　重庆博凯知识产权代理有限公司
7　50213　重庆中之信知识产权代理事务所
8　50214　重庆中流知识产权代理事务所（普通合伙）
9　50215　重庆辉腾律师事务所

四　　川

1　51100　成都立信专利事务所有限公司
2　51101　成都科奥专利事务所

3　51106　成都蓉信三星专利事务所

4　51120　成都市辅君专利代理有限公司

5　51124　成都虹桥专利事务所

6　51126　成都中亚专利代理有限公司

7　51200　成都信博专利代理有限责任公司

8　51202　成都科海专利事务有限责任公司

9　51207　南充三新专利代理有限责任公司

10　51208　成都博通专利事务所

11　51211　成都天嘉专利事务所（普通合伙）

12　51212　成都赛恩斯知识产权代理事务所（普通合伙）

13　51213　四川省成都市天策商标专利事务所

14　51214　成都九鼎天元知识产权代理有限公司

15　51215　成都惠迪专利事务所

16　51216　四川君士达律师事务所

17　51217　成都和睿达专利代理事务所（普通合伙）

18　51218　成都金英专利代理事务所（普通合伙）

19　51219　泰和泰律师事务所

20　51220　成都行之专利代理事务所（普通合伙）

贵　州

1　52002　贵阳东圣专利商标事务有限公司

2　52100　贵阳中新专利商标事务所

3　52102　遵义市遵科专利事务所

4　52105　贵州省遵义科峰专利商标事务所

5　52106　贵阳中工知识产权代理事务所

云　南

1　53100　昆明正原专利代理有限责任公司

2　53102　红河州专利事务所

3	53104	云南省曲靖市专利事务所
4	53106	昆明大百科专利事务所
5	53108	云南协立专利事务所
6	53110	云南派特律师事务所
7	53111	昆明科阳知识产权代理事务所
8	53112	昆明慧翔专利事务所
9	53113	昆明合众智信知识产权事务所
10	53115	昆明今威专利代理有限公司
陕	**西**	
1	61100	西安文盛专利代理有限公司
2	61106	宝鸡市新发明专利事务所
3	61114	西安新思维专利商标事务所有限公司
4	61201	西安永生专利代理有限责任公司
5	61202	西安西达专利代理有限责任公司
6	61210	西安集思得知识产权代理有限公司
7	61211	西安智邦专利商标代理有限公司
8	61212	汉中市兴元专利事务所
9	61213	西安创知专利事务所
10	61214	西安弘理专利事务所
11	61215	西安智大知识产权代理事务所
12	61216	西安恒泰知识产权代理事务所
13	61217	西安西交通盛知识产权代理有限责任公司
甘	**肃**	
1	62002	兰州中科华西专利代理有限公司
2	62100	甘肃省知识产权事务中心
3	62102	兰州振华专利代理有限责任公司

青　　海

1　63102　西宁工道知识产权代理事务所

2　63100　青海省专利服务中心

宁　　夏

1　64100　宁夏专利服务中心

2　64102　银川长征知识产权代理事务所

3　64103　合天律师事务所

新　　疆

1　65102　石河子恒智专利代理事务所

2　65105　乌鲁木齐合纵专利商标事务所

3　65106　乌鲁木齐中科新兴专利事务所

4　65107　乌鲁木齐新科联专利代理事务所（有限公司）

5　65108　乌鲁木齐市禾工专利代理事务所

香港特别行政区涉外机构驻京办事处

1　72001　中国专利代理（香港）有限公司

2　72002　永新专利商标代理有限公司

3　72003　隆天国际知识产权代理有限公司

国防专利代理机构

1　11007　核工业专利中心

2　11008　中国航空专利中心

3　11009　中国航天科技专利中心

4　11010　信息产业部电子专利中心

5　11011　中国兵器工业集团公司专利中心

6　11024　中国航天科工集团公司专利中心

7　11026　中国船舶专利中心

8　11028　中国有色金属工业专利中心

9　11035　中国人民解放军空军专利服务中心

10	11036	中国人民解放军总后勤部专利服务中心
11	11040	中国人民解放军第二炮兵专利服务中心
12	11043	国防专利服务中心
13	11044	中国人民解放军海军专利服务中心
14	11046	中国人民解放军防化研究院专利服务中心
15	11117	首钢总公司专利中心
16	11120	北京理工大学专利中心
17	11215	中国和平利用军工技术协会专利中心
18	21200	大连理工大学专利中心
19	23200	哈尔滨工业大学专利中心
20	31107	上海航天局专利中心
21	32002	总装工程兵科研一所专利服务中心
22	32203	南京理工大学专利中心
23	42201	华中科技大学专利中心
24	43102	湖南省国防科学技术工业办公室专利中心
25	43200	中南大学专利中心
26	43202	国防科技大学专利服务中心
27	50201	重庆大学专利中心
28	51121	成飞（集团）公司专利中心
29	51203	电子科技大学专利中心
30	51210	中国工程物理研究院专利中心
31	52001	贵州国防工业专利中心
32	61001	中国科学院西安专利中心
33	61204	西北工业大学专利中心
34	61205	陕西电子工业专利中心

国家知识产权局公告

（第一五九号）

根据《专利代理条例》和《专利代理管理办法》的有关规定，现将第二批通过 2010 年年检的专利代理机构以及未参加年检或年检不合格的专利代理机构予以公告。

按照《专利代理管理办法》第三十五条的规定，凡未参加年检或年检不合格的专利代理机构，在下次年检合格之前不得在国家知识产权局和各地知识产权局办理新的专利代理业务。

上述通过年检的专利代理机构的地址、人员组成等信息将在我局网站(http://www.sipo.gov.cn)上予以公布。

特此公告。

二〇一一年一月三十日

第二批通过2010年年检的专利代理机构名单

北　　京

1　11012　北京邦信阳专利商标代理有限公司
2　11015　北京英特普罗知识产权代理有限公司
3　11018　北京德琦知识产权代理有限公司
4　11021　中科专利商标代理有限责任公司
5　11038　中国国际贸易促进委员会专利商标事务所
6　11039　北京知本村知识产权代理事务所
7　11121　北京永创新实专利事务所
8　11132　小松专利事务所
9　11201　北京清亦华知识产权代理事务所（普通合伙）
10　11212　北京轻创知识产权有限公司
11　11219　中原信达知识产权代理有限责任公司
12　11221　北京捷诚信通专利事务所（普通合伙）
13　11223　北京元中知识产权代理有限责任公司
14　11233　北京科兴园专利事务所
15　11234　中国专利商标事务所有限公司
16　11248　北京中安信知识产权代理事务所
17　11251　北京科迪生专利代理有限责任公司
18　11253　北京中北知识产权代理有限公司
19　11254　北京连成创新知识产权代理有限公司
20　11256　北京市金杜律师事务所
21　11259　北京金硕果知识产权代理事务所

22 11264 北京华夏博通专利事务所
23 11265 北京挺立专利事务所
24 11270 北京派特恩知识产权代理事务所（普通合伙）
25 11271 北京安博达知识产权代理有限公司
26 11275 北京同恒源知识产权代理有限公司
27 11277 北京林达刘知识产权代理事务所（普通合伙）
28 11282 北京中海智圣知识产权代理有限公司
29 11285 北京北翔知识产权代理有限公司
30 11288 北京瑞成兴业知识产权代理事务所（普通合伙）
31 11290 北京信慧永光知识产权代理有限责任公司
32 11298 北京泛诚知识产权代理有限公司
33 11299 北京市卓华知识产权代理有限公司
34 11301 北京汇智英财专利代理事务所
35 11302 北京市德权律师事务所
36 11306 北京市德恒律师事务所
37 11308 北京元本知识产权代理事务所
38 11313 北京铸成律师事务所
39 11323 北京市隆安律师事务所
40 11325 北京中伟智信专利商标代理事务所
41 11329 北京龙双利达知识产权代理有限公司
42 11331 北京康盛知识产权代理有限公司
43 11332 北京品源专利代理有限公司
44 11335 北京汇信合知识产权代理有限公司
45 11339 北京市安伦律师事务所
46 11346 北京国浩君伍知识产权代理事务所（普通合伙）
47 11348 北京鼎佳达知识产权代理事务所（普通合伙）
48 11353 北京市惠诚律师事务所

49	11364	北京市中联创合知识产权代理有限公司
50	11370	北京汉昊知识产权代理事务所（普通合伙）
51	11371	北京超凡志成知识产权代理事务所（普通合伙）
52	11372	北京聿宏知识产权代理有限公司
53	11373	北京市汉信律师事务所
54	11376	北京永新同创知识产权代理有限公司
天	**津**	
1	12203	天津三元专利商标代理有限责任公司
辽	**宁**	
1	21101	沈阳科威专利代理有限责任公司
2	21102	抚顺宏达专利代理有限责任公司
3	21229	沈阳维特专利商标事务所
吉	**林**	
1	22100	吉林长春新纪元专利代理有限责任公司
上	**海**	
1	31214	上海申蒙商标专利代理有限公司
2	31227	上海伯瑞杰知识产权代理有限公司
3	31229	上海唯源专利代理有限公司
4	31230	上海三和万国知识产权代理事务所
江	**苏**	
1	32102	南京苏科专利代理有限责任公司
浙	**江**	
1	33200	杭州求是专利事务所有限公司
安	**徽**	
1	34107	芜湖安汇知识产权代理有限公司
2	34109	合肥诚兴知识产权代理有限公司

山　　东

1　37207　泰安市泰昌专利事务所

河　　南

1　41111　郑州大通专利商标代理有限公司

广　　东

1　44100　广州新诺专利商标事务所有限公司

2　44104　广州知友专利商标代理有限公司

3　44202　广州三环专利代理有限公司

4　44205　广州嘉权专利商标事务所有限公司

5　44214　广州市红荔专利代理有限公司

6　44215　东莞市华南专利商标事务所有限公司

7　44222　广州创颖专利事务所

8　44226　韶关市雷门专利事务所

9　44228　广州市南锋专利事务所有限公司

10　44235　珠海市威派特专利事务所

11　44236　广州弘邦专利商标事务所有限公司

12　44238　深圳市永杰专利商标事务所（普通合伙）

13　44248　深圳市科吉华烽知识产权事务所

14　44261　广州广信知识产权代理有限公司

15　44267　深圳冠华专利事务所（普通合伙）

16　44279　深圳市万商天勤知识产权事务所（普通合伙）

17　44282　珠海市英华知识产权代理事务所（普通合伙）

广　　西

1　45107　桂林市持衡专利商标事务所有限公司

海　　南

1　46002　海口兴南专利商标代理有限公司

重　　庆

1	50125	重庆创新专利商标代理有限公司

云　　南

1	53114	昆明祥和知识产权代理有限公司

陕　　西

1	61108	西安吉盛专利代理有限责任公司
2	61200	西安通大专利代理有限责任公司

青　　海

1	63101	西宁金语专利代理事务所

2010年未参加年检或年检不合格的专利代理机构名单

北　　京

1　11114　北京恒久联达知识产权代理有限公司

2　11244　北京市合德专利事务所

3　11237　北京市广友专利事务所有限责任公司

4　11261　北京尚公律师事务所

5　11263　北京高默克知识产权代理有限公司

6　11319　北京润泽恒知识产权代理有限公司

7　11351　北京市沃尔森律师事务所

天　　津

1　12104　天津市新天方有限责任专利代理事务所

2　12113　国嘉律师事务所

3　12200　天津市学苑有限责任专利代理事务所

山　　西

1　14105　山西五维专利事务所（有限公司）

辽　　宁

1　21116　沈阳易通专利事务所

2　21204　沈阳邦达信专利商标代理有限公司

3　21119　大连科技专利代理有限责任公司

4　21217　鞍山钢都专利事务所

5　21231　鞍山安科正明专利商标事务所

吉　　林

1　22209　长春成铭专利商标代理有限公司

黑龙江

1　23101　哈尔滨市哈科专利事务所有限责任公司

2　23112　鹤岗市大地专利事务所

上　　海

1　31221　上海市中大律师事务所

2　31244　上海华晖信康知识产权代理事务所（普通合伙）

3　31248　上海智鼎律师事务所

江　　苏

1　32219　靖江市靖泰专利事务所

山　　东

1　37100　济南信达专利事务所有限公司

2　37103　淄博科信专利商标代理有限公司

3　37211　烟台同兴专利事务所

湖　　南

1　43206　长沙市令骅专利代理事务所

2　43207　湘潭市雨湖区创汇知识产权代理事务所

广　　东

1　44225　佛山市南海智维专利代理有限公司

2　44257　深圳市汇力通专利商标代理有限公司

3　44264　佛山市粤顺知识产权代理事务所

4　44272　东莞市冠诚知识产权代理有限公司

四　　川

1　51111　内江市三正专利事务所（普通合伙）

陕　　西

1　61209　宝鸡中宝专利事务所

国家知识产权局公告

（第一六〇号）

根据《专利代理条例》和《专利代理管理办法》的规定，依当事人申请，在其已经妥善处理各种尚未办结的事项后，我局同意撤销淄博科信专利商标代理有限公司。

特此公告。

二〇一一年四月一日

国家知识产权局公告

（第一六一号）

依据《专利法》、《专利代理条例》及相关部门规章的规定，现将2011年全国专利代理人资格考试有关事项公告如下：

一、报　名

（一）报名条件

拥护中华人民共和国宪法，并且具备下列条件的中国公民可以报名参加全国专利代理人资格考试：

1. 18周岁以上，具有完全民事行为能力；

2. 高等院校理工科专业毕业或者具有同等学力；

3. 熟悉专利法和有关的法律知识；

4. 从事过两年以上科学技术工作或者法律工作。

高等院校理工科专业毕业是指取得国家承认的理工科大专以上学历，并获得毕业文凭。

（二）报名时间、报名方式和考点

1. 报名时间：2011年6月20日至7月3日。

2. 报名方式：报名人员应当在报名期间内登录国家知识产权局网站(http://www.sipo.gov.cn)进行网上报名。

3. 考点：在全国18个城市设立考点，考点城市为北京市、沈阳市、哈尔滨市、上海市、南京市、合肥市、福州市、景德镇市、济南市、郑州市、武汉市、长沙市、广州市、重庆市、昆明市、西安市、兰州市和乌鲁木齐市，由考点城市所在的省、自治区、直辖市知识产权局负责报名事宜，具体信息参见附件。

报名人员可以在报名时根据自身情况选择一个考点参加考试。

（三）报名材料

报名人员在网上报名时，应当填报或上传以下材料：

1. 2011 年全国专利代理人资格考试报名表；

2. 本人有效身份证件（居民身份证、军官证、护照或者永久性居民身份证）；

3. 学历证书；

4. 工作证明；

5. 本人近期一寸彩色免冠照片。

（四）查验时间和查验方式

1. 查验时间

北京考点：2011 年 6 月 27 日至 7 月 22 日；

其他考点：2011 年 6 月 27 日至 7 月 15 日。

2. 查验方式

报名人员可以自已或者委托他人携带相关材料到所选考点所在的省、自治区、直辖市知识产权局设置的查验地点接受查验。

（五）查验材料

1. 首次报名人员

对于 2011 年首次参加全国专利代理人资格考试的报名人员，接受查验时，应当提交以下材料：

（1）本人有效身份证件（居民身份证、军官证、护照或者永久性居民身份证）原件及复印件；

（2）学历证书原件及复印件；

（3）工作证明原件。

2. 再次报名人员

对于 2009 年、2010 年曾经参加过全国专利代理人资格考试的报名人员，接受查验时，应当提交本人有效身份证件（居民身份证、军官证、护照或者永久性居民身份证）原件及复印件。

3. 委托他人进行查验

报名人员委托他人进行查验的，除提交上述材料外，还应当提交以下材料：

（1）受托人的身份证原件及复印件；

（2）报名人员出具的委托书原件。

（六）考试报名费

报名人员应当根据考点要求向所选考点所在的省、自治区、直辖市知识产权局缴纳考试报名费。

二、考　试

（一）考试日期和地点

2011 年全国专利代理人资格考试定于 2011 年 11 月 5 日至 6 日在上述 18 个考点城市同时进行。

（二）考试科目、时间和方式

全国专利代理人资格考试实行全国统一命题，命题范围以《2011 年全国专利代理人资格考试大纲》为准。

考试分为三门科目，各科目名称和考试时间安排如下：

专利法律知识：11 月 5 日上午 9：00—11：00；

相关法律知识：11 月 5 日下午 14：00—16：00；

专利代理实务：11 月 6 日上午 9：00—13：00。

考试采取闭卷方式进行。专利法律知识和相关法律知识两门科目采用填涂机读答题卡方式，专利代理实务科目采用论述答题和实际撰写方式。

（三）考试试题公布

全国专利代理人资格考试结束后，国家知识产权局将公布专利法律知识考试和相关法律知识考试试题及参考答案，在指定期限内公开征求社会公众意见，并对反馈的意见进行研究和论证。

三、录取及证书发放

（一）按照实际需要确定合格分数线

考试结束后，由专利代理人考核委员会根据专利工作的实际需要和当年试题的难易程度，经充分讨论确定合格分数线。

（二）证书发放

2011 年全国专利代理人资格考试成绩通知单、合格通知单以及合格人员的专利代理人资格证书由专利代理人考核委员会办公室统一制作，由各考点所在的省、自治区、直辖市知识产权局发放。

四、考试的复习与培训

（一）考试指南

报名人员可依据专利代理人考核委员会办公室编写的《2011 年全国专利代理人资格考试指南》进行复习、备考。

（二）考前培训

2011 年全国专利代理人资格考试的考前培训工作将继续发挥中国知识产权培训中心、地方知识产权局、中华全国专利代理人协会等各方面的作用。培训的授课时间、培训内容、授课教师、收费标准等均由培训举办单位自行决定。

国家知识产权局不举办考前培训班，培训举办单位不得以国家知识产权局名义组织、举办培训班或进行相关宣传。

五、香港和澳门特别行政区居民考试事宜

香港和澳门特别行政区居民报名参加 2011 年全国专利代理人资格考试的，除下述规定外，按照 2004 年 4 月 26 日发布的国家知识产权局第一〇一号公告的有关规定办理：

1. 报名时间：2011 年 6 月 20 日至 7 月 3 日；

2. 报名方式：登录国家知识产权局网站(http://www.sipo.gov.cn)进行网上报名；

3. 获准参加考试的香港、澳门报名人员应当于 2011 年 11 月 4 日前往广州考点报到，缴纳报名费，领取准考证。

特此公告。

附件：2011 年全国专利代理人资格考试各考点联系人、联系电话及通讯地址

二〇一一年五月六日

附件

2011年全国专利代理人资格考试
各考点联系人、联系电话及通讯地址

北京市考点

承办单位：北京市知识产权局

联 系 人：马东辉、李　葭

电　　话：(010) 66173160　(010) 66187557

传　　真：(010) 66187557

通讯地址：北京市西城区西直门南大街16号北京市科委西楼11层

邮　　编：100035

政府网站：http://www.bjipo.gov.cn/

沈阳市考点

承办单位：辽宁省知识产权局

联 系 人：董加林、田雨春

电　　话：(024) 86916051

传　　真：(024) 86916051

通讯地址：辽宁省沈阳市皇姑区陵东街2号

邮　　编：110032

政府网站：http://www.lnipo.gov.cn/

哈尔滨考点

承办单位：黑龙江省知识产权局

联 系 人：苏向阳

电　　话：(0451) 82627634

传　　真：(0451) 82627634

通讯地址：哈尔滨市南岗区东大直街302号

邮　　编：150001

政府网站：http://www.hlipo.gov.cn/

上海市考点

承办单位：上海市知识产权局

联 系 人：郭　立、张润壮、童伟宇

电　　话：(021) 52288200－311　(021) 52288200－312

　　　　　(021) 61113735

传　　真：(021) 52285669

通讯地址：上海市南京西路 580 号南证大厦 B 楼十层

邮　　编：200040

政府网站：http://www.sipa.gov.cn/

南京市考点

承办单位：江苏省知识产权局

联 系 人：王培军

电　　话：(025) 84315559

传　　真：(025) 84315559

通讯地址：江苏省南京市孝陵卫 200 号南京理工大学知识产权学院

邮　　编：210094

政府网站：http://www.jsip.gov.cn/

合肥市考点

承办单位：安徽省知识产权局

联 系 人：郑红莺、许　勇

电　　话：(0551) 2999910

传　　真：(0551) 2999912

通讯地址：安徽省合肥市马鞍山路和太湖路交叉口省政务大厦 15 楼 1506 室

邮　　编：230001

政府网站：http://www.ahipo.gov.cn/

福州市考点

承办单位：福建省知识产权局

联 系 人：闫宏宇、郭伟杰、陈晓晶

电　　话：(0591) 87812159　(0591) 87812963　(0591) 87812130

传　　真：(0591) 87817515

通讯地址：福建省福州市湖东路 7 号

邮　　编：350003

政府网站：http://www.fjipo.gov.cn/

景德镇市考点

承办单位：江西省知识产权局

联 系 人：赵培钧、赖　华

电　　话：(0791) 6206950　(0791) 6207581

传　　真：(0791) 6206950　(0791) 6207581

通讯地址：江西省南昌市省府大院南一路 7 号江西省知识产权局专利管理处

邮　　编：330046

政府网站：http://www.jxipo.gov.cn/

济南市考点

承办单位：山东省知识产权局

联 系 人：马梅花、宋洪韵

电　　话：(0531) 88198565　(0531) 66608873

传　　真：(0531) 88198565

通讯地址：山东省济南市经十东路 157 号山东省知识产权局法律事务处

邮　　编：250014

政府网站：http://www.sdpatent.gov.cn/

郑州市考点

承办单位：河南省知识产权局

联 系 人：韩健民、刘 蕾

电　　话：（0371）65800685　（0371）65977156

传　　真：（0371）65978899

通讯地址：河南省郑州市政三街四号省知识产权局代办处

邮　　编：450003

政府网站：http://www.hnpatent.gov.cn/

武汉市考点

承办单位：湖北省知识产权局

联 系 人：马 骏、蒋诞一

电　　话：（027）87168519　（027）87641661

传　　真：（027）87641834

通讯地址：湖北省武汉市武昌广八路8号湖北省知识产权局协调管理处

邮　　编：430072

政府网站：http://www.hbipo.gov.cn/

长沙市考点

承办单位：湖南省知识产权局

联 系 人：严文胜

电　　话：（0731）88856516

传　　真：（0731）88856516

通讯地址：湖南省长沙市岳麓区潇湘中路113号

邮　　编：410006

政府网站：http://www.hnipo.gov.cn/

广州市考点

承办单位：广东省知识产权局

联 系 人：杨友东、赵 飞

电　　话：（020）87680843

传　　真：（020）37666320

通讯地址：广东省广州市先烈中路100号

邮　　编：510070

政府网站：http://www.gdipo.gov.cn/

重庆市考点

承办单位：重庆市知识产权局

联 系 人：徐　卫、易　洁

电　　话：(023) 67517071　(023) 67513797

传　　真：(023) 67517072

通讯地址：重庆市渝北区新溉大道 2 号科技大厦 11 楼

邮　　编：401147

政府网站：http://www.cqipo.gov.cn

昆明市考点

承办单位：云南省知识产权局

联 系 人：刘　松

电　　话：(0871) 3186485

传　　真：(0871) 3186485

通讯地址：云南省昆明市北京路 542 号省科技大楼

邮　　编：650051

政府网站：http://www.ynipo.gov.cn

西安市考点

承办单位：陕西省知识产权局

联 系 人：牛云清、上官敬东

电　　话：(029) 87294775

传　　真：(029) 87294334

通讯地址：陕西省西安市新城区新城大院陕西省知识产权局政策法规处

邮　　编：710006

政府网站：http://www.snipo.gov.cn/

兰州市考点

承办单位：甘肃省知识产权局

联 系 人：管士俊、张俊英

电　　话：（0931）8732738　（0931）8732980

传　　真：（0931）8861539

通讯地址：兰州市平凉路533号

邮　　编：730000

政府网站：http://www.gsipo.gov.cn/

乌鲁木齐市考点

承办单位：新疆维吾尔自治区知识产权局

联 系 人：史治勋

电　　话：（0991）6123918

传　　真：（0991）6123928

通讯地址：乌鲁木齐市光明路26号建设广场15楼

邮　　编：830002

政府网站：http://www.xjipo.gov.cn/

国家知识产权局公告

（第一六二号）

根据《专利代理条例》和《专利代理管理办法》的规定，依当事人申请，在其已经妥善处理各种尚未办结的事项后，我局同意撤销北京市沃尔森律师事务所开办专利代理业务。

特此公告。

二〇一一年五月三十日

国家知识产权局公告

（第一六三号）

为规范台湾居民参加 2011 年全国专利代理人资格考试，根据《专利代理条例》、《专利代理管理办法》、《专利代理人资格考试实施办法》和《专利代理人资格考试考务规则》，现就相关事项公告如下：

一、报　　名

（一）报名条件

具有台湾地区居民身份，并且符合下列条件的台湾居民可以报名参加全国专利代理人资格考试：

1. 18 周岁以上，具有完全民事行为能力；

2. 高等院校理工科专业毕业或者具有同等学力；

3. 熟悉专利法和有关的法律知识；

4. 从事过两年以上科学技术工作或者法律工作。

“高等院校理工科专业毕业或者具有同等学历”是指具有大陆高等院校理工科学历，或者经教育部留学服务中心认证的台湾、香港、澳门地区高等院校或者外国高等院校理工科学历。

（二）报名查验时间、方式和考点

1. 报名查验时间：2011 年 7 月 18 日至 8 月 5 日；

2. 报名查验方式：报名人员可以自己或者委托他人携带相关材料在报名期间内前往福州考点进行现场报名和查验；

3. 考点：福建省福州考点。

（三）报名查验材料

报名人员应当向福州考点提交下列材料：

1.《台湾居民参加 2011 年全国专利代理人资格考试报名表》一式两份（下载网址：http://www.sipo.gov.cn）；

2.“台湾居民来往大陆通行证”和“台湾居民身份证”原件及其复印件一式两份；

不能提交“台湾居民来往大陆通行证”的，应当提交台湾居民身份证和户籍誊本或者户口名簿；提交户籍誊本或者户口名簿复印件的，应当同时提交经台湾地区公证机构公证的公证书及其复印件；

3. 理工科学历证书原件及其复印件一式两份；

持台湾、香港、澳门地区高等院校或者外国高等院校学历证书的，应当同时提交经教育部留学服务中心出具的理工科学历认证证明及其复印件；

4. 工作证明原件一份；

5. 本人近期一寸彩色免冠照片三张。

台湾居民委托他人进行报名的，除提交上述材料外，还应当提交受托人的有效身份证明原件及其复印件一式两份和报名人员出具的经台湾地区公证机构公证的委托书。

必要时，报名人员应当提交其他证明材料。

（四）报名费用

报名人员应当根据福州考点的要求缴纳考试报名费。

二、考　试

（一）考试日期

2011 年全国专利代理人资格考试定于 2011 年 11 月 5 日至 6 日举行。

（二）考试地点

符合报名条件，经查验合格获准参加考试的报名人员应当于

2011 年 11 月 4 日持“台湾居民来往大陆通行证”前往福州考点报到，领取准考证（主证、副证）并参加考试，逾期无效。

（三）考试科目、时间和方式

全国专利代理人资格考试实行全国统一命题，命题范围以《2011 年全国专利代理人资格考试大纲》为准。

考试分为三门科目，各科目名称和考试时间安排如下：

专利法律知识：11 月 5 日上午 9：00—11：00；

相关法律知识：11 月 5 日下午 14：00—16：00；

专利代理实务：11 月 6 日上午 9：00—13：00。

考试采取闭卷方式进行。专利法律知识和相关法律知识两门科目采用填涂机读答题卡方式，专利代理实务科目采用论述答题和实际撰写方式。

考试试题采用简体汉字，应试人员可以使用繁体汉字作答，答题时应当使用国家法律、法规和规章所使用的专业术语。

（四）考试准备

应试人员可以依据专利代理人考核委员会办公室编写的《2011 年全国专利代理人资格考试指南》进行复习、备考。

关于全国专利代理人资格考试的有关规定和信息，可以查询国家知识产权局政府网站(http://www.sipo.gov.cn)。

三、录取及证书发放

阅卷工作结束后，国家知识产权局在其政府网站上公布考试成绩，应试人员可以通过输入“台湾居民来往大陆通行证”号码和准考证号码查询本人考试成绩。

考试合格分数线确定后，成绩合格的应试人员应当根据国家知识产权局公告的时间，本人持报名时提交的有效身份证件前往福州考点领取《专利代理人资格证书》。

四、取得《专利代理人资格证书》后的执业

（一）取得《专利代理人资格证书》的台湾居民在大陆已经批

准设立的专利代理机构中实习满一年，并符合其他执业条件的，可以申请领取《专利代理人执业证》，在大陆已经批准设立的专利代理机构中执业；

（二）取得《专利代理人资格证书》的台湾居民获准在大陆已经批准设立的专利代理机构中执业的，在符合规定条件的情况下可以加入成为在大陆已经批准设立的专利代理机构的合伙人或者股东；

（三）关于取得《专利代理人资格证书》的台湾居民在大陆已经批准设立的专利代理机构中执业的具体办法另行制定。

特此公告。

附件：1. 台湾居民参加 2011 年全国专利代理人资格考试报名表

2. 考试咨询、考点信息以及学历认证相关信息

二〇一一年六月二十一日

附件 1

台湾居民参加 2011 年全国专利代理人资格考试报名表

考点：福州　　　　　　　　　　　　　　　　序号：

<table>
<tr><td colspan="2">姓名</td><td></td><td>性别</td><td></td><td>民族</td><td></td><td>出生日期</td><td></td><td rowspan="4">照片</td></tr>
<tr><td colspan="2">台湾居民来往大陆通行证号码</td><td colspan="7"></td></tr>
<tr><td colspan="2">台湾居民
身份证号码</td><td colspan="7"></td></tr>
<tr><td colspan="2">其他有效
身份证件</td><td colspan="4">■ 户籍眷本　■ 户口名簿</td><td colspan="2">其他有效身份证件号码</td><td></td></tr>
<tr><td colspan="2">报考科目</td><td colspan="8">■ 法律知识部分（专利法律知识、相关法律知识）
■ 代理实务部分（专利代理实务）</td></tr>
<tr><td rowspan="2">外语
语种</td><td>第一
外语</td><td colspan="8">■ 英语　■ 日语　■ 法语　■ 德语　■ 阿拉伯语
■ 西班牙语　■ 韩语　■ 其他 ________（请注明）</td></tr>
<tr><td>第二
外语</td><td colspan="8">■ 英语　■ 日语　■ 法语　■ 德语　■ 阿拉伯语
■ 西班牙语　■ 韩语　■ 其他 ________（请注明）</td></tr>
<tr><td colspan="2">所专长
技术领域</td><td colspan="8">■ 机械　■ 电子　■ 化学　■ 电气　■ 水利
■ 能源　■ 光电　■ 材料　■ 医药　■ 其他 ________（请注明）</td></tr>
<tr><td colspan="2">报考人员
身份</td><td colspan="8">■ 专利代理机构员工　■ 律所员工　■ 公司职员　■ 公务员　■ 科研人员
■ 教师　■ 学生　■ 自由职业者　■ 其他 ________（请注明）</td></tr>
<tr><td colspan="2">已获得大陆
其他职业资格</td><td colspan="8">■ 律师　■ 注册会计师　■ 其他 ________（请注明）</td></tr>
</table>

<table>
<tr><td>工作单位名称</td><td colspan="2"></td><td>工作单位
邮政编码</td><td></td></tr>
<tr><td>工作单位地址</td><td colspan="4"></td></tr>
<tr><td>联系电话</td><td colspan="2"></td><td>电子邮箱</td><td></td></tr>
<tr><td colspan="5">学习简历</td></tr>
<tr><td rowspan="4">最高理工学历</td><td>院校所在地</td><td></td><td>毕业院校</td><td></td></tr>
<tr><td>开始学习时间</td><td></td><td>毕业时间</td><td></td></tr>
<tr><td>专业类别</td><td></td><td>专业名称</td><td></td></tr>
<tr><td>学位</td><td></td><td>毕业证书号</td><td>（暂无证书号请填“无”）</td></tr>
<tr><td rowspan="4">最高学历</td><td>院校所在地</td><td></td><td>毕业院校</td><td></td></tr>
<tr><td>开始学习时间</td><td></td><td>毕业时间</td><td></td></tr>
<tr><td>专业类别</td><td></td><td>专业名称</td><td></td></tr>
<tr><td>学位</td><td></td><td>毕业证书号</td><td>（暂无证书号请填“无”）</td></tr>
<tr><td colspan="5">工作简历</td></tr>
<tr><td>起止时间</td><td colspan="2">工作单位</td><td>职位</td><td>备注</td></tr>
<tr><td></td><td colspan="2"></td><td></td><td></td></tr>
<tr><td></td><td colspan="2"></td><td></td><td></td></tr>
<tr><td></td><td colspan="2"></td><td></td><td></td></tr>
<tr><td></td><td colspan="2"></td><td></td><td></td></tr>
<tr><td></td><td colspan="2"></td><td></td><td></td></tr>
<tr><td colspan="5">以下由福建省知识产权局考试领导小组填写</td></tr>
<tr><td rowspan="2">资格
审查
意见</td><td colspan="4">□1. 合格
□2. 学历不合格
□3. 学历证明材料不合格
□4. 身份不合格
□5. 身份证明材料不合格
□6. 信息填写不合格
□7. 专业不合格
□8. 照片不合格
□9. 其他 ______________________（请注明）
年　月　日（盖章）</td></tr>
<tr><td>报名费缴纳</td><td colspan="3">是□　　否□</td></tr>
<tr><td colspan="5">注：报名者应先认真阅读报名表后的填表说明后再填写报名表。</td></tr>
</table>

填表说明

1. 报名人员应当在计算机上填写本报名表，并提交打印件；

2. 报名表中所填内容不得出现与国家现行法律、法规和规章相抵触的词句，否则不能获得参加2011年全国专利代理人资格考试的资格；

3. “序号”由考点工作人员填写，报名人员应当对“工作简历”栏以上各栏逐一进行填写，并对所填内容的真实性负责；

4. “民族”一栏填写民族的简称，如汉族填写“汉”；

5. “出生日期”一栏使用公历和阿拉伯数字，年份一律用4位数字表示，月份和日期一律用2位数字表示，如出生日期为1975年5月20日则填写“19750520”；

6. “照片”一栏应当粘贴近期一寸彩色免冠照片；

7. 不能提交“台湾居民来往大陆通行证”的报名人员，应当在“台湾居民来往大陆通行证号码”一栏中填写“无”，并在“其他有效身份证件”栏中选取一项，在“其他有效身份证件号码”中写明具体的号码；

8. 报名表中“其他有效身份证件”、“所专长技术领域”、“报考人员身份”栏中的选项均为单选，“外语语种”、“其他职业资格”栏中的选项可多选，在所选项前面的“□”内打“√”即可；

9. 根据国家知识产权局公告第一四七号的规定，报名人员可以在“报考科目”一栏中同时选择“法律知识部分”和“代理实务部分”，也可以仅选择其中之一；

10. “工作单位名称”一栏应当填写报名时实际所在的工作单位名称。如果没有工作单位，则在“工作单位名称”一栏中填写“无”，与工作单位相关的“工作地址”、“邮政编码”则不需要填写；

11. “联系电话”一栏应当填写准确、相对稳定的联系电话，以确保能够及时联系到报名人员，如因联系电话填写有误而导致不能及时联系报名人员的，一切后果及责任由报名人员自行承担；

12. “最高学历”一栏应当填写报名人员已取得教育部认可或者认证的最高学历（包括理工类专业和文科专业），如果目前没有取得毕业证书号，应当在“学习简历”中的“毕业证书号”一栏中填写“无”。

其他规范性文件

中国专利局、卫生部、农牧渔业部文件

[（85）国专发法字第148号]

颁发《关于用于专利程序的微生物菌（毒）种、培养物入境检疫暂行规定》的通知

中国国际贸易促进委员会、中国专利代理有限公司、上海专利事务所、中国微生物菌种保藏委员会普通微生物中心、中国典型培养物保藏中心、各卫生检疫所、动植物检疫所、站：

根据《中华人民共和国国境卫生检疫条例》、《中华人民共和国进出口动植物检疫条例》和《中华人民共和国专利法实施细则》等有关规定，现制定《关于用于专利程序的微生物菌（毒）种、培养物入境检疫暂行规定》，现发给你们，请遵照执行。

附：《关于用于专利程序的微生物菌（毒）种、培养物入境检疫暂行规定》

中国专利局（印章）卫生部（印章）农牧渔业部（印章）

一九八五年九月十日

用于专利程序的微生物菌（毒）种、培养物入境检疫暂行规定

一、外国申请人向我国提出涉及微生物的专利申请，将微生物菌（毒）种、培养物交中国专利局指定的保藏单位保藏的，应事先由其委托的涉外专利代理机构向卫生部或农牧渔业部办理入境许可审批手续。

与人、环境卫生有关的微生物菌（毒）种、培养物，由卫生部审批；与动物、植物有关的微生物菌（毒）种、培养物，由农牧渔业部审批；与人畜共患性疾病有关的，应由卫生部和农牧渔业部协商后联合审批。审批单位一般应在收到微生物菌（毒）种、培养物入境申请后一周内，作出决定，并通知申请人。

二、审批单位根据国家颁布的有关法令、条例进行审批。对微生物菌（毒）种、培养物进口时，要求包装绝对安全，不得造成污染。

三、涉外专利代理机构在办理入境许可审批手续时，应向审批单位提交申请入境的微生物菌（毒）种、培养物的名称、来源、数量、用途，对人和动植物有否危害等简要资料。

四、经审批单位同意，涉外专利代理机构方可通知外国专利申请人将微生物菌（毒）种培养物寄入我国或携带入境。进口时涉外专利代理机构应将外国委托人的有关证明及审批单位的许可单向进口的国境卫生检疫机关或口岸动植物检疫机关报检。国境卫生检疫机关或口岸动植物检疫机关接受报检后，应及时查验，放行。若发现进口的微生物菌（毒）种、培养物与证件不符，或包装不符合要求，即予以退回或没收销毁。

五、微生物菌（毒）种、培养物保藏单位应对微生物菌（毒）种、培养物妥善保藏，确保安全，严防扩散。

六、任何人要求获取用于专利程序的微生物菌（毒）种、培养物样品供国内使用的，除按中国专利局《用于专利程序的微生物保藏办法》办理外，均应经卫生部或农牧渔业部批准。

中国专利局、外交部、国家科委文件

[（86）国专发法字第13号]

颁发《关于我国学者在国外完成的发明创造申请专利的规定》的通知

各驻外使领馆、各专利管理机关：

现将《关于我国学者在国外完成的发明创造申请专利的规定》发给你们，请遵照执行。

附：《关于我国学者在国外完成的发明创造申请专利的规定》

中国专利局（印章）外交部（印章）国家科委（印章）

一九八六年二月一日

关于我国学者在国外完成的发明创造申请专利的规定

1. 为维护我国的正当权益，避免耽误我国在外的访问学者、进修生、留学生等（下称我国学者）在国外完成的发明创造申请专利的时机，上述发明创造申请专利事宜由我国驻外使馆科技处或分管科技工作的其他处（下称使馆科技处）负责管理。国内归口单位是中国专利局。

2. 我国学者在国外期间作出的发明创造，若根据所在国的专利法及有关规定，明显属于职务发明创造的，经报使馆科技处核实后，可按照所在国的法律规定，由我国学者在外工作所在的单位申请专利。

若非明显属于职务发明创造的情况，应力争我方的专利申请权或共同申请权；必要时使馆科技处应及早同国内有关主管部门联系，酌定处理办法。

3. 若明显属于非职务发明创造的，应报使馆科技处酌定其经济意义等情况，准其直接在国外申请专利。然后根据情况办理国内申请或向第三国申请专利。申请所需要的外汇，原则上在国外自行解决，确有困难，可以和国内派出部门联系解决或向中国专利局申请专利基金。

4. 在国外取得的专利权，应根据中国专利法及实施细则的有关规定、确定其归属问题。

5. 中外科技合作项目中，中方人员在国外作出的发明创造，除另有协议外，申请专利的权利属于中方人员的国内派出单位；并可根据情况，报使馆科技处，准其直接在国外申请专利或先在国内申请专利。

6. 我国单位或个人在国内完成的发明创造向国外申请专利，应遵照中华人民共和国专利法第20条及中国专利局（85）国专发法字第135号文件的规定办理，不得擅自带到国外申请专利。

7. 使馆科技处在处理上述事务过程中，如有问题咨询，可随时与国内联系。中国专利局应尽早研究后，复告处理办法。

中国专利局文件

[国专发法字（1988）第24号]

关于向申请人出具优先权证明的办法

各专利管理机关，涉外专利代理机构，各代办处、上海分局：

一、为了更好地执行专利法，适应目前改革形势的需要，方便申请人，简化程序，做好向外申请专利的工作，特制定本办法。

二、中国申请人将其在国内完成的发明创造向中国专利局提交专利申请后，需要向外国申请的，可直接向中国专利局提出向外国申请专利的要求。如该发明创造不是涉及国家安全或者重大利益需要保密的，中国专利局即可出具优先权证明文件。

三、申请人收到优先权证明文件后，应按中国专利法的规定在有关部门办理相应的手续。

四、本办法自1988年3月1日起施行。我局1985年7月20日发出的《关于中国单位或个人向外国申请专利的办法》的通知[（85）国专发法字第135号]同时废止。

一九八八年三月一日

中国专利局文件

［国专发法字（1993）第47号］

关于印发《关于对海峡两岸专利交流活动管理的意见》的通知

各省、自治区、直辖市专利管理局（处）、台湾事务办公室，国务院各部委、直属机构专利管理机关、台湾事务工作机构：

经国务院台湾事务办公室批准，现将《关于对海峡两岸专利交流活动管理的意见》印发给你们，请遵照执行。

中华人民共和国专利局（印章）

一九九三年三月二十六日

关于对海峡两岸专利交流活动管理的意见

根据中共中央办公厅、国务院办公厅《关于加强海峡两岸交流活动管理的通知》中规定的对海峡两岸交流活动实行归口管理的原则，现就海峡两岸专利交流活动规定如下：

一、国家机关各部委在大陆拟举办两岸专利交流活动，商中国专利局和国务院台办后自行审批。

二、各人民团体、专利代理机构、专利学术民间组织等在大陆拟举办两岸专利交流活动，应报中国专利局，由中国专利局商国务院台办审批同意后，方可举办。

三、对台方团体或个人拟与我方合作成立专利研究会、基金会或其他类似社会团体的，有关部委和地方应详细了解其真实意图并提出处理意见，商中国专利局和国务院台办同意后，报国家主管部门审批。

四、在两岸的专利交流活动中，要根据“和平统一，一国两制”的对台方针，坚持“一个中国”的原则，严格区分一个国家内两岸交往与国与国间的国际交往的不同性质。根据中共中央办公厅、国务院办公厅《关于进一步做好海峡两岸交往工作的通知》(中办发［1990］14号)，不再以从事国际交往团体名义与台方商谈涉及两岸专利的活动。

中国专利局文件

［国专发法字（1993）第307号］

关于受理台胞国际申请的通知

各专利管理机关、代办处、涉外专利代理机构：

我国于1994年1月1日正式成为《专利合作条约》（PCT）的成员国。根据中国利局颁布的《关于中国实施专利合作条约的规定》，现就我局受理台胞国际申请的有关事项通知如下：

一、中国专利局作为国际申请的受理局，受理台胞提出的国际申请。

二、台胞向中国专利局提出国际申请，在中国专利局作为国际检索单位或者国际初步审查单位，或者作为指定局或者选定局的程序中，以及处理与国际申请有关的其他事务，应当委托中国专利局指定的专利代理机构办理。

三、台胞向中国专利局提交的国际申请，应当使用中文或者英文。

四、中国专利局收到台胞提出的、符合《专利合作条约》第十一条第一款规定的国际申请之日为国际申请日。

五、台胞向中国专利局提出国际申请，可以依照《专利合作条约》第八条的规定要求在《保护工业产权巴黎公约》缔约国提出或者对于该缔约国有效的一项或者几项在先申请的优先权。

六、台胞在中国专利局提交国际申请以及办理国际申请有关事务，应当依照中国专利局的规定支付有关费用。

七、本通知适用于台湾地区的公司、企业和其他经济组织。

八、本通知自 1994 年 1 月 1 日起施行。

中华人民共和国专利局（印章）

一九九三年十二月十八日

中国专利局文件

［国专发审字（1994）第28号］

关于印发《中国申请人向国际局递交国际申请实施办法》的通知

各涉外专利代理机构：

PCT联盟大会第二十一次会议于1993年9月29日通过了对《专利合作条约实施细则》的修改。其该修改的主要精神是：自1994年1月1日起国际局将作为受理局之一受理国际申请。为了适应这一修改，我局依据专利合作条约和专利法的规定制定了《关于中国申请人向国际局递交国际申请的实施办法》，现印发给你们，请遵照执行。

中华人民共和国专利局（印章）

一九九四年二月十五日

中国申请人向国际局递交国际申请实施办法

1. 根据PCT联盟大会第二十一次会议于1993年9月29日通过的专利合作条约实施细则修订本第19.1（a）（iii）规定，中国居民或者国民可以向国际局递交国际申请。

2. 中国单位或者个人将其在国内完成的发明创造向国际局提出国际申请的，应当首先向专利局申请专利或者在国际申请中指定中国，并经国务院有关主管部门同意后，委托国务院授权专利局指定的专利代理机构办理。上述专利代理机构接受申请人委托后，应当把国务院有关主管部门同意向外国申请专利的有关文件（在该文件上注明已向专利局递交相关申请的申请号）送交专利局备案。

3. 我国台湾同胞向国际局递交国际申请的，应当向专利局提供申请人居所地或者营业所所在地证明文件，并委托国务院授权专利局指定的专利代理机构办理。居住在港、澳以及其他地区的我国同胞向国际局递交国际申请并在请求书中指明中国专利局为国际检索单位的，应当向专利局提供国籍证明文件，并委托国务院授权专利局指定的专利代理机构办理。

上述专利代理机构接受申请人委托后，应当把上述证明文件送交专利局备案；

4. 根据专利合作实施细则修订本第35.3（3）和第59.1（b）规定，中国居民或者国民按照本办法向国际局递交国际申请的，其主管国际检索单位和国际初步审查单位是中国专利局。

海关总署、中国专利局文件

［署监（1997）202号］

关于发布《关于实施专利权海关保护若干问题的规定》的通知

广东分署，各直属海关，各省、自治区、直辖市专利管理机关：

为了贯彻实施《中华人民共和国知识产权海关保护条例》的有关规定，有效地保护专利权人和其他有关当事人的合法权益，加强海关和专利管理机关在专利权保护工作中的联系配合，海关总署和中国专利局联合制定了《关于实施专利权海关保护若干问题的规定》，请遵照执行并做好宣传工作。

附件：《关于实施专利权海关保护若干问题的规定》

海关总署（印章）中国专利局（印章）

一九九七年三月十一日

海关总署、中国专利局
《关于实施专利权海关保护若干问题的规定》

为了有效地实施专利权的海关保护，维护专利权人和其他有关当事人的合法权益，根据《中华人民共和国专利法》和《中华人民共和国知识产权海关保护条例》（以下简称《条例》）作出如下规定：

一、凡已在海关总署备案的专利权发生下列情况变更，专利权人应依据《条例》第十一条的规定，自变更生效之日起10日内持中国专利局的证明向海关总署办理备案变更或注销手续；

（一）专利权人的姓名（名称）、国籍、地址或发明创造名称变更；

（二）专利权被撤销或宣告无效；

（三）专利权终止；

（四）专利权被继承、转让或赠与；

（五）专利的许可情况发生变化；

（六）海关总署认为应当说明的其他变更情况。

二、专利权人或其代理人根据《条例》的有关规定向进出境地海关申请采取保护措施，应在海关要求时交验海关所在地或专利权人所在地专利管理机关或者中国专利局指定部门根据中国专利局专利登记簿出具的证明专利权有效的文件。

三、专利权人或其他当事人根据《条例》的规定，将侵权争议提交专利管理机关处理的，应当向采取保护措施的进出境地海关的所在地有管辖权的专利管理机关提出申请。

专利管理机关处理上款所述的侵权争议，适用中国专利局制订的《专利管理机关处理专利纠纷办法》。

四、依据《条例》第二十二、二十三条的规定，专利管理机关对海关扣留的侵权嫌疑货物进行调查，应作出构成侵权或排除侵权嫌疑的决定书。进出境地海关可以凭专利管理机关的决定书作出放行或者没收货物的决定。

五、专利管理机关在处理侵权争议过程中，可以要求海关予以必要的协助。

六、海关依照《条例》第二十条的规定对涉嫌侵犯专利权的货物进行调查时，可以要求其所在地有管辖权的专利管理机关协助对货物的侵权状况进行技术性判定，专利管理机关应给予协助。所作出的技术判定应出具技术判定书。

七、本规定所称的专利管理机关是《中华人民共和国专利法实施细则》第七十六条规定的“国务院有关主管部门或者地方人民政府设立的专利管理机关”。

八、本规定由海关总署和中国专利局共同解释。

九、本规定自发布之日起施行。

司法解释

最高人民法院关于对诉前停止侵犯专利权行为适用法律问题的若干规定

（2001年6月5日由最高人民法院审判委员会第1179次会议通过，2001年7月1日起施行，法释〔2001〕20号）

为切实保护专利权人和其他利害关系人的合法权益，根据《中华人民共和国民法通则》、《中华人民共和国专利法》（以下简称专利法）、《中华人民共和国民事诉讼法》（以下简称民事诉讼法）的有关规定，现就有关诉前停止侵犯专利权行为适用法律若干问题规定如下：

第一条 根据专利法第六十一条的规定，专利权人或者利害关系人可以向人民法院提出诉前责令被申请人停止侵犯专利权行为的申请。

提出申请的利害关系人，包括专利实施许可合同的被许可人、专利财产权利的合法继承人等。专利实施许可合同被许可人中，独占实施许可合同的被许可人可以单独向人民法院提出申请；排他实施许可合同的被许可人在专利权人不申请的情况下，可以提出申请。

第二条 诉前责令停止侵犯专利权行为的申请，应当向有专利侵权案件管辖权的人民法院提出。

第三条 专利权人或者利害关系人向人民法院提出申请，应当递交书面申请状；申请状应当载明当事人及其基本情况、申请的具体内容、范围和理由等事项。申请的理由包括有关行为如不及时制止会使申请人合法权益受到难以弥补的损害的具体说明。

第四条 申请人提出申请时，应当提交下列证据：

（一）专利权人应当提交证明其专利权真实有效的文件，包括专利证书、权利要求书、说明书、专利年费交纳凭证。提出的申请涉及实用新型专利的，申请人应当提交国务院专利行政部门出具的检索报告。

（二）利害关系人应当提供有关专利实施许可合同及其在国务院专利行政部门备案的证明材料，未经备案的应当提交专利权人的证明，或者证明其享有权利的其他证据。

排他实施许可合同的被许可人单独提出申请的，应当提交专利权人放弃申请的证明材料。

专利财产权利的继承人应当提交已经继承或者正在继承的证据材料。

（三）提交证明被申请人正在实施或者即将实施侵犯其专利权的行为的证据，包括被控侵权产品以及专利技术与被控侵权产品技术特征对比材料等。

第五条 人民法院作出诉前停止侵犯专利权行为的裁定事项，应当限于专利权人或者利害关系人申请的范围。

第六条 申请人提出申请时应当提供担保，申请人不提供担保的，驳回申请。

当事人提供保证、抵押等形式的担保合理、有效的，人民法院应当准予。

人民法院确定担保范围时，应当考虑责令停止有关行为所涉及产品的销售收入，以及合理的仓储、保管等费用；被申请人停止有关行为可能造成的损失，以及人员工资等合理费用支出；其他因素。

第七条 在执行停止有关行为裁定过程中，被申请人可能因采取该项措施造成更大损失的，人民法院可以责令申请人追加相应的担保。申请人不追加担保的，解除有关停止措施。

第八条 停止侵犯专利权行为裁定所采取的措施，不因被申请人提出反担保而解除。

第九条 人民法院接受专利权人或者利害关系人提出责令停止侵犯专利权行为的申请后，经审查符合本规定第四条的，应当在四十八小时内作出书面裁定；裁定责令被申请人停止侵犯专利权行为的，应当立即开始执行。

人民法院在前述期限内，需要对有关事实进行核对的，可以传唤单方或双方当事人进行询问，然后再及时作出裁定。

人民法院作出诉前责令被申请人停止有关行为的裁定，应当及时通知被申请人，至迟不得超过五日。

第十条 当事人对裁定不服的，可以在收到裁定之日起十日内申请复议一次。复议期间不停止裁定的执行。

第十一条 人民法院对当事人提出的复议申请应当从以下方面进行审查：

（一）被申请人正在实施或即将实施的行为是否构成侵犯专利权；

（二）不采取有关措施，是否会给申请人合法权益造成难以弥补的损害；

（三）申请人提供担保的情况；

（四）责令被申请人停止有关行为是否损害社会公共利益。

第十二条 专利权人或者利害关系人在人民法院采取停止有关行为的措施后十五日内不起诉的，人民法院解除裁定采取的措施。

第十三条 申请人不起诉或者申请错误造成被申请人损失的，被申请人可以向有管辖权的人民法院起诉请求申请人赔偿，也可以在专利权人或者利害关系人提起的专利权侵权诉讼中提出损害赔偿的请求，人民法院可以一并处理。

第十四条 停止侵犯专利权行为裁定的效力，一般应维持到终审法律文书生效时止。人民法院也可以根据案情，确定具体期限；期限届满时，根据当事人的请求仍可作出继续停止有关行为的裁定。

第十五条 被申请人违反人民法院责令停止有关行为裁定的，依照民事诉讼法第一百零二条规定处理。

第十六条 人民法院执行诉前停止侵犯专利权行为的措施时，可以根据当事人的申请，参照民事诉讼法第七十四条的规定，同时进行证据保全。

人民法院可以根据当事人的申请，依照民事诉讼法第九十二条、第九十三条的规定进行财产保全。

第十七条 专利权人或者利害关系人向人民法院提起专利侵权诉讼时，同时提出先行停止侵犯专利权行为请求的，人民法院可以先行作出裁定。

第十八条 诉前停止侵犯专利权行为的案件，申请人应当按照《人民法院诉讼收费办法》及其补充规定交纳费用。

最高人民法院关于审理专利纠纷案件适用法律问题的若干规定

（2001年6月19日由最高人民法院审判委员会第1180次会议通过，2001年7月1日起施行，法释〔2001〕21号）

为了正确审理专利纠纷案件，根据《中华人民共和国民法通则》（以下简称民法通则）、《中华人民共和国专利法》（以下简称专利法）、《中华人民共和国民事诉讼法》和《中华人民共和国行政诉讼法》等法律的规定，作如下规定：

第一条 人民法院受理下列专利纠纷案件：

1. 专利申请权纠纷案件；
2. 专利权权属纠纷案件；
3. 专利权、专利申请权转让合同纠纷案件；
4. 侵犯专利权纠纷案件；
5. 假冒他人专利纠纷案件；
6. 发明专利申请公布后、专利权授予前使用费纠纷案件；
7. 职务发明创造发明人、设计人奖励、报酬纠纷案件；
8. 诉前申请停止侵权、财产保全案件；
9. 发明人、设计人资格纠纷案件；
10. 不服专利复审委员会维持驳回申请复审决定案件；
11. 不服专利复审委员会专利权无效宣告请求决定案件；
12. 不服国务院专利行政部门实施强制许可决定案件；
13. 不服国务院专利行政部门实施强制许可使用费裁决案件；
14. 不服国务院专利行政部门行政复议决定案件；
15. 不服管理专利工作的部门行政决定案件；

16. 其他专利纠纷案件。

第二条 专利纠纷第一审案件，由各省、自治区、直辖市人民政府所在地的中级人民法院和最高人民法院指定的中级人民法院管辖。

第三条 当事人对专利复审委员会于2001年7月1日以后作出的关于实用新型、外观设计专利权撤销请求复审决定不服向人民法院起诉的，人民法院不予受理。

第四条 当事人对专利复审委员会于2001年7月1日以后作出的关于维持驳回实用新型、外观设计专利申请的复审决定，或者关于实用新型、外观设计专利权无效宣告请求的决定不服向人民法院起诉的，人民法院应当受理。

第五条 因侵犯专利权行为提起的诉讼，由侵权行为地或者被告住所地人民法院管辖。

侵权行为地包括：被控侵犯发明、实用新型专利权的产品的制造、使用、许诺销售、销售、进口等行为的实施地；专利方法使用行为的实施地，依照该专利方法直接获得的产品的使用、许诺销售、销售、进口等行为的实施地；外观设计专利产品的制造、销售、进口等行为的实施地；假冒他人专利的行为实施地。上述侵权行为的侵权结果发生地。

第六条 原告仅对侵权产品制造者提起诉讼，未起诉销售者，侵权产品制造地与销售地不一致的，制造地人民法院有管辖权；以制造者与销售者为共同被告起诉的，销售地人民法院有管辖权。

销售者是制造者分支机构，原告在销售地起诉侵权产品制造者制造、销售行为的，销售地人民法院有管辖权。

第七条 原告根据1993年1月1日以前提出的专利申请和根据该申请授予的方法发明专利权提起的侵权诉讼，参照本规定第五条、第六条的规定确定管辖。

人民法院在上述案件实体审理中依法适用方法发明专利权不延

及产品的规定。

第八条 提起侵犯实用新型专利权诉讼的原告，应当在起诉时出具由国务院专利行政部门作出的检索报告。

侵犯实用新型、外观设计专利权纠纷案件的被告请求中止诉讼的，应当在答辩期内对原告的专利权提出宣告无效的请求。

第九条 人民法院受理的侵犯实用新型、外观设计专利权纠纷案件，被告在答辩期间内请求宣告该项专利权无效的，人民法院应当中止诉讼，但具备下列情形之一的，可以不中止诉讼：

（一）原告出具的检索报告未发现导致实用新型专利丧失新颖性、创造性的技术文献的；

（二）被告提供的证据足以证明其使用的技术已经公知的；

（三）被告请求宣告该项专利权无效所提供的证据或者依据的理由明显不充分的；

（四）人民法院认为不应当中止诉讼的其他情形。

第十条 人民法院受理的侵犯实用新型、外观设计专利权纠纷案件，被告在答辩期间届满后请求宣告该项专利权无效的，人民法院不应当中止诉讼，但经审查认为有必要中止诉讼的除外。

第十一条 人民法院受理的侵犯发明专利权纠纷案件或者经专利复审委员会审查维持专利权的侵犯实用新型、外观设计专利权纠纷案件，被告在答辩期间内请求宣告该项专利权无效的，人民法院可以不中止诉讼。

第十二条 人民法院决定中止诉讼，专利权人或者利害关系人请求责令被告停止有关行为或者采取其他制止侵权损害继续扩大的措施，并提供了担保，人民法院经审查符合有关法律规定的，可以在裁定中止诉讼的同时一并作出有关裁定。

第十三条 人民法院对专利权进行财产保全，应当向国务院专利行政部门发出协助执行通知书，载明要求协助执行的事项，以及对专利权保全的期限，并附人民法院作出的裁定书。

对专利权保全的期限一次不得超过 6 个月，自国务院专利行政部门收到协助执行通知书之日起计算。如果仍然需要对该专利权继续采取保全措施的，人民法院应当在保全期限届满前向国务院专利行政部门另行送达继续保全的协助执行通知书。保全期限届满前未送达的，视为自动解除对该专利权的财产保全。

人民法院对出质的专利权可以采取财产保全措施，质权人的优先受偿权不受保全措施的影响；专利权人与被许可人已经签订的独占实施许可合同，不影响人民法院对该专利权进行财产保全。

人民法院对已经进行保全的专利权，不得重复进行保全。

第十四条 2001 年 7 月 1 日以前利用本单位的物质技术条件所完成的发明创造，单位与发明人或者设计人订有合同，对申请专利的权利和专利权的归属作出约定的，从其约定。

第十五条 人民法院受理的侵犯专利权纠纷案件，涉及权利冲突的，应当保护在先依法享有权利的当事人的合法权益。

第十六条 专利法第二十三条所称的在先取得的合法权利包括：商标权、著作权、企业名称权、肖像权、知名商品特有包装或者装潢使用权等。

第十七条 专利法第五十六条第一款所称的“发明或者实用新型专利权的保护范围以其权利要求的内容为准，说明书及附图可以用于解释权利要求”，是指专利权的保护范围应当以权利要求书中明确记载的必要技术特征所确定的范围为准，也包括与该必要技术特征相等同的特征所确定的范围。

等同特征是指与所记载的技术特征以基本相同的手段，实现基本相同的功能，达到基本相同的效果，并且本领域的普通技术人员无需经过创造性劳动就能够联想到的特征。

第十八条 侵犯专利权行为发生在 2001 年 7 月 1 日以前的，适用修改前专利法的规定追究民事责任；发生在 2001 年 7 月 1 日以后的，适用修改后专利法的规定追究民事责任。

第十九条 假冒他人专利的，人民法院可以依照专利法第五十八条的规定追究其民事责任。管理专利工作的部门未给予行政处罚的，人民法院可以依照民法通则第一百三十四条第三款的规定给予民事制裁，适用民事罚款数额可以参照专利法第五十八条的规定确定。

第二十条 人民法院依照专利法第五十七条第一款的规定追究侵权人的赔偿责任时，可以根据权利人的请求，按照权利人因被侵权所受到的损失或者侵权人因侵权所获得的利益确定赔偿数额。

权利人因被侵权所受到的损失可以根据专利权人的专利产品因侵权所造成销售量减少的总数乘以每件专利产品的合理利润所得之积计算。权利人销售量减少的总数难以确定的，侵权产品在市场上销售的总数乘以每件专利产品的合理利润所得之积可以视为权利人因被侵权所受到的损失。

侵权人因侵权所获得的利益可以根据该侵权产品在市场上销售的总数乘以每件侵权产品的合理利润所得之积计算。侵权人因侵权所获得的利益一般按照侵权人的营业利润计算，对于完全以侵权为业的侵权人，可以按照销售利润计算。

第二十一条 被侵权人的损失或者侵权人获得的利益难以确定，有专利许可使用费可以参照的，人民法院可以根据专利权的类别、侵权人侵权的性质和情节、专利许可使用费的数额、该专利许可的性质、范围、时间等因素，参照该专利许可使用费的 1 至 3 倍合理确定赔偿数额；没有专利许可使用费可以参照或者专利许可使用费明显不合理的，人民法院可以根据专利权的类别、侵权人侵权的性质和情节等因素，一般在人民币 5000 元以上 30 万元以下确定赔偿数额，最多不得超过人民币 50 万元。

第二十二条 人民法院根据权利人的请求以及具体案情，可以将权利人因调查、制止侵权所支付的合理费用计算在赔偿数额范围之内。

第二十三条 侵犯专利权的诉讼时效为二年，自专利权人或者利害关系人知道或者应当知道侵权行为之日起计算。权利人超过二年起诉的，如果侵权行为在起诉时仍在继续，在该项专利权有效期内，人民法院应当判决被告停止侵权行为，侵权损害赔偿数额应当自权利人向人民法院起诉之日起向前推算二年计算。

第二十四条 专利法第十一条、第六十三条所称的许诺销售，是指以做广告、在商店橱窗中陈列或者在展销会上展出等方式作出销售商品的意思表示。

第二十五条 人民法院受理的侵犯专利权纠纷案件，已经过管理专利工作的部门作出侵权或者不侵权认定的，人民法院仍应当就当事人的诉讼请求进行全面审查。

第二十六条 以前的有关司法解释与本规定不一致的，以本规定为准。

最高人民法院关于审理侵犯专利权纠纷案件应用法律若干问题的解释

（2009年12月21日由最高人民法院审判委员会第1480次会议通过，2010年1月1日起施行，法释〔2009〕21号）

为正确审理侵犯专利权纠纷案件，根据《中华人民共和国专利法》、《中华人民共和国民事诉讼法》等有关法律规定，结合审判实际，制定本解释。

第一条 人民法院应当根据权利人主张的权利要求，依据专利法第五十九条第一款的规定确定专利权的保护范围。权利人在一审法庭辩论终结前变更其主张的权利要求的，人民法院应当准许。

权利人主张以从属权利要求确定专利权保护范围的，人民法院应当以该从属权利要求记载的附加技术特征及其引用的权利要求记载的技术特征，确定专利权的保护范围。

第二条 人民法院应当根据权利要求的记载，结合本领域普通技术人员阅读说明书及附图后对权利要求的理解，确定专利法第五十九条第一款规定的权利要求的内容。

第三条 人民法院对于权利要求，可以运用说明书及附图、权利要求书中的相关权利要求、专利审查档案进行解释。说明书对权利要求用语有特别界定的，从其特别界定。

以上述方法仍不能明确权利要求含义的，可以结合工具书、教科书等公知文献以及本领域普通技术人员的通常理解进行解释。

第四条 对于权利要求中以功能或者效果表述的技术特征，人民法院应当结合说明书和附图描述的该功能或者效果的具体实施方式及其等同的实施方式，确定该技术特征的内容。

第五条 对于仅在说明书或者附图中描述而在权利要求中未记载的技术方案，权利人在侵犯专利权纠纷案件中将其纳入专利权保护范围的，人民法院不予支持。

第六条 专利申请人、专利权人在专利授权或者无效宣告程序中，通过对权利要求、说明书的修改或者意见陈述而放弃的技术方案，权利人在侵犯专利权纠纷案件中又将其纳入专利权保护范围的，人民法院不予支持。

第七条 人民法院判定被诉侵权技术方案是否落入专利权的保护范围，应当审查权利人主张的权利要求所记载的全部技术特征。

被诉侵权技术方案包含与权利要求记载的全部技术特征相同或者等同的技术特征的，人民法院应当认定其落入专利权的保护范围；被诉侵权技术方案的技术特征与权利要求记载的全部技术特征相比，缺少权利要求记载的一个以上的技术特征，或者有一个以上技术特征不相同也不等同的，人民法院应当认定其没有落入专利权的保护范围。

第八条 在与外观设计专利产品相同或者相近种类产品上，采用与授权外观设计相同或者近似的外观设计的，人民法院应当认定被诉侵权设计落入专利法第五十九条第二款规定的外观设计专利权的保护范围。

第九条 人民法院应当根据外观设计产品的用途，认定产品种类是否相同或者相近。确定产品的用途，可以参考外观设计的简要说明、国际外观设计分类表、产品的功能以及产品销售、实际使用的情况等因素。

第十条 人民法院应当以外观设计专利产品的一般消费者的知识水平和认知能力，判断外观设计是否相同或者近似。

第十一条 人民法院认定外观设计是否相同或者近似时，应当根据授权外观设计、被诉侵权设计的设计特征，以外观设计的整体视觉效果进行综合判断；对于主要由技术功能决定的设计特征以及对整体视觉效果不产生影响的产品的材料、内部结构等特征，应当不予考虑。

下列情形，通常对外观设计的整体视觉效果更具有影响：

（一）产品正常使用时容易被直接观察到的部位相对于其他部位；

（二）授权外观设计区别于现有设计的设计特征相对于授权外观设计的其他设计特征。

被诉侵权设计与授权外观设计在整体视觉效果上无差异的，人民法院应当认定两者相同；在整体视觉效果上无实质性差异的，应当认定两者近似。

第十二条 将侵犯发明或者实用新型专利权的产品作为零部件，制造另一产品的，人民法院应当认定属于专利法第十一条规定的使用行为；销售该另一产品的，人民法院应当认定属于专利法第十一条规定的销售行为。

将侵犯外观设计专利权的产品作为零部件，制造另一产品并销售的，人民法院应当认定属于专利法第十一条规定的销售行为，但侵犯外观设计专利权的产品在该另一产品中仅具有技术功能的除外。

对于前两款规定的情形，被诉侵权人之间存在分工合作的，人民法院应当认定为共同侵权。

第十三条 对于使用专利方法获得的原始产品，人民法院应当认定为专利法第十一条规定的依照专利方法直接获得的产品。

对于将上述原始产品进一步加工、处理而获得后续产品的行为，人民法院应当认定属于专利法第十一条规定的使用依照该专利方法直接获得的产品。

第十四条 被诉落入专利权保护范围的全部技术特征，与一项现有技术方案中的相应技术特征相同或者无实质性差异的，人民法院应当认定被诉侵权人实施的技术属于专利法第六十二条规定的现有技术。

被诉侵权设计与一个现有设计相同或者无实质性差异的，人民法院应当认定被诉侵权人实施的设计属于专利法第六十二条规定的现有设计。

第十五条 被诉侵权人以非法获得的技术或者设计主张先用权抗辩的，人民法院不予支持。

有下列情形之一的，人民法院应当认定属于专利法第六十九条第（二）项规定的已经作好制造、使用的必要准备：

（一）已经完成实施发明创造所必需的主要技术图纸或者工艺文件；

（二）已经制造或者购买实施发明创造所必需的主要设备或者原材料。

专利法第六十九条第（二）项规定的原有范围，包括专利申请日前已有的生产规模以及利用已有的生产设备或者根据已有的生产准备可以达到的生产规模。

先用权人在专利申请日后将其已经实施或作好实施必要准备的技术或设计转让或者许可他人实施，被诉侵权人主张该实施行为属于在原有范围内继续实施的，人民法院不予支持，但该技术或设计与原有企业一并转让或者承继的除外。

第十六条 人民法院依据专利法第六十五条第一款的规定确定侵权人因侵权所获得的利益，应当限于侵权人因侵犯专利权行为所获得的利益；因其他权利所产生的利益，应当合理扣除。

侵犯发明、实用新型专利权的产品系另一产品的零部件的，人民法院应当根据该零部件本身的价值及其在实现成品利润中的作用等因素合理确定赔偿数额。

侵犯外观设计专利权的产品为包装物的，人民法院应当按照包装物本身的价值及其在实现被包装产品利润中的作用等因素合理确定赔偿数额。

第十七条 产品或者制造产品的技术方案在专利申请日以前为国内外公众所知的，人民法院应当认定该产品不属于专利法第六十一条第一款规定的新产品。

第十八条 权利人向他人发出侵犯专利权的警告，被警告人或者利害关系人经书面催告权利人行使诉权，自权利人收到该书面催告之日起一个月内或者自书面催告发出之日起二个月内，权利人不撤回警告也不提起诉讼，被警告人或者利害关系人向人民法院提起请求确认其行为不侵犯专利权的诉讼的，人民法院应当受理。

第十九条 被诉侵犯专利权行为发生在2009年10月1日以前的，人民法院适用修改前的专利法；发生在2009年10月1日以后的，人民法院适用修改后的专利法。

被诉侵犯专利权行为发生在2009年10月1日以前且持续到2009年10月1日以后，依据修改前和修改后的专利法的规定侵权人均应承担赔偿责任的，人民法院适用修改后的专利法确定赔偿数额。

第二十条 本院以前发布的有关司法解释与本解释不一致的，以本解释为准。

最高人民法院、最高人民检察院关于办理侵犯知识产权刑事案件具体应用法律若干问题的解释

（2004年11月2日由最高人民法院审判委员会第1331次会议、2004年11月11日由最高人民检察院第十届检察委员会第28次会议通过，2004年12月22日施行，法释〔2004〕19号）

为依法惩治侵犯知识产权犯罪活动，维护社会主义市场经济秩序，根据刑法有关规定，现就办理侵犯知识产权刑事案件具体应用法律的若干问题解释如下：

第一条 未经注册商标所有人许可，在同一种商品上使用与其注册商标相同的商标，具有下列情形之一的，属于刑法第二百一十三条规定的“情节严重”，应当以假冒注册商标罪判处三年以下有期徒刑或者拘役，并处或者单处罚金：

（一）非法经营数额在五万元以上或者违法所得数额在三万元以上的；

（二）假冒两种以上注册商标，非法经营数额在三万元以上或者违法所得数额在二万元以上的；

（三）其他情节严重的情形。

具有下列情形之一的，属于刑法第二百一十三条规定的“情节特别严重”，应当以假冒注册商标罪判处三年以上七年以下有期徒刑，并处罚金：

（一）非法经营数额在二十五万元以上或者违法所得数额在十五万元以上的；

（二）假冒两种以上注册商标，非法经营数额在十五万元以上

或者违法所得数额在十万元以上的；

（三）其他情节特别严重的情形。

第二条 销售明知是假冒注册商标的商品，销售金额在五万元以上的，属于刑法第二百一十四条规定的“数额较大”，应当以销售假冒注册商标的商品罪判处三年以下有期徒刑或者拘役，并处或者单处罚金。

销售金额在二十五万元以上的，属于刑法第二百一十四条规定的“数额巨大”，应当以销售假冒注册商标的商品罪判处三年以上七年以下有期徒刑，并处罚金。

第三条 伪造、擅自制造他人注册商标标识或者销售伪造、擅自制造的注册商标标识，具有下列情形之一的，属于刑法第二百一十五条规定的“情节严重”，应当以非法制造、销售非法制造的注册商标标识罪判处三年以下有期徒刑、拘役或者管制，并处或者单处罚金：

（一）伪造、擅自制造或者销售伪造、擅自制造的注册商标标识数量在二万件以上，或者非法经营数额在五万元以上，或者违法所得数额在三万元以上的；

（二）伪造、擅自制造或者销售伪造、擅自制造两种以上注册商标标识数量在一万件以上，或者非法经营数额在三万元以上，或者违法所得数额在二万元以上的；

（三）其他情节严重的情形。

具有下列情形之一的，属于刑法第二百一十五条规定的“情节特别严重”，应当以非法制造、销售非法制造的注册商标标识罪判处三年以上七年以下有期徒刑，并处罚金：

（一）伪造、擅自制造或者销售伪造、擅自制造的注册商标标识数量在十万件以上，或者非法经营数额在二十五万元以上，或者违法所得数额在十五万元以上的；

（二）伪造、擅自制造或者销售伪造、擅自制造两种以上注册商标标识数量在五万件以上，或者非法经营数额在十五万元以上，或者违法所得数额在十万元以上的；

（三）其他情节特别严重的情形。

第四条 假冒他人专利，具有下列情形之一的，属于刑法第二百一十六条规定的“情节严重”，应当以假冒专利罪判处三年以下有期徒刑或者拘役，并处或者单处罚金：

（一）非法经营数额在二十万元以上或者违法所得数额在十万元以上的；

（二）给专利权人造成直接经济损失五十万元以上的；

（三）假冒两项以上他人专利，非法经营数额在十万元以上或者违法所得数额在五万元以上的；

（四）其他情节严重的情形。

第五条 以营利为目的，实施刑法第二百一十七条所列侵犯著作权行为之一，违法所得数额在三万元以上的，属于“违法所得数额较大”；具有下列情形之一的，属于“有其他严重情节”，应当以侵犯著作权罪判处三年以下有期徒刑或者拘役，并处或者单处罚金：

（一）非法经营数额在五万元以上的；

（二）未经著作权人许可，复制发行其文字作品、音乐、电影、电视、录像作品、计算机软件及其他作品，复制品数量合计在一千张（份）以上的；

（三）其他严重情节的情形。

以营利为目的，实施刑法第二百一十七条所列侵犯著作权行为之一，违法所得数额在十五万元以上的，属于“违法所得数额巨大”；具有下列情形之一的，属于“有其他特别严重情节”，应当以侵犯著作权罪判处三年以上七年以下有期徒刑，并处罚金：

（一）非法经营数额在二十五万元以上的；

（二）未经著作权人许可，复制发行其文字作品、音乐、电影、电视、录像作品、计算机软件及其他作品，复制品数量合计在五千张（份）以上的；

（三）其他特别严重情节的情形。

第六条 以营利为目的，实施刑法第二百一十八条规定的行为，违法所得数额在十万元以上的，属于“违法所得数额巨大”，应当以销售侵权复制品罪判处三年以下有期徒刑或者拘役，并处或者单处罚金。

第七条 实施刑法第二百一十九条规定的行为之一，给商业秘密的权利人造成损失数额在五十万元以上的，属于“给商业秘密的权利人造成重大损失”，应当以侵犯商业秘密罪判处三年以下有期徒刑或者拘役，并处或者单处罚金。

给商业秘密的权利人造成损失数额在二百五十万元以上的，属于刑法第二百一十九条规定的“造成特别严重后果”，应当以侵犯商业秘密罪判处三年以上七年以下有期徒刑，并处罚金。

第八条 刑法第二百一十三条规定的“相同的商标”，是指与被假冒的注册商标完全相同，或者与被假冒的注册商标在视觉上基本无差别、足以对公众产生误导的商标。

刑法第二百一十三条规定的“使用”，是指将注册商标或者假冒的注册商标用于商品、商品包装或者容器以及产品说明书、商品交易文书，或者将注册商标或者假冒的注册商标用于广告宣传、展览以及其他商业活动等行为。

第九条 刑法第二百一十四条规定的“销售金额”，是指销售假冒注册商标的商品后所得和应得的全部违法收入。

具有下列情形之一的，应当认定为属于刑法第二百一十四条规定的“明知”：

（一）知道自己销售的商品上的注册商标被涂改、调换或者覆盖的；

（二）因销售假冒注册商标的商品受到过行政处罚或者承担过

民事责任、又销售同一种假冒注册商标的商品的；

（三）伪造、涂改商标注册人授权文件或者知道该文件被伪造、涂改的；

（四）其他知道或者应当知道是假冒注册商标的商品的情形。

第十条 实施下列行为之一的，属于刑法第二百一十六条规定的“假冒他人专利”的行为：

（一）未经许可，在其制造或者销售的产品、产品的包装上标注他人专利号的；

（二）未经许可，在广告或者其他宣传材料中使用他人的专利号，使人将所涉及的技术误认为是他人专利技术的；

（三）未经许可，在合同中使用他人的专利号，使人将合同涉及的技术误认为是他人专利技术的；

（四）伪造或者变造他人的专利证书、专利文件或者专利申请文件的。

第十一条 以刊登收费广告等方式直接或者间接收取费用的情形，属于刑法第二百一十七条规定的“以营利为目的”。

刑法第二百一十七条规定的“未经著作权人许可”，是指没有得到著作权人授权或者伪造、涂改著作权人授权许可文件或者超出授权许可范围的情形。

通过信息网络向公众传播他人文字作品、音乐、电影、电视、录像作品、计算机软件及其他作品的行为，应当视为刑法第二百一十七条规定的“复制发行”。

第十二条 本解释所称“非法经营数额”，是指行为人在实施侵犯知识产权行为过程中，制造、储存、运输、销售侵权产品的价值。已销售的侵权产品的价值，按照实际销售的价格计算。制造、储存、运输和未销售的侵权产品的价值，按照标价或者已经查清的侵权产品的实际销售平均价格计算。侵权产品没有标价或者无法查清其实际销售价格的，按照被侵权产品的市场中间价格计算。

多次实施侵犯知识产权行为，未经行政处理或者刑事处罚的，非法经营数额、违法所得数额或者销售金额累计计算。

本解释第三条所规定的“件”，是指标有完整商标图样的一份标识。

第十三条 实施刑法第二百一十三条规定的假冒注册商标犯罪，又销售该假冒注册商标的商品，构成犯罪的，应当依照刑法第二百一十三条的规定，以假冒注册商标罪定罪处罚。

实施刑法第二百一十三条规定的假冒注册商标犯罪，又销售明知是他人的假冒注册商标的商品，构成犯罪的，应当实行数罪并罚。

第十四条 实施刑法第二百一十七条规定的侵犯著作权犯罪，又销售该侵权复制品，构成犯罪的，应当依照刑法第二百一十七条的规定，以侵犯著作权罪定罪处罚。

实施刑法第二百一十七条规定的侵犯著作权犯罪，又销售明知是他人的侵权复制品，构成犯罪的，应当实行数罪并罚。

第十五条 单位实施刑法第二百一十三条至第二百一十九条规定的行为，按照本解释规定的相应个人犯罪的定罪量刑标准的三倍定罪量刑。

第十六条 明知他人实施侵犯知识产权犯罪，而为其提供贷款、资金、账号、发票、证明、许可证件，或者提供生产、经营场所或者运输、储存、代理进出口等便利条件、帮助的，以侵犯知识产权犯罪的共犯论处。

第十七条 以前发布的有关侵犯知识产权犯罪的司法解释，与本解释相抵触的，自本解释施行后不再适用。

最高人民法院、最高人民检察院关于办理侵犯知识产权刑事案件具体应用法律若干问题的解释（二）

（2007年4月4日由最高人民法院审判委员会第1422次会议、最高人民检察院第十届检察委员会第75次会议通过，自2007年4月5日起施行，法释〔2007〕6号）

为维护社会主义市场经济秩序，依法惩治侵犯知识产权犯罪活动，根据刑法、刑事诉讼法有关规定，现就办理侵犯知识产权刑事案件具体应用法律的若干问题解释如下：

第一条 以营利为目的，未经著作权人许可，复制发行其文字作品、音乐、电影、电视、录像作品、计算机软件及其他作品，复制品数量合计在五百张（份）以上的，属于刑法第二百一十七条规定的“有其他严重情节”；复制品数量在二千五百张（份）以上的，属于刑法第二百一十七条规定的“有其他特别严重情节”。

第二条 刑法第二百一十七条侵犯著作权罪中的“复制发行”，包括复制、发行或者既复制又发行的行为。

侵权产品的持有人通过广告、征订等方式推销侵权产品的，属于刑法第二百一十七条规定的“发行”。

非法出版、复制、发行他人作品，侵犯著作权构成犯罪的，按照侵犯著作权罪定罪处罚。

第三条 侵犯知识产权犯罪，符合刑法规定的缓刑条件的，依法适用缓刑。有下列情形之一的，一般不适用缓刑：

（一）因侵犯知识产权被刑事处罚或者行政处罚后，再次侵犯知识产权构成犯罪的；

（二）不具有悔罪表现的；

（三）拒不交出违法所得的；

（四）其他不宜适用缓刑的情形。

第四条 对于侵犯知识产权犯罪的，人民法院应当综合考虑犯罪的违法所得、非法经营数额、给权利人造成的损失、社会危害性等情节，依法判处罚金。罚金数额一般在违法所得的一倍以上五倍以下，或者按照非法经营数额的50%以上一倍以下确定。

第五条 被害人有证据证明的侵犯知识产权刑事案件，直接向人民法院起诉的，人民法院应当依法受理；严重危害社会秩序和国家利益的侵犯知识产权刑事案件，由人民检察院依法提起公诉。

第六条 单位实施刑法第二百一十三条至第二百一十九条规定的行为，按照《最高人民法院、最高人民检察院关于办理侵犯知识产权刑事案件具体应用法律若干问题的解释》和本解释规定的相应个人犯罪的定罪量刑标准定罪处罚。

第七条 以前发布的司法解释与本解释不一致的，以本解释为准。

最高人民法院、最高人民检察院、公安部关于办理侵犯知识产权刑事案件适用法律若干问题的意见

（最高人民法院、最高人民检察院、公安部2011年1月10日印发，法发〔2011〕3号）

为解决近年来公安机关、人民检察院、人民法院在办理侵犯知识产权刑事案件中遇到的新情况、新问题，依法惩治侵犯知识产权犯罪活动，维护社会主义市场经济秩序，根据刑法、刑事诉讼法及有关司法解释的规定，结合侦查、起诉、审判实践，制定本意见。

一、关于侵犯知识产权犯罪案件的管辖问题

侵犯知识产权犯罪案件由犯罪地公安机关立案侦查。必要时，可以由犯罪嫌疑人居住地公安机关立案侦查。侵犯知识产权犯罪案件的犯罪地，包括侵权产品制造地、储存地、运输地、销售地，传播侵权作品、销售侵权产品的网站服务器所在地、网络接入地、网站建立者或者管理者所在地，侵权作品上传者所在地，权利人受到实际侵害的犯罪结果发生地。对有多个侵犯知识产权犯罪地的，由最初受理的公安机关或者主要犯罪地公安机关管辖。多个侵犯知识产权犯罪地的公安机关对管辖有争议的，由共同的上级公安机关指定管辖，需要提请批准逮捕、移送审查起诉、提起公诉的，由该公安机关所在地的同级人民检察院、人民法院受理。

对于不同犯罪嫌疑人、犯罪团伙跨地区实施的涉及同一批侵权产品的制造、储存、运输、销售等侵犯知识产权犯罪行为，符合并案处理要求的，有关公安机关可以一并立案侦查，需要提请批准逮捕、移送审查起诉、提起公诉的，由该公安机关所在地的同级人民检察院、人民法院受理。

二、关于办理侵犯知识产权刑事案件中行政执法部门收集、调取证据的效力问题

行政执法部门依法收集、调取、制作的物证、书证、视听资料、检验报告、鉴定结论、勘验笔录、现场笔录，经公安机关、人民检察院审查，人民法院庭审质证确认，可以作为刑事证据使用。

行政执法部门制作的证人证言、当事人陈述等调查笔录，公安机关认为有必要作为刑事证据使用的，应当依法重新收集、制作。

三、关于办理侵犯知识产权刑事案件的抽样取证问题和委托鉴定问题

公安机关在办理侵犯知识产权刑事案件时，可以根据工作需要抽样取证，或者商请同级行政执法部门、有关检验机构协助抽样取证。法律、法规对抽样机构或者抽样方法有规定的，应当委托规定的机构并按照规定方法抽取样品。

公安机关、人民检察院、人民法院在办理侵犯知识产权刑事案件时，对于需要鉴定的事项，应当委托国家认可的有鉴定资质的鉴定机构进行鉴定。

公安机关、人民检察院、人民法院应当对鉴定结论进行审查，听取权利人、犯罪嫌疑人、被告人对鉴定结论的意见，可以要求鉴定机构作出相应说明。

四、关于侵犯知识产权犯罪自诉案件的证据收集问题

人民法院依法受理侵犯知识产权刑事自诉案件，对于当事人因客观原因不能取得的证据，在提起自诉时能够提供有关线索，申请人民法院调取的，人民法院应当依法调取。

五、关于刑法第二百一十三条规定的“同一种商品”的认定问题

名称相同的商品以及名称不同但指同一事物的商品，可以认定为“同一种商品”。“名称”是指国家工商行政管理总局商标局在商标注册工作中对商品使用的名称，通常即《商标注册用商品和服务国际分类》中规定的商品名称。“名称不同但指同一事物的商品”是指在功能、用途、主要原料、消费对象、销售渠道等方面相同或者基本相同，相关公众一般认为是同一种事物的商品。

认定“同一种商品”，应当在权利人注册商标核定使用的商品和行为人实际生产销售的商品之间进行比较。

六、关于刑法第二百一十三条规定的“与其注册商标相同的商标”的认定问题

具有下列情形之一，可以认定为“与其注册商标相同的商标”：

（一）改变注册商标的字体、字母大小写或者文字横竖排列，与注册商标之间仅有细微差别的；

（二）改变注册商标的文字、字母、数字等之间的间距，不影响体现注册商标显著特征的；

（三）改变注册商标颜色的；

（四）其他与注册商标在视觉上基本无差别、足以对公众产生误导的商标。

七、关于尚未附着或者尚未全部附着假冒注册商标标识的侵权产品价值是否计入非法经营数额的问题

在计算制造、储存、运输和未销售的假冒注册商标侵权产品价值时，对于已经制作完成但尚未附着（含加贴）或者尚未全部附着（含加贴）假冒注册商标标识的产品，如果有确实、充分证据证明该产品将假冒他人注册商标，其价值计入非法经营数额。

八、关于销售假冒注册商标的商品犯罪案件中尚未销售或者部分销售情形的定罪量刑问题

销售明知是假冒注册商标的商品，具有下列情形之一的，依照刑法第二百一十四条的规定，以销售假冒注册商标的商品罪（未遂）定罪处罚：

（一）假冒注册商标的商品尚未销售，货值金额在十五万元以上的；

（二）假冒注册商标的商品部分销售，已销售金额不满五万元，但与尚未销售的假冒注册商标的商品的货值金额合计在十五万元以上的。

假冒注册商标的商品尚未销售，货值金额分别达到十五万元以上不满二十五万元、二十五万元以上的，分别依照刑法第二百一十四条规定的各法定刑幅度定罪处罚。

销售金额和未销售货值金额分别达到不同的法定刑幅度或者均达到同一法定刑幅度的，在处罚较重的法定刑或者同一法定刑幅度内酌情从重处罚。

九、关于销售他人非法制造的注册商标标识犯罪案件中尚未销售或者部分销售情形的定罪问题

销售他人伪造、擅自制造的注册商标标识，具有下列情形之一的，依照刑法第二百一十五条的规定，以销售非法制造的注册商标标识罪（未遂）定罪处罚：

（一）尚未销售他人伪造、擅自制造的注册商标标识数量在六万件以上的；

（二）尚未销售他人伪造、擅自制造的两种以上注册商标标识数量在三万件以上的；

（三）部分销售他人伪造、擅自制造的注册商标标识，已销售标识数量不满二万件，但与尚未销售标识数量合计在六万件以上的；

（四）部分销售他人伪造、擅自制造的两种以上注册商标标识，已销售标识数量不满一万件，但与尚未销售标识数量合计在三万件以上的。

十、关于侵犯著作权犯罪案件“以营利为目的”的认定问题

除销售外，具有下列情形之一的，可以认定为“以营利为目的”：

（一）以在他人作品中刊登收费广告、捆绑第三方作品等方式直接或者间接收取费用的；

（二）通过信息网络传播他人作品，或者利用他人上传的侵权作品，在网站或者网页上提供刊登收费广告服务，直接或者间接收取费用的；

（三）以会员制方式通过信息网络传播他人作品，收取会员注册费或者其他费用的；

（四）其他利用他人作品牟利的情形。

十一、关于侵犯著作权犯罪案件“未经著作权人许可”的认定问题

“未经著作权人许可”一般应当依据著作权人或者其授权的代理人、著作权集体管理组织、国家著作权行政管理部门指定的著作权认证机构出具的涉案作品版权认证文书，或者证明出版者、复制发行者伪造、涂改授权许可文件或者超出授权许可范围的证据，结合其他证据综合予以认定。

在涉案作品种类众多且权利人分散的案件中，上述证据确实难以一一取得，但有证据证明涉案复制品系非法出版、复制发行的，且出版者、复制发行者不能提供获得著作权人许可的相关证明材料的，可以认定为“未经著作权人许可”。但是，有证据证明权利人放弃权利、涉案作品的著作权不受我国著作权法保护，或者著作权保护期限已经届满的除外。

十二、关于刑法第二百一十七条规定的“发行”的认定及相关问题

“发行”，包括总发行、批发、零售、通过信息网络传播以及出租、展销等活动。

非法出版、复制、发行他人作品，侵犯著作权构成犯罪的，按照侵犯著作权罪定罪处罚，不认定为非法经营罪等其他犯罪。

十三、关于通过信息网络传播侵权作品行为的定罪处罚标准问题

以营利为目的，未经著作权人许可，通过信息网络向公众传播他人文字作品、音乐、电影、电视、美术、摄影、录像作品、录音录像制品、计算机软件及其他作品，具有下列情形之一的，属于刑法第二百一十七条规定的“其他严重情节”：

（一）非法经营数额在五万元以上的；

（二）传播他人作品的数量合计在五百件（部）以上的；

（三）传播他人作品的实际被点击数达到五万次以上的；

（四）以会员制方式传播他人作品，注册会员达到一千人以上的；

（五）数额或者数量虽未达到第（一）项至第（四）项规定标准，但分别达到其中两项以上标准一半以上的；

（六）其他严重情节的情形。

实施前款规定的行为，数额或者数量达到前款第（一）项至第（五）项规定标准五倍以上的，属于刑法第二百一十七条规定的“其他特别严重情节”。

十四、关于多次实施侵犯知识产权行为累计计算数额问题

依照《最高人民法院、最高人民检察院关于办理侵犯知识产权刑事案件具体应用法律若干问题的解释》第十二条第二款的规定，多次实施侵犯知识产权行为，未经行政处理或者刑事处罚的，非法经营数额、违法所得数额或者销售金额累计计算。

二年内多次实施侵犯知识产权违法行为，未经行政处理，累计数额构成犯罪的，应当依法定罪处罚。实施侵犯知识产权犯罪行为的追诉期限，适用刑法的有关规定，不受前述二年的限制。

十五、关于为他人实施侵犯知识产权犯罪提供原材料、机械设备等行为的定性问题

明知他人实施侵犯知识产权犯罪，而为其提供生产、制造侵权产品的主要原材料、辅助材料、半成品、包装材料、机械设备、标签标识、生产技术、配方等帮助，或者提供互联网接入、服务器托管、网络存储空间、通讯传输通道、代收费、费用结算等服务的，以侵犯知识产权犯罪的共犯论处。

十六、关于侵犯知识产权犯罪竞合的处理问题

行为人实施侵犯知识产权犯罪，同时构成生产、销售伪劣商品犯罪的，依照侵犯知识产权犯罪与生产、销售伪劣商品犯罪中处罚较重的规定定罪处罚。

附　录

附录一：已废止或者宣布失效的局令、公告和其他规范性文件名录

一、局令

截至2011年7月底，国家知识产权局（包括原中国专利局）共发布62项局令，其中12项已经废止，1项宣布失效，49项有效。

已经废止或者宣布失效的局令：

1. 中华人民共和国专利局令第二号

（发布《中华人民共和国专利局复议规程（试行）》，由中华人民共和国专利局令第六号、国家知识产权局局长令第十六号废止）

2. 中华人民共和国专利局令第三号

（发布1992年修改的《中华人民共和国专利法实施细则》，由第306号国务院令发布的《中华人民共和国专利法实施细则》废止）

3. 中华人民共和国专利局令第四号

（发布1994年的《审查指南》，由国家知识产权局局长令第十二号废止）

4. 中华人民共和国专利局令第六号

（发布《中华人民共和国专利局行政复议规程》，由国家知识产权局令第二十四号废止）

5. 中华人民共和国专利局令第八号

（公布《专利权质押合同登记管理暂行办法》，由国家知识产权局令第五十六号废止）

6. 国家知识产权局局长令第九号

（发布《专利管理机关查处冒充专利行为规定》，由国家知识产权局局长令第二十二号废止）

7. 国家知识产权局局长令第十二号

（发布 2001 年的《审查指南》，由国家知识产权局令第三十八号废止）

8. 国家知识产权局局长令第十八号

（公布《专利实施许可合同备案管理办法》，由国家知识产权局令第六十二号废止）

9. 国家知识产权局局长令第十九号

（公布《专利行政执法办法》，由国家知识产权局令第六十号废止）

10. 国家知识产权局令第二十三号

（公布 2002 年的《设立专利代理机构审批办法（暂行）》，由国家知识产权局令第三十号废止）

11. 国家知识产权局令第二十六号

（发布《2002 年 12 月 28 日修改的专利法实施细则的适用办法》，由国家知识产权局令第五十九号宣布失效）

12. 国家知识产权局令第三十五号

（发布《关于电子专利申请的规定》，由国家知识产权局令第五十七号废止）

13. 国家知识产权局令第三十六号

（发布《专利代理人资格考试实施办法》，由国家知识产权局令第四十七号废止）

二、公告

截至 2011 年 7 月底，国家知识产权局（包括原中国专利局）共发布 163 项公告，其中 40 项已经废止，1 项宣布失效，122 项有效。

已经废止或者宣布失效的公告：

1. 中华人民共和国专利局公告第一号

（外国人可以要求1984年10月1日以后首次申请的优先权，由中华人民共和国专利局令第一号废止）

2. 中华人民共和国专利局公告第四号

（专利收费标准，由中华人民共和国专利局公告第三十三号、国家知识产权局局长令第十六号废止）

3. 中华人民共和国专利局公告第五号

（转发最高人民法院《关于开展专利审判工作的几个问题的通知》中的部分内容，由国家知识产权局局长令第二十二号废止）

4. 中华人民共和国专利局公告第六号

（专利局地址、账号等，由国家知识产权局局长令第二十二号废止）

5. 中华人民共和国专利局公告第七号

（外观设计分类表，由国家知识产权局令第五十九号废止）

6. 中华人民共和国专利局公告第十号

（《专利代理暂行规定》，由国务院令第七十六号发布的《专利代理条例》废止）

7. 中华人民共和国专利局公告第十一号

（《关于申请费的补充规定》，由国家知识产权局局长令第十六号废止）

8. 中华人民共和国专利局公告第十二号

（专利实施许可合同的备案方式和要求，由国家知识产权局局长令第十八号废止）

9. 中华人民共和国专利局公告第十四号

（备案的专利代理机构名单，由国家知识产权局局长令第十六号废止）

10. 中华人民共和国专利局公告第十五号

（上海分局开展初审业务，由中华人民共和国专利局公告二十三号撤销、中华人民共和国专利局令第一号废止）

11. 中华人民共和国专利局公告第十九号

（转发最高人民法院《关于审理专利申请权纠纷案件若干问题的通知》中的部分内容，由国家知识产权局局长令第二十二号废止）

12. 中华人民共和国专利局公告第二十号

（异议程序与申请权纠纷处理程序的衔接，由国家知识产权局局长令第二十二号废止）

13. 中华人民共和国专利局公告第二十一号

（中国专利文献编号系统方案，由国家知识产权局令第五十九号废止）

14. 中华人民共和国专利局公告第二十二号

（专利收费账号，由国家知识产权局局长令第二十二号废止）

15. 中华人民共和国专利局公告第二十四号

（使用专利局地址、邮政编码，由国家知识产权局局长令第二十二号废止）

16. 中华人民共和国专利局公告第二十五号

（医疗器具实用新型专利申请，由中华人民共和国专利局令第一号废止）

17. 中华人民共和国专利局公告第二十六号

（无效程序与权属纠纷程序的衔接，由国家知识产权局局长令第二十二号废止）

18. 中华人民共和国专利局公告第二十七号

（不授予实用新型专利权的范围，由国家知识产权局公告第七十七号废止）

19. 中华人民共和国专利局公告第二十八号

（共同权利人的签字盖章，由国家知识产权局令第五十九号废止）

20. 中华人民共和国专利局公告第三十号

（缴费手续，由国家知识产权局局长令第二十二号废止）

21. 中华人民共和国专利局公告第三十一号

（有关中止程序的规定，由国家知识产权局局长令第二十二号废止）

22. 中华人民共和国专利局公告第三十三号

（专利收费项目和标准，由国家知识产权局局长令第二十二号废止）

23. 中华人民共和国专利局公告第三十四号

（申请人可以要求 1992 年 1 月 1 日以后外国首次药品申请的优先权，由国家知识产权局局长令第二十二号废止）

24. 中华人民共和国专利局公告第三十六号

（专利收费项目和标准，由国家知识产权局局长令第二十二号废止）

25. 中华人民共和国专利局公告第四十一号

（国际申请收费项目和标准，由国家知识产权局局长令第二十二号废止）

26. 中华人民共和国专利局公告第四十三号

（专利收费项目和标准，由国家知识产权局局长令第二十二号废止）

27. 中华人民共和国专利局公告第四十八号

（申请表格规格，由国家知识产权局局长令第二十二号废止）

28. 中华人民共和国专利局公告第五十四号

（缴费手续，由国家知识产权局局长令第二十二号废止）

29. 中华人民共和国专利局公告第五十六号

（沈阳代办处停业整顿，由国家知识产权局令第五十九号废止）

30. 国家知识产权局公告第六十二号

（保密专利申请的审查，由国家知识产权局局长令第二十二号废止）

31. 国家知识产权局公告第六十六号

（修改第四十三号公告，由国家知识产权局局长令第二十二号废止）

32. 国家知识产权局公告第七十四号

（专利收费账号及户名，由国家知识产权局令第五十九号废止）

33. 国家知识产权局公告第七十七号

（废止第二十七号公告，由国家知识产权局令第五十九号废止）

34. 国家知识产权局公告第七十八号

（施行修改后专利法及其实施细则的过渡办法，由国家知识产权局令第五十九号宣布失效）

35. 国家知识产权局公告第七十九号

（协助执行专利申请权财产保全，由国家知识产权局令第五十九号废止）

36. 国家知识产权局公告第九十四号

（公告办理向外国人转让专利申请权或者专利权的审批和登记事宜，由国家知识产权局令第五十九号废止）

37. 国家知识产权局公告第九十七号

（调整后的 PCT 申请收费项目和收费标准，由国家知识产权局令第五十九号废止）

38. 国家知识产权局公告第九十八号

（关于 PCT 申请费用减、退、免方面的规定，由国家知识产权局令第五十九号废止）

39. 国家知识产权局公告第九十九号

（专利代理人资格考试考务规则，由国家知识产权局令第四十八号废止）

40. 国家知识产权局公告第一一三号

（调整 PCT 国际申请费用标准，由国家知识产权局令第五十九号废止）

41. 国家知识产权局公告第一二六号

（专利收费账户信息，由国家知识产权局令第五十九号废止）

三、其他规范性文件

1. 国专发法字（1993）第 63 号

（关于印发《关于受理台胞专利申请的规定》的通知，由国家知识产权局令第五十八号废止）

2. 国专发审字（1993）第 69 号

（关于印发《关于台胞申请专利手续中若干问题的处理办法》的通知，由国家知识产权局令第五十八号废止）

附录二：未收录的局令和公告名录

有些局令、公告虽然没有明令废止，但由于时势变迁，已经失去了现实的规范作用和信息利用价值，或者属于行业标准而不是对当事人权利义务的规定，因而没有收录在本汇编中。包括：

一、局令

1. 国家知识产权局局长令第十三号

（公布《专利申请人和专利权人（单位）代码标准》）

2. 国家知识产权局局长令第十四号

（公布《专利代理人代码标准》）

3. 国家知识产权局局长令第十五号

（公布《核苷酸和/或氨基酸序列表和序列表电子文件标准》）

4. 国家知识产权局局长令第二十号

（公布《表格格式和代码标准（第1部分）》）

5. 国家知识产权局令第二十七号

（发布《表格格式和代码标准（第2部分第1分部）》）

6. 国家知识产权局令第二十八号

（发布《专利信息统计数据项标准（第一部分）》）

7. 国家知识产权局令第三十八号

（公布《审查指南》）

8. 国家知识产权局令第四十号

（发布《专利费用基本信息代码规范（试行）》）

9. 国家知识产权局令第四十一号

（发布《采用公历标示日期的规范（试行）》）

10. 国家知识产权局令第四十二号

(发布《专利文献著录项目标准(试行)》)

11. 国家知识产权局令第四十三号

(发布《专利数据元素标准第1部分》)

12. 国家知识产权局令第四十四号

(发布《专利数据元素标准第2部分》)

13. 国家知识产权局令第四十六号

(公布《审查指南修改公报》第1号)

14. 国家知识产权局令第五十号

(公布《审查指南修改公报》第2号)

15. 国家知识产权局令第五十一号

(公布《审查指南修改公报》第3号)

16. 国家知识产权局令第五十二号

(公布《审查指南修改公报》第4号)

二、公告

1. 中华人民共和国专利局公告第二号

(转发国家经委、国家科委、劳动人事部、中国专利局1984年发布的《关于在全国设置专利工作机构的通知》中的内容)

2. 中华人民共和国专利局公告第三号

(发布1985年的专利法实施细则)

3. 中华人民共和国专利局公告第九号

(专利文献服务网点的名称、地址)

4. 中华人民共和国专利局公告第十三号

(设立南京、成都代办处)

5. 中华人民共和国专利局公告第十六号

(启用新代理证书)

6. 中华人民共和国专利局公告第十七号

(指定永新专利代理有限公司为涉外专利代理机构)

7. 中华人民共和国专利局公告第十八号
（启用高卢麟签发的专利证书等）
8. 中华人民共和国专利局公告第二十三号
（撤销上海分局）
9. 中华人民共和国专利局公告第二十九号
（设立上海代办处）
10. 中华人民共和国专利局公告第三十二号
（依据《专利代理条例》重新登记的代理机构名单一）
11. 中华人民共和国专利局公告第三十五号
（第一次修改的专利法实施细则的变通适用）
12. 中华人民共和国专利局公告第三十七号
（指定柳沈知识产权公司为涉外专利代理机构）
13. 中华人民共和国专利局公告第三十九号
（依据《专利代理条例》重新登记的代理机构名单二）
14. 中华人民共和国专利局公告第四十号
（代理机构地址、名称变更方法）
15. 中华人民共和国专利局公告第四十二号
（指定中原信达知识产权代理公司为涉外专利代理机构）
16. 中华人民共和国专利局公告第四十四号
（指定中科专利代理有限公司为涉外专利代理机构）
17. 中华人民共和国专利局公告第四十五号
（撤销北京三煌专利事务所）
18. 中华人民共和国专利局公告第四十六号
（指定隆天国际专利商标代理有限公司为涉外专利代理机构）
19. 中华人民共和国专利局公告第四十七号
（设立西安代办处）
20. 中华人民共和国专利局公告第四十九号
（设立广州代办处）

21. 中华人民共和国专利局公告第五十号

（指定上海华东专利事务所为涉外专利代理机构）

22. 中华人民共和国专利局公告第五十二号

（撤销纺织专利咨询服务中心等51家专利代理机构）

23. 中华人民共和国专利局公告第五十三号

（依据《专利代理条例》重新登记的代理机构名单三）

24. 中华人民共和国专利局公告第五十五号

（设立武汉代办处）

25. 中华人民共和国专利局公告第五十八号

（授权、办理登记手续通知书合并）

26. 中华人民共和国专利局公告第五十九号

（沈阳代办处重新开业）

27. 中华人民共和国专利局公告第六十号

（启用姜颖签发的专利证书等）

28. 国家知识产权局公告第六十一号

（首批通过1998年年检的专利代理机构名单）

29. 国家知识产权局公告第六十四号

（指定北京市专利事务所等5家专利代理机构为涉外专利代理机构）

30. 国家知识产权局公告第六十五号

（原中华人民共和国专利局各代办处更名为国家知识产权局专利代办处，各代办处名单、地址）

31. 国家知识产权局公告第六十七号

（指定中咨律师事务所为涉外专利代理机构）

32. 国家知识产权局公告第六十八号

（撤销中国人民解放军总参谋部通信部专利事务所等15家专利代理机构）

33. 国家知识产权局公告第六十九号

（首批通过 1999 年年检的专利代理机构名单）

34. 国家知识产权局公告第七十号

（撤销中国人民解放军空军专利代理事务所等 24 家专利代理机构）

35. 国家知识产权局公告第七十一号

（第二批通过 1999 年年检的专利代理机构名单）

36. 国家知识产权局公告第七十二号

（指定北京三幸商标专利事务所等 4 家专利代理机构为涉外专利代理机构）

37. 国家知识产权局公告第七十三号

（指定广州市专利事务所等 4 家专利代理机构为涉外专利代理机构）

38. 国家知识产权局公告第八十一号

（完成脱钩改制的专利代理机构名单）

39. 国家知识产权局公告第八十二号

（第二批完成脱钩改制的专利代理机构名单）

40. 国家知识产权局公告第八十三号

（指定北京隆天律诚知识产权代理有限公司等 37 家专利代理机构等为涉外专利代理机构）

41. 国家知识产权局公告第八十五号

（设立郑州代办处）

42. 国家知识产权局公告第八十六号

（设立长春代办处）

43. 国家知识产权局公告第八十七号

（设立天津代办处）

44. 国家知识产权局公告第八十九号

（设立哈尔滨代办处）

45. 国家知识产权局公告第九十号

（设立石家庄代办处）

46. 国家知识产权局公告第九十三号

（首批通过 2003 年年检的专利代理机构名单）

47. 国家知识产权局公告第九十五号

（设立北京代办处）

48. 国家知识产权局公告第九十六号

（第二批通过 2003 年年检、未参加年检及年检不合格和提请注销的专利代理机构）

49. 国家知识产权局公告第一〇二号

（指定北京路浩知识产权代理有限公司等 55 家专利代理机构为涉外专利代理机构）

50. 国家知识产权局公告第一〇三号

（设立昆明代办处）

51. 国家知识产权局公告第一〇四号

（设立杭州代办处）

52. 国家知识产权局公告第一〇五号

（设立贵阳代办处）

53. 国家知识产权局公告第一〇六号

（首批通过 2004 年年检的专利代理机构名单）

54. 国家知识产权局公告第一〇七号

（第二批通过 2004 年年检、未参加年检及年检不合格和年检撤销的专利代理机构）

55. 国家知识产权局公告第一〇八号

（设立重庆代办处）

56. 国家知识产权局公告第一一二号

（首批通过 2005 年年检的专利代理机构名单）

57. 国家知识产权局公告第一一四号

（第二批通过 2005 年年检、未参加年检及年检不合格和年检被撤销的专利代理机构）

58. 国家知识产权局公告第一一五号

（设立深圳代办处）

59. 国家知识产权局公告第一一六号

（指定北京华夏正合知识产权代理事务所等 34 家专利代理机构为涉外专利代理机构）

60. 国家知识产权局公告第一一九号

（首批通过 2006 年年检的专利代理机构）

61. 国家知识产权局公告第一二一号

（第二批通过 2006 年年检以及未参加年检及年检不合格和年检被撤销的专利代理机构）

62. 国家知识产权局公告第一二二号

（公告 2007 年全国专利代理人资格考试的有关事项）

63. 国家知识产权局公告第一二三号

（指定北京中创阳光知识产权代理有限责任公司等 22 家专利代理机构为涉外专利代理机构）

64. 国家知识产权局公告第一二九号

（首批通过 2007 年年检的专利代理机构）

65. 国家知识产权局公告第一三一号

（第二批通过 2007 年年检的专利代理机构、未参加年检或者年检不合格的专利代理机构）

66. 国家知识产权局公告第一三二号

（公告 2008 年全国专利代理人资格考试的有关事项）

67. 国家知识产权局公告第一三八号

（指定北京国林贸知识产权代理有限公司等 19 家专利代理机构为涉外专利代理机构）

68. 国家知识产权局公告第一四一号

（公告 2008 年专利代理人资格考试成绩公布、查询、通知单发放及成绩复查等事项）

69. 国家知识产权局公告第一四二号

（首批通过 2008 年年检的专利代理机构）

70. 国家知识产权局公告第一四三号

（第二批通过 2008 年年检的专利代理机构以及未参加年检或年检不合格的专利代理机构）

71. 国家知识产权局公告第一四四号

（公告 2009 年全国专利代理人资格考试的有关事项）

72. 国家知识产权局公告第一四五号

（指定北京市铸成律师事务所等 6 家专利代理机构为涉外专利代理机构）

73. 国家知识产权局公告第一四六号

（同意撤销北京华旗新智知识产权代理有限公司等 8 家专利代理机构）

74. 国家知识产权局公告第一四八号

（首批通过 2009 年年检的专利代理机构）

75. 国家知识产权局公告第一四九号

（公告 2009 年专利代理人资格考试成绩公布、查询、通知单发放及成绩复查等事项）

76. 国家知识产权局公告第一五〇号

（第二批通过 2009 年年检的专利代理机构以及未参加年检或年检不合格的专利代理机构）

77. 国家知识产权局公告第一五三号

（同意撤销北京紫金联合知识产权代理事务所等 2 家专利代理机构）

78. 国家知识产权局公告第一五四号

（同意撤销北京市建元律师事务所等 3 家律师事务所开办专利代理业务）

79. 国家知识产权局公告第一五五号

（公告 2010 年全国专利代理人资格考试有关事项）

80. 国家知识产权局公告第一五八号

（公告 2010 年专利代理人资格考试成绩公布、查询、通知单的发放以及成绩复查等事项）